해방 후 남북한의 국가건설과 전후처리

이 저서는 2015년 대한민국 교육부와 한국연구재단의
지원을 받아 수행된 연구임(NRF-2015S1A5B8037125)

해방 후 남북한의 국가건설과 전후처리

경희대학교 한국현대사연구원

景仁文化社

발 간 사

　경희대학교 부설 한국현대사연구원이 한국연구재단 지원 중점연구소로 선정된 지 어느덧 2년이 지났습니다. 그간 저희 연구원은 학제적 융합과 학계 간 소통을 위한 네트워크 구축에 노력해왔습니다. 한국 사학계와 정치학계 연구자들 중심의 학술회의와 콜로키움을 개최하며, 국내 유수의 학자들 간 학문 교류를 활성화하는데 이바지했다고 자부합니다. 본 연구원은 이러한 학술 교류의 성과에 기초하여 학술총서를 발행해 왔습니다. 2017년에 발행된 학술총서 제1집에 이어 이번에 "해방 후 남북한의 국가건설과 전후 처리"라는 제목으로 학술총서 제2집을 발행하게 되었습니다. 학술총서 제2집은 본 연구원이 중점연구 2차년도(2016.9∼2017.8) 기간에 개최한 두 차례의 학술회의에서 발표된 논문들을 중심으로 구성하였습니다.

　2차년도에 개최한 제3차 학술회의(2016.12)는 "식민지 지배유산과 귀환문제"를 다루었습니다. 일본으로 귀환한 일본인들이 어떻게 모국사회에 정착하고 포섭되는가를 밝힘으로써 패전 후 일본의 국가 재건과 재국민화 과정에 접근할 수 있었습니다. 제4차 학술회의(2017.6)는 "해방 후 남북한 국가건설과 한국전쟁"을 심층적으로 논의하였습니다. 한국전쟁 전후 남북한의 국가건설을 다룬 이 학술회의를 통하여, 유엔의 대한민국정부 승인 문제와 북한의 체제 형성 및 재편 등의 문제가 폭넓게 논의될 수 있었습니다. 학술총서 제2집은 3, 4차 학술회의의 성과물일 뿐만 아니라, 6회에 걸친 콜로키움의 성과물이기도 합니다. 본 연구원은 "한국근현대사 속의 지식인과 국가권력"이라는 주제를 설정하여 6명의 연구자를 초빙해 콜로키움을 개최한 바 있습니다.

두 차례에 걸친 학술회의와 여섯 차례에 걸친 콜로키움의 결과물인 이 총서는 유지아선생님의 "한국문제 유엔 이관 이후, 미소 양군의 철수문제 논의", 김인식선생님의 "제헌의회기 안재홍의 대한민국 보성강화론(輔成強化論)", 김재웅선생님의 "개인 자서전을 통해 본 북한의 인재등용정책", 박소영선생님의 "한국전쟁 이후 개성주민 삶의 변화 연구", 조건선생님의 "해방 직후 일본군의 한반도 점령 실태와 귀환", 박이진선생님의 "문화냉전과 귀환자", 최종길선생님의 "전후 일본의 황국사관 재편과 이시모다 쇼(石母田正)" 등 총 7편의 논문을 수록하였습니다. 남북한의 국가건설과 전후 처리 문제 등을 다루고 있는 이 논문들은 제2차 세계대전 후 동아시아의 질서가 어떻게 재편되었는가를 잘 보여주고 있습니다.

본 연구원이 생산적인 학술회의와 콜로키움을 개최하고 그 성과에 힘입어 학술총서를 발행할 수 있었던 것은 연구자 여러분들의 적극적 관심과 참여가 있었기에 가능했습니다. 이 지면을 빌어 지난 1년 동안 학술연구 사업을 차질 없이 진행해주신 한국현대사연구원의 안소영, 유지아, 김재웅, 김영숙선생님 그리고 학술회의에서 발표와 토론을 맡아주신 여러 연구자 선생님들께 감사를 드립니다. 아울러 어려운 출판 환경에도 작년에 이어 학술총서 2집을 낼 수 있도록 도와주신 경인문화사의 한정희 대표님과 김환기 이사님 그리고 편집부 팀에게도 이 지면을 빌어 감사를 드립니다.

2018년 2월
경희대학교 한국현대사연구원 원장 허 동 현

목 차

발간사

한국문제 유엔이관 이후, 유엔총회에서 미소양군 철수문제 논의과정

유지애(경희대학교)

한국문제 유엔이관 이후, 유엔총회에서 미소양군 철수문제 논의과정*

유지아**

1. 머리말

미국은 공산진영에 대한 봉쇄정책을 수립하기 전까지 한반도 점령에 대해 체계적이고 조직적인 정책을 수립하지 못했다. 그 근원적인 이유는 제2차 세계대전 종전 후에 미국은 한반도에 대한 전략적 이해관계를 느끼지 못했기 때문일 것이다. 이러한 상황은 남한에 진주한 미군이 주된 임무인 일본군의 무장해제와 일본인 귀환을 실시하는 과정에서도 분명하게 나타나고 있다.[1] 1945년 8월 15일 미국 정부는 하지가 이끄

---

 * 이 글은 중앙사론 제46집(2017.12.31. 발간)에 수록된 논문임.
** 경희대 한국현대사연구원 연구교수
 1) 유지아, 「전후 재조선일본군의 무장해제 과정에서 형성된 한미일관계」, 『한일관

는 제24군단에 북위 38선 이남 지역을 점령하라는 지령을 내렸다. 그 결정과 동시에 미국 정부와 군부는 점령군이 신속하게 이동할 것을 최우선 사항으로 지시했다. 이에 재촉을 받은 맥아더 사령부는 하지에게 수행중인 작전을 중지하고서라도 남한으로 이동할 것을 명령했다.[2] 당시 하지는 참모들에게 미군의 남한점령 목적에 대해 일본군의 무장해제와 소련에 의한 한반도 전체 점령을 막기 위함이라고 분명히 밝히고 있다.[3] 이러한 복잡한 상황 때문에 남한의 점령정책이 계획성 부족과 임기응변식 대응으로 보여지는 경향이 있다.

　이와 같이 미국이 38선 분할을 제안한 이유는 일본의 항복으로 한반도에 힘의 공백이 생기면 소련이 한반도 전체를 점령할 가능성이 높아졌기 때문이었다. 즉, 패전국인 일본의 식민지 처리문제와 관련하여 임시적 수단으로 행해진 것이었다. 따라서 미국의 한반도 점령정책에 대한 일반원칙은 군사점령을 통해 패전국인 일본의 공백을 신속하게 메우고, 한반도를 공산주의 진영으로부터 분리시킨 후 빠른 시일 내에 신탁통치체제로 전환하는 것이었다.[4] 이러한 관점에서 볼 때, 미국이 한반도에서 미군을 철수시키는 문제는 정치·이념적인 고려에 의해 수립되었다기보다는 군사전략적 차원에서 한반도에 이해관계가 희박했던

계사연구』 제28호, 2007에서 미국의 한반도 점령과정과 인식에 대해 자세하게 논하고 있다. 여기에서 미군은 점령초기에 일본군 무장해제와 일본인 귀환을 일본인이 스스로 이행할 수 있도록 했을 뿐만 아니라, 이후에도 남한에서 점령정책을 시행하는 과정에서 일본인을 등용하는 모습을 잘 고찰하고 있다.

2) 주한미군, 『駐韓美軍史(History of the United States Armed Forces in Korea)』 1권, 돌베개, 1988, p.48.

3) NARA(National Archives and Records Administration), RG 332, Box number 27, 「Historical Journal」(군사실에 소속되어있는 軍史官이 주한미군사령부참모회의에 참가해 그 회의의 상황을 기록한 자료), 1946.3.11.

4) FRUS, "Report by the State-War-Nevy Coordinating Subcommittee for the Far East" 1945(washington, D.C. USGPO, 1961), pp.1095-1096.

미국의 입장에서는 필수적인 과정이었다고 할 수 있다. 미국내에서 한반도의 미군철수를 둘러싼 갈등은 1945년 9월부터 군부와 국무성 간에 치열하게 이루어졌다. 군부는 한국의 정치가 불안정하기 때문에 하루빨리 미군을 철수시켜야 한다고 했을 뿐만 아니라, 전면전이 발발할 경우 한국은 전략적 가치가 없으므로 군비삭감, 병력감축을 해야한다고 주장했다. 반면, 국무성은 한국이 장기적인 전략적 측면에서 미소간 대결의 상징적, 이념적 대결장이 될 수 있다고 판단하고, 한반도에서 소련의 팽창주의를 저지하기 위해서라도 미군의 조기철군은 바람직하지 않다고 주장했다.

결국, 1947년 후반 모스크바 3상회의 결정을 이행하기 위한 제2차 미소공동위원회가 실패하자, 미국내 군부와 국무성의 갈등은 더욱 심화되고 미소간의 냉전은 가속화되어, 미국은 소련과의 타협가능성을 포기하고 한국문제를 유엔에 이관하여 해결하고자 하였다. 이에 미국 무장관 마샬은 47년 9월 17일 유엔 총회 제2차 회의 개회연설을 통해 한국독립문제에 관한 유엔 상정을 선언하였다.[5] 미국은 이로써 미군의 철수문제를 둘러싼 미국 내부의 갈등을 해소할 수 있을 뿐만 아니라, 한반도내에서 조속히 통일정부를 수립하는 것도 가능하게 할 것이라고 생각했던 것이다. 미국의 결정에 대해 소련은 한반도에서 미소양군이 동시에 철병하는 것으로 대응하면서 대립하게 되었다. 이는 미소양군의 철군 문제가 단순히 미소군의 한반도내 철군이라는 단일적 사안에만 국한된 것이 아니라, 한반도의 통일과 안보라는 중요한 두 가지 사실과 직결되어 있었기 때문이다.

미국의 한국 철수문제에 대한 선행연구는 김원덕[6], 이현경[7] 등의 논

---

5) 최상룡, 『미군정과 한국민족주의』, 나남, 1988, 198쪽.
6) 김원덕, 「주한미군 철수의 논리: 1943~1949」, 『政正』, 건국대학교, 1989.
7) 이현경, 「해방 후 남한 정치세력의 외국군에 대한 인식과 양군철퇴논쟁」, 『한국

문이 있다. 김원덕은 제2차 세계대전 종전 전부터 미국은 한반도에 전략적 이해관계가 없었음을 전제로 주한미군의 철수논리를 전개하였다. 특히 미국 군부와 국무성의 갈등과 이후 냉전적 관점에서 철군의 논리가 어떻게 진행되는지를 명확히 밝히고 있다. 그리고 이현경은 해방 후 남한의 외국군에 대한 인식과 양군철퇴 논쟁에 한국이 어떻게 대응하는지에 대해 밝히고 있다. 이외에 미국이 한국문제를 유엔에 이관한 것은 미국의 한국에 대한 정책 전환의 일환으로, 단독정부론으로 이어지는 냉전의 소산물이었을 뿐만 아니라, 한국문제로부터 자유로워지고자 하는 미국의 탈한정책에 기초한 것이라고 서술한 논문도 있으며,8) 한국문제의 유엔 이관은 미국내의 국무성과 육군성이 타협한 산물이라고9) 평가한 선행연구도 있다.

이러한 선행연구가 언급하고 있듯이 한국문제의 유엔 이관은 미국의 한반도 정책에 대한 방향전환뿐만 아니라, 냉전에도 영향을 미치고 있는 것이 사실이다. 그렇기 때문에 유엔에서 한국문제가 어떻게 논의되고 있는지 명확하게 규명할 필요가 있음에도 불구하고, 선행연구에서는 주로 미국이 한국 문제를 유엔에 이관한 경위와 그 의의에 대해 상세하게 다루고 있으며, 결론 부분에서 이후 유엔의 결정을 언급하고 있을 뿐이다. 따라서 본고에서는 한국문제가 유엔으로 이관된 이후, 유엔 총회에서 한국의 점령군 철수문제와 안보문제를 어떻게 논의하였는지 유엔 총회 자료를 통해 고찰하고자 한다.

정치외교사논총』, 한국정치외교사학회, 2005.

8) 김운태, 『미군정의 한국통치』, 박영사, 1992, 164쪽.

9) 이원덕, 「한국전쟁 직전의 주한미군 철수」, 하영선 편 『한국전쟁의 새로운 접근』, 나남, 1990, 198쪽.

2. 전후 동아시아 정세와 한국문제 유엔이관

제2차 세계대전 이후 미국은 초강대국으로 부상하면서 미국의 경제·군사 원조와 양자·다자간 군사동맹을 통해 자국의 세력을 확보하고 소련의 팽창을 봉쇄하고자 하였다. 이러한 정책하에 미국이 관심을 갖게 된 지역은 동부지중해 지역이었다. 1946년 소련이 동부지중해 지역에 대한 공개진출을 선언하자, 미국은 동부지중해가 소련의 수중에 들어갈 경우 유럽·중동·아시아가 소련의 지배하에 놓이게 되는 도미노 현상이 일어날 것이라고 판단하였던 것이다. 이러한 판단은 1947년 2월 27일 국무차관 애치슨(Dean G. Acheson)이 "썩은 사과 하나가 바구니 속의 다른 사과를 모두 썩게 하는 것처럼, 그리스 하나가 공산주의자들의 손에 넘어가면 그 동쪽의 모든 나라에 심각한 영향을 끼칠 것이며, 그것은 소아시아와 이집트를 거쳐 아프리카에 그리고 이탈리아와 프랑스를 거쳐 유럽에까지 심각한 영향을 끼칠 것"이라고 주장[10]한 것에서도 잘 알 수 있다. 같은 시기, 아시아에서는 중국 국민당과 공산당이 전후 처리 및 건국의 주도권을 둘러싸고 격렬하게 대립하였다. 1946년 여름에 국민당이 공산당을 공격하자 내전이 본격화되었고, 1947년 1월 미국이 조정을 포기한 후에는 공산당이 우세하게 되었으며, 그 결과 1949년 10월 1일 중화인민공화국이 수립되었다. 중국의 공산화는 아시아 재건계획과 대소련정책에서 중국을 중심에 두고 있었던 미국의 대외정책을 전면적으로 수정해야하는 상황을 초래하였다. 다시 말해, 중국의 공산화는 제2차 세계대전 후 아시아에서 패권을 장악하고자 했던 미국으로 하여금 보다 강력한 우방국의 필요성을 자각하게 하였으며, 그 우방국으로써 아시아에서 기대할 수 있는 것은 일본밖에 없다는 판

---

10) 송광인, 「그리스와 미국의 전쟁: 냉전정책의 선언」, 『정책과학연구』 제10집, 단국대학교 정책과학연구소, 2000, 9쪽.

단을 하게 되었다. 그리고 이러한 판단으로 인해 미국에서는 '일본중시론'이 대두하였으며, 이후 대일점령정책에도 큰 영향을 미치게 되었다.[11]

그리고 미국에서 '일본중시론'이 대두하면서 일본의 안전을 위해서도 한반도의 안보가 보장되어야 한다는 의견이 나오기 시작하였다. 1947년 3월 10일 미국무성 차관보인 힐드링(John R. Hilldring)은 디트로이트 경제클럽(the Economin Club of Detroit) 연설에서, 한반도에 대한 미국의 새로운 관심에 대해 언급하였다. 그는 연설에서 미국이 한반도에서 대소봉쇄정책 이행에 실패한다면 다른 지역에서도 그 임무수행이 어려울 것이라고 분석하면서, 봉쇄정책을 시행하는데 있어서 한반도가 중요한 위치를 차지하고 있다고 역설하였다.[12] 이는 미국의 주도하에 대일점령정책이 실시되면서 일본은 소련의 영향력에서 벗어나 있지만, 한반도가 소련의 지배하에 들어간다면 일본 또한 소련의 지배하에 들어갈 가능성이 높아진다는 경각심을 말한 것이다. 이러한 사고는 당시 일본 내에서 더욱 팽배해 있었고, 점차 미국도 이러한 일본의 사고에 공감하게 되었던 것이다.

한편, 1947년 후반부터 미소공동위원회의 결렬로 인하여 미소관계가 악화되고, 한국 국내 정치가 불안정해지자, 미국정부는 대책을 모색하기 위하여 1947년 8월과 9월에 웨드마이어(Albert C. Wedemeyer)와 드레이퍼(W.H. Draper) 육군차관을 각각 대표로 하는 사절단을 남한에 보냈다. 그들의 주된 임무는 한국의 상황과 전망을 조사하여 워싱턴에 보고하는 것이었다.[13] 이 시기 드레이퍼가 작성한 보고서는 남한군대의 육성과 강화, 경제원조의 확대, 남한의 정치적 혼란의 수습을 골자

---

11) 管英輝,『米ソ冷戰とアメリカのアジア政策』, ミネルヴァ書房, 1992年, 199쪽.
12) 김원덕, 앞의 논문, 135쪽 재인용(John H. Hilldring, "Korean House Divided", OSB 16, March 23, 1947)
13) 유지아,「전후 미국의 한국과 일본에 대한 국방경비대(경찰예비대) 창설과정」,『사림』제28호, 2007년, 62~63쪽.

로 하였으며, 그 가운데 남한 군대의 육성과 강화는 주한미군의 철수 문제와 관련하여 중요한 부분을 차지하게 되었다.[14)

이러한 상황 하에 1947년 후반부터 미국은 한국에 대한 점령정책을 실행하는 과정에서 소련과 협력하려는 의지를 더 이상 보이지 않았다. 그 대신 남한에서 단독정부를 수립하고, 군사력 강화와 경제 원조를 통해 남한을 독립시켜 소련과 결별하게 하고자 하였다. 더욱이 미 군부는 남한에 대한 정책에 대해 미군을 철수시켜 일본 점령에 집중해야 한다고 강조하였다.[15) 앞에서 서술한 바와 같이 미국은 아시아에 대한 정책에서 중국과 일본을 우선적으로 생각하고 있었기 때문에, 한국에 대한 정책을 대부분 대중정책이나 대일정책에 연동해서 적용하고 있었다. 그 가운데에서도 한반도의 전략적 가치가 크지 않다고 판단한 군부는 한반도에서의 조기 철퇴를 심각하게 고려하였다. 국무성도 한반도를 냉전적인 시각에서 분석하고 있었기 때문에 철군을 반대하는 것은 아니었다. 단, 군부의 주장처럼 철군을 너무 조급하게 결정하는 입장에 대해서 반대하였던 것이다. 이후 한국에서의 미군 철수를 둘러싸고 미국 내 국무성과 군부의 견해가 엇갈리기 시작했다. 국무성의 의견은 조지 마샬(George Catlett Marshall)이 1947년 11월 7일에 보고한 세계정세에 관한 보고에서 파악할 수 있다. 마샬은 모스크바에서는 전쟁을 원하지 않고 있으나, 불안정한 지역에 대한 자국의 영향력을 확대시키기 위해 간접침략, 파괴활동 전술을 사용할 방법을 모색하고 있는 것으로 보인다고 분석하고 있다. 따라서 아시아에서 소련의 군사, 경제적 역량은 한정되어 있으므로, 미국은 한국과 같은 나라들에 대한 공개적 공약 없이도 위협에 대응할 수 있을 것이라고 판단하였다.[16) 결국, 국무성은

---

14) FRUS, 1948, The Far East Vol.Ⅵ, 1948.1.31., pp.1088-1089.
15) 유지아, 위의 논문, 2007, 63쪽.
16) FRUS, 1947, The United Nations Vol.Ⅰ, "Policy Planning Staff Report"

한반도에서 미군 주둔이 대소봉쇄적 억압력을 갖는다고 판단하고 있었으며, 그렇기 때문에 빠른 시일 내에 군대를 철수시키는 것보다는 미국의 지원을 확대하면서 미군을 계속 주둔시켜야 한다고 결론지었던 것이다.

이와 같이 한반도의 철군문제와 대소봉쇄 정책을 연결시켜 분석한 조지 마샬은 대일정책에 대해서도 전환을 모색하였다. 대일정책과 대일강화문제가 공산진영과 반공진영의 냉전관계에서 하나의 재료가 되었던 것이다. 대일정책의 전환을 실행하기 위해 1947년 국무장관이 된 조지 마샬은, 국무성에 미국의 전후 냉전정책을 통솔하는 정책기획실을 신설하고 조지 케난 (George Frost Kennan)을 책임자로 임명하였다. 케난은 기존의 대일강화조약안[17]과 맥아더 사령부의 조기강화론에 대해 "마치 공산주의자의 정치적 압력에 굴복하여 취약한 일본 사회를 공산주의자에게 건네주고, 공산화의 길을 닦아주는 조잡한 실험을 하고 있는 것 같다"[18]고 맹렬하게 비판했다. 결국, 케난의 반대로 기존의 강화조약안은 백지화되었고, 케난은 1947년 10월 14일에 대일강화문제에 대한 정책기획실의 견해를 국무장관에게 제출했다. 이 각서에서 케난은 중국 정세에 대한 더 이상의 개입을 피하고, 그 대신 일본을 아시아에서 미국의 안전보장을 위한 중요한 국가로 자리매김해야 한다고 주장했다. 또한 같은 관점에서 징벌적 강화조약에서 관대한 강화조약

(November 6, 1947), pp.770-777.

17) 1947년 8월 5일에 작성한 기초안으로 미영중소 4개국의 협력을 전제로 하여 일본의 점령 목적이 비군사화와 배상에 있으며, 동시에 강화조약을 체결하여 일본의 점령을 종결시킨다는 내용을 담고 있다. 또한 미소가 합의하여 25년간 일본에 재군비를 금지하는 한편 일본 정부와 일본 경제를 연합국의 감독하에 둔다는 징벌적인 내용이 포함되어 있다.

18) Kennan, George F, Memoris 1925~1950 (Boston & Toronto, Little, Brown an Company, 1967), p.376.

으로 대일점령정책을 바꿀 것을 조언했다.[19]

결국, 동아시아의 냉전체제가 고착화되고 1947년 7월 제2차 미소공동위원회가 결렬되자, 한국 문제의 유엔 이관과 주한미군의 철수 문제가 현안으로 급부상하게 되었다. 이 문제를 검토하기 위해 7월 23일 3부조정위원회(SWNCC) 산하에 한국특별위원회가 설치되었고, 8월 4일에 국무부 동북아시아과의 앨리슨(John M. Allison)이 기초한 "한국에서 미국의 정책(SWNCC 176/30)"을 채택하여 3부조정위원회에 제출하였다. 그 가운데 한국에서 미군이 철수하는 문제에 대해서는 다음과 같이 결론을 내리고 있다.

> 한국의 현재 상황에서 미군을 철수시키는 것은 공산주의자들에게 한반도 전체를 맡기는 것이다. 한국을 소련에 떠넘기지 않으면서 한국에 대한 미국의 인적·경제적 개입을 줄일 수 있는 모든 노력을 가능한 빨리 취해야 한다. 즉 미국은 한국의 독립을 촉진하기 위해 가능한 모든 노력을 다하고 있다는 것을 한국인들에게 증명하고, 미국인과 세계 여론에는 미국이 국제적 공약, 즉 모스크바 결정과 유엔 헌장에 따라 행동하고 있다는 것을 증명해야 한다.[20]

이 문서는 미국이 한국 문제의 해결책으로 유엔을 활용한다는 것을 공식화하고, 군부의 철군요구도 원칙적으로 인정하면서 안전보장 조치를 강구하고자 하는 내용을 담고 있다. 8월 26일에 애치슨의 후임으로 국무차관에 취임한 로베트(Robett A. Lovtt)는 소련외상 몰로토프(V. M. Molotov)에게 미소공동위원회에서 한국문제를 해결하는 것이 불가능하기 때문에 4대국 회담을 개최하여 검토하자고 제안했다. 그러나

---

19) FRUS, 1947, The Far East Vol.Ⅵ, "PPS10" 1947.10.14., pp.537-543.

20) FRUS, 1947, The Far East Vol.Ⅵ, "한국특별위원회가 작성한 보고서" 1947.8.4., pp.738-741./조이현, 「1948~49년 주한미군의 철수와 주한미군사고문단(KMAG)의 활동」『한국사론』 35, 서울대학교 인문대학 국사학과, 1996년, 271쪽.

소련은 미국의 일방적인 결정이라고 문제를 제기하면서 미국의 제안을 거부했으며, 미국은 9월 17일 유엔총회 연설에서 한국 문제를 의제로 상정하기로 결정했다.[21] 미국은 한국문제를 유엔에 이관함으로써 미군의 철수문제를 둘러싼 미국 내부의 갈등을 해소할 수 있을 뿐만 아니라, 한반도내에서 조속히 통일정부를 수립하는 것도 가능하게 할 것이라고 생각하였던 것이다.

3. 유엔총회의 미소양군 철수문제 논의

한국문제 해결을 위한 미소공동위원회의 활동이 무산되자, 미국은 1947년 9월 17일 제2차 유엔총회에서 '한국독립문제' 의제 채택과 한반도 상황 조사 및 남북한에서 실시될 선거를 감독할 '위원회' 설치를 안건으로 제출했다.[22] '한국독립문제'를 유엔총회 의제로 제출한 것은 모스크바 협정 가맹국(중국, 소련, 영국, 미국)이 참가하는 4개국 회담에서 한국문제를 논의하자는 미국의 제안을 소련이 거부했기 때문에 결정한 것이다.[23] 당시 미국측 유엔 대표였던 마샬 국무장관은 유엔총회 제82차 본회의에서 '한국독립문제'를 유엔총회 회의에 상정시키는 것이 미국의 방침임을 밝히고 이를 사무총장에게 통보하였다. 미국은 제2차 세계대전 종전부터 계속 한국문제에 관여해 왔기 때문에 미국이 먼저 한국문제를 유엔총회에 상정하는 것이 필요하다고 판단한 것이

---

21) 박동찬, 『주한미군사고문단』, 한양대학교 출판부, 2016년, 123~124쪽.

22) Official Records: Third Session Supplement No.9(A/575), First part of the Report of the United Nations Temporary Commission on Korea, Volume I : 유엔한국임시위원단 보고서 제1부 제1권, 1948. 7. 21., p.1.

23) Document A/AC.19/W.6, pp.64-66.

다. 그 이유는 유엔에 한국문제를 상정하는 것이 한국의 조기 독립과 모든 외국군대의 철수를 촉진한다는 미국의 의도를 드러낼 수 있는 방법이라고 생각했기 때문이다. 뿐만 아니라 먼저 유엔에 한국문제를 상정하는 것이 유엔에서 한국문제를 논의하는데 미국이 주도권을 잡고, 미소공동위원회의 결렬에 대한 소련의 비난을 피할 수 있는 방법이라고 인식했기 때문이었다.[24]

미국은 한국문제에 대한 유엔의 처리방침을 명시하지는 않았지만, 유엔총회에 관한 규정 제10조의 적용이 가능할 것이라고 판단하였다.[25] 이에 대해 소련은 미소간 협정 및 국제공약에 위배될 뿐만 아니라, 제2차 세계대전 중 적국에 대한 행위와 관련된 문제에 대해서는 유엔이 권한을 갖지 못한다는 유엔헌장 제107조의 규정을 들어 한국문제의 유엔이관에 반대하였다.[26] 소련의 반대에도 불구하고 한국문제를 의제에 포함시킬 것을 권고한 미국의 제안에 중국, 시리아, 인도, 영국 대표는 호의적이었으나 폴란드 대표는 반대하였다. 그러나 총회에서 해당 안건을 의제에 포함시키기로 결의하고, 이에 대한 심의와 보고를 제1위원회에 회부하기로 결정하자, 백러시아 사회주의공화국, 체코슬로바키아, 폴란드, 우크라이나 사회주의공화국, 소련, 유고슬라비아 등 6개국은 이 결정에 반대했으며, 근동(Near East) 국가 및 아프리카 국가들은 기권 의사를 밝혔다.[27]

---

24) 平山龍水, 『東アジア冷戰の起源 - 朝鮮半島分斷の構図』, 信山社, 2002, 422쪽.

25) 유엔헌장 제10조는 유엔총회의 임무와 권한을 명시하고 있는 것으로, 안전보장이사회가 심의 중인 상황을 제외하고 유엔헌장의 범위 내에서 어떠한 사항도 토의할 수 있음을 규정하고 있다. 국제연합헌장(Charter of the United Nations) (유엔개황, 2008, 외교부)

26) 제107조는 유엔헌장의 어떠한 규정도 제2차 세계대전 중 이 헌장 서명국의 적이었던 국가에 관한 조치로서, 그 조치에 대하여 책임을 지는 정부가 그 전쟁의 결과로 취했거나 허가한 것을 무효로 하거나 배제하지 아니한다는 규정이다. 국제연합헌장(Charter of the United Nations) (유엔개황, 2008, 외교부)

또한 소련은 한국문제를 유엔에서 처리할 경우, 한국 국민 대표가 의사수렴 과정에 참여해야 한다고 주장하였다. 이에 대해 미국은 남북한 대표가 동시에 유엔에 초청될 경우 야기될 혼란을 우려하여, '진정한 한국 국민 대표'를 확인하기 위한 선거를 먼저 실시하고 이를 감독할 '위원단' 파견을 주장하였다.[28] 즉, 미국이 의제로 삼고자 제안한 내용은 유엔 감시 하에 한반도에 단일한 국회와 정부를 수립하기 위하여 1948년 3월 31일까지 선거를 실시하고, 정부 수립 즉시 국방경비대(National Security Force)를 창설하여 한국의 안보를 보장하면 소련과 미국 군대가 한국으로부터 조기에 완전히 철수할 것을 권고한다는 내용이었다. 그리고 이를 실현하기 위해 유엔한국임시위원단을 설치할 것을 권고하는 것이다. 따라서 미국은 유엔한국임시위원단의 주요한 임무를 (1) 각 지역에서 선거기간 중 한반도에 주재하면서 한반도 전역을 자유로이 순회하고 감찰하는 권한을 가짐, (2) 선거, 국회의 조직, 정부의 구성 그리고 점령군의 철수에 관한 협정체결 등과 관련하여 적절한 협의가 가능함, (3) 유엔총회에 보고 또는 본 결의문이 규정하는 업무에 관하여 유엔총회 또는 상황에 따라 필요하다고 총회가 판단할 경우 총회의 여하한 주무기관에 대해서도 보고하며, 한국 독립의 유지를 위한 유엔의 추가조치에 관하여 필요하다고 인정하는 모든 권고를 행함[29]이라고 규정하고 있다.

미국의 제안대로 한국 문제를 유엔에 이관하기로 결정하자, 소련은 한반도에서 미소양군을 동시에 철수하자는 제안으로 응수했다. 1947년

---

27) Ibid., First part of the Report of the United Nations Temporary Commission on Korea, Volume I (A/575), p.1.

28) FRUS, 1947, Vol.6, "주한미군 정치고문(제이콥스)이 국무장관에게", 1947.9.25., p.815-816.

29) Ibid., First part of the Report of the United Nations Temporary Commission on Korea, Volume I (A/575), p.1.

9월 26일, 소련은 1948년 초까지 미소양군을 철수시키고, 한국 문제에 대해 한국인들 스스로가 결정할 수 있도록 맡기자고 제안했다.[30] 이러한 소련의 제안에 미국은 한국 문제가 유엔에 이관되어 있는 상태이므로 철군문제도 유엔의 결정에 따라야 한다며 반대의사를 표명했다.[31] 미국과 소련의 엇갈린 의견을 바탕으로 제1위원회에서는 선출된 남북한 국민대표가 토의과정에 참가하는 문제와 미국과 소련 군대의 한국 철수문제 등 두 가지가 주요 안건이 제기되었다. 이에 대해 소련은 선출된 남북한 국민대표를 토의에 참여하도록 초청하며, 1948년 초에 미국과 소련이 동시에 남북한에서 군대를 철수하고 그 후 한국정부의 수립문제를 한국인 스스로 해결할 수 있도록 맡겨둘 것을 권고하는 내용의 결의안을 제출하였다.[32]

유엔총회는 제1위원회의 보고를 토대로 1947년 11월 13일과 14일에 걸쳐 진행된 제111차 및 제112차 본회의에서 소련, 미국, 필리핀, 중국, 체코슬로바키아, 유고슬라비아, 백러시아, 파나마, 폴란드, 노르웨이, 우크라이나가 참가한 가운데 한국의 독립문제에 관해 토의하였다. 그 결과 제1위원회에 상정된 결의안은 수정 없이 찬성 43표, 기권 6표(백러시아, 체코, 폴란드, 우크라이나, 소련, 유고슬라비아)로 1947년 11월 14일에 통과되었다. 그 주요 내용은 길기는 하지만, 본 논문의 주요한 쟁점과 직접적인 관련이 있기 때문에 다음과 같이 모두 서술한다.

(1) 선거에 의하여 선출된 한국 국민대표가 한국독립문제에 대한 토의에 참여하도록 초청할 것을 결의함. (2) 주둔 중인 군 당국에 의해 지명 받은 자가 아니라

---

30) 『조선일보』, 1947.9.26.
31) 정용욱, "1947년의 철군논의와 미국의 남한 점령정책", 『역사와 현실』 제14호, 1994, 216쪽.
32) Ibid., First part of the Report of the United Nations Temporary Commission on Korea, Volume I (A/575), p.2.

한국국민에 의해 정당하게 선출된 자가 한국 국민대표가 될 수 있도록 하루빨리 유엔한국임시위원단(United Nations Temporary Commission on Korea)을 한국에 파견하여 전국을 자유롭게 순회하면서 선거과정을 감시하고 협의할 수 있는 권한을 부여할 것을 결의함. (3) 한국 국민이 자유와 독립을 신속하게 달성할 수 있도록 유엔한국임시위원단과 협의할 대표자들을 선출하기 위해, 1948년 3월 31일 이전에 성년 선거권 원칙과 비밀투표에 의한 선거를 실시하며 선출된 대표자들로 국회를 구성하고 한국 정부를 수립할 것을 권고함. (3) 중앙정부 수립 직후 한국 임시위원단과 협의하여 국방경비대(national security forces)를 조직하고 그 외 모든 군사단체와 유사단체를 해산하며, 남북한의 군 당국과 민정당국으로부터 모든 정부 기능을 이양 받을 것. (4) <u>점령국과 그들의 군대를 가급적 신속하게 한국에서 완전히 철수시키며 가능하다면 90일 이내에 완료할 것을 권고함.</u> (5) 한국의 독립 달성을 위한 준비기간 중에는 총회의 결정을 이행하기 위한 경우를 제외하고는 한국 국민의 제반 문제에 대한 간섭을 삼가고, 그 이후로는 한국의 독립과 주권을 침해하는 모든 행위를 완전히 삼가할 것을 유엔의 모든 회원국들에게 요청함.[33)]

결의문에서 살펴본 바와 같이 미소양군 철수와 관련하여서는 "(4) 점령국과 그들의 군대를 가급적 신속하게 한국에서 완전히 철수시키며, 가능하다면 90일 이내에 완료할 것을 권고"하고 있지만, 먼저 유엔 감시 하에 선거를 통해 한국 국민의 정부를 선출할 것을 전제로 하고 있기 때문에 실행상의 절차나 기간은 명확하지 않다. 따라서 사실상 소련이 제안한 "1948년 초에 미국 및 소련이 각각 남북한으로부터 동시에 군대를 철수시킴으로서 한국 국민정부의 수립문제를 한국 국민 스스로에게 맡겨둘 것"을 권고하는 내용은 부결되었다고 보아야 할 것이다. 이상에서 본 바와 같이 미소양군 철수문제는 주로 미소간의 이해관계를 바탕으로 유엔에서 논의되었으나, 실제로 유엔이 총회 제1위원회 결의안을 채택하게 됨으로써, 유엔과 미국이 주도권을 잡게 된 것이라

---

33) Ibid., p.4.

고 할 수 있다.

이러한 사실은 한국독립 문제에 관해 1947년 11월 14일 총회 결의안을 적용한 유엔총회임시위원회와 유엔한국임시위원단의 협의[34]내용에서도 알 수 있다. 협의 내용에서 미국 대표는 "1947년 11월 14일 총회 결의안에서 유엔이 한국인의 자유와 독립을 되찾아 주기 위하여 온 힘을 다할 것을 명시"하면서, "소련 역시 이와 비슷한 내용의 결의안을 제출했음에도 불구하고, 왜 총회 결정을 반대하고 임시위원회가 소련 점령지역 내에서 활동하는 것을 거부"하는지 의문을 제기하고 있다. 이러한 제기는, 미국은 유엔의 결정에 따라 한국의 자유와 독립을 위해 노력하는 반면, 소련은 미국과 유엔의 노력을 거부하고 방해하고 있다는 것을 드러내기 위한 것이라고 할 수 있다. 협의 내용의 결론에는 미국과 달리 소련은 한국의 자유와 독립을 위해 노력하고 있다고 할 수 없기 때문에, 점령지역으로부터 동시철수를 주장하는 소련의 제안을 단호하게 거절하면서, 통일된 중앙정부가 수립되면 그 후에 철수하겠다고 주장하고 있다. 대신 그 기간 동안 한국에 대한 미국의 정책 목표는 한국인들의 의지를 자유롭게 표출할 수 있는 자치정부를 수립하고, 경제수준을 높이기 위해 원조하며, 미래를 위한 적절한 교육시스템을 만드는 것이라고 밝히면서 한국의 미래상을 미국이 만들어나갈 것을 명확하게 하고 있다.

사실 남한의 입장에서는 미군의 철수에 대해 전적으로 찬성할 수만은 없었다. 1948년 8월 20일 이승만 대통령은 남북 분단의 책임이 미국에 있는 만큼 한국군 편성과 국내 치안이 확보될 때까지 철군을 연기할 것을 주장했다.[35] 한국정부의 철군 연기 주장은 대통령 특사로 미

---

34) A/AC.18/SR.6 "Interim Committee of The General Aessmbly, Summary Record of The Sixth Meeting:제3차 유엔총회 임시위원회 제6회 회의 요약", 1948. 2. 24.
35) 『서울신문』 1948.8.21.

국에 파견된 조병옥과 한국 유엔 특사인 김활란을 통해서도 미국에 전달되었다.[36] 이들은 안보적인 차원에서 미국이 당분간 주한미군을 유지하면서 효과적으로 훈련받고 장비를 갖춘 한국군을 창설하여 발전시켜 줄 것을 바랐으며, 경제적인 차원에서도 전력설비 및 전기산업에 초점을 둔 경제 원조를 지속해 줄 것을 요청하였다. 그러나 미국은 남한에서 철수하면서 한반도에 군사, 경제적으로 부담이 큰 병력을 주둔하는 대신 부담이 적은 경제 원조를 통해 동북아시아에서 자국의 이익을 실현시킬 수 있는 체제를 구축하는 것이 현실적이라고 판단했다. 그리고 이러한 체제를 바탕으로 한반도에서도 군사적 수단을 제외한 정치, 이념적인 측면에서 공산주의에 대한 봉쇄정책을 본격화하고자 하였으며, 외교적인 측면에서는 한미일 군사동맹 체제를 구축하여 대소봉쇄정책을 실현시키고자 하였다.

4. 유엔한국위원단 구성과 주한미군 철수

유엔총회에서 한국문제 및 한국의 철군문제에 대해 본격적으로 논의가 시작된 것은 1948년 12월 11일에 개최된 제186차 전원회의(plenary meeting)였다. 이 회의에서 유엔총회의 제1위원회가 결의하여 채택을 권고한 '한국의 독립문제에 대한 제1위원회 보고서'에 대한 심의를 시작하였다. 이 심의에서 기존 임시위원단의 활동이 임무를 완전히 수행하지는 못하였으나, 남북한의 접촉을 증진시키는데 중요한 역할을 할 수 있었다는 점에 대해 인식을 공유하면서, 추가적으로 위원단을 파견하는 것에 동의하였다. 그러나 기존의 '유엔한국임시위원단'을 구성한

---

36) 『한성일보』 1948.9.12. ; 『서울신문』 1948.9.14.

회원국을 그대로 보내지 않고, '오스트리아, 중국, 엘살바도르, 프랑스, 인도, 필리핀, 시리아'를 파견하자는 캐나다 대표단의 제안을 표결에 붙인 결과, 찬성 40, 기권 3으로 채택되었다.[37] 그리고 새롭게 파견되는 위원단을 '유엔한국위원단'이라고 명명하였다.

유엔한국위원단의 권한에 대해서는 1948년 12월 12일 유엔총회 결의 제195(III)에 규정되어 있는데, 1947년 11월 14일자 총회결의에 명시된 목표를 완전히 달성하기 위하여 한국위원단을 설치하여 임시위원단의 사업을 계승하여 수행하고, 본 결의에 명시된 한국정부의 지위에 유의하여 임무를 수행한다고 명시하고 있다. 그리고 주요한 임무로는 먼저, 1947년 11월 14일자 결의에서 총회가 설정한 제 원칙에 의거하여 한국의 통일과 한국국방군(Korean security force)의 통합을 실현하도록 주선하고, 한국의 분단으로 인하여 발생한 경제적, 사회적 및 기타 우호적 교류에 대한 장벽의 제거가 용이하도록 방법을 강구한다고 밝히고 있다. 즉, 점령군이 철수하기 이전에 국방군의 창설을 우선적인 임무로 설정하고 있음을 알 수 있다. 그리고 자유롭게 표현된 국민들의 의사에 기초한 의회정치가 더욱 발전하도록 감시와 협의를 수행하며, 점령국의 실제 철수를 감시하며, 철수가 이행되었을 때 철수 사실을 확인하고 목적을 위하여 필요하다면 양 점령국 전문가의 협조를 요청한다고 규정하고 있다.[38] 유엔한국위원단도 역시 한국에서 의회정치가 실현된 이후에 점령군의 철수를 감시한다고 명시하고 있다.

이러한 규정에 따라 한국에 파견된 유엔한국위원단에 대해, 한국에서는 1949년 3월 25일 제23차 회의에서 김약수 국회부의장과 61명의

---

37) Official Records: Fourth Session Supplement No.9 (A/936) "Report of the United Nations Commission on Korea, Volume I: 유엔한국위원단 보고서 제1권", 1949. 8., p.2.

38) Ibid., p.2.

국회의원이 서명하여 한반도 통일을 위해 위원단이 대한민국 정부를 도와 외국군대 철수를 감독해달라는 청원을 하였다. 이에 1949년 4월 22일, 위원단은 1949년 4월 14일자로 주한미국대사가 위원단 의장에게 보낸 통신문을 심의하였다. 이 통신문에는 주한미국대사가 대한민국 대통령에게 보낸 서한이 첨부되어 있으며, 특히 제4항에 주한미군이 위원단과 협의를 거쳐 수개월 내에 철수할 것이라는 내용이 담겨 있다. 그리고 1949년 5월 2일 주한미국대사가 대한민국 대통령에게 발송한 서한에는 주한 미 군사고문단(Korean military advisory group)[39] 설치에 관한 내용이 포함되어 있다.[40]

그러나 1949년 5월 23일, 유엔한국위원단은 북한지역 점령군인 소련군의 철수를 시찰할 수 없다는 사실을 확인하며, 한국의 통일 문제가 1947년 이래로 유엔의 소관사항으로 남아 있는 현실에서, 점령군 철수에 관한 시기나 철수촉진 문제와 관련하여 위원단이 이 문제에 대한 책임이 없음을 확인하는 결의를 채택하였다.[41] 이는 한국에서 점령군의 철군은 남한과 북한이 각각 전개해 나갈 수밖에 없다는 것을 확인한 것이라고 할 수 있다. 따라서 이후부터는 유엔한국위원단과 남한측이 합의하면서 미군 철수문제에 대해 논의하게 되었다. 당시 미국은 철군을 진행하면서 한국정부가 우려한 안보문제를 해결하기 위해 국방경비대를 강화시키고, 경제·군사 원조를 제공하기로 결정했다. 이러한 미국의 철군 방침에 대해 한국 정부는 처음에는 철군에 반대했지만 철군

---

39) 주한미군사고문단(U.S. Military Advisory Group to the Republic of korea)은 한국의 치안력을 발전시켜 공격보다 외부 침입에 방어할 수 있는 무장력을 키워 국내 질서를 유지하기 위해 1949년 7월 1일에 설립되었다. 주한미군철수와 함께 설립되어, 군사원조 집행과 미군 무기 이양, 각종 군사시설 관리, 한국군의 편성과 훈련, 이양 무기의 사용법 교육 등을 주요 임무로 하였다.

40) Ibid., p.9.

41) Ibid., p.9.

이 기정사실화되자, 한국에 대한 확고한 방위공약과 무기 및 장비 지원을 포함한 더 많은 군사원조를 얻기 위해 노력했으며, 그 결과 미군 철수 후 국방경비대의 강화와 군사고문단 설치가 이루어졌다.[42]

  1949년 6월 9일에는 제33차 유엔한국위원단 회의에서 미군 철수문제와 관련하여 위원단과 주한미군사령관 로버츠(Joseph N. Roberts) 준장, 그리고 미국대사 무초(John Joseph Muccio)와 회담을 가졌는데, 이 자리에서 무초 대사가 미군철수와 관련한 주요 내용을 전달하였다.[43] 그 내용 중 철수 과정에 대한 것은 미군이 그동안 점진적인 철수작업을 진행 중이었고, 6월말 경에 철수가 완료될 것으로 예상하고 있으며, 미군이 사용하던 시설 및 장비는 한국정부에 인도한다는 것이었다. 덧붙여 무초 대사는 철수 완료 이후에도 승인받은 500명의 미군과 주한 미군사고문단이 한국에 남아있게 된다는 사실을 한국 정부와 협의하였다는 것도 언급하였다. 또한 미군철수와 관련하여 미국정부는 위원단의 감시와 검증에 충분히 협조할 것을 약속하였다. 그리고 철수과정에서 미국은 소련군사전문가의 도움을 받는 것에 대해서 반대하지는 않으나, 미국이 북한지역의 소련군 철수에 참여하는 것을 조건으로 해야하며, 나아가 한국정부와도 협의하여야 한다는 것도 밝히고 있다. 즉, 한국에서 미군이 철수하는 과정은 소련이 관여하겠다는 뜻을 밝히거나, 양국이 서로 협의하겠다는 의사를 보이지 않는 한, 남북한 지역이 서로 별개로 이루어진다는 것을 알 수 있다. 결론적으로 미소양국의 대립속에서 제기된 한국문제의 유엔 이관과 미소양군 철수논쟁은 자주적 한국정부와 통일된 정부의 수립보다는 남북한 지역의 논의 체계 등이 소멸되는 결과를 낳았으며, 분단정부의 탄생이라는 결과를 초래한 것이다.

---

42) 조이현, 앞의 논문, p.299.
43) Ibid., p.10.

이러한 과정을 거쳐 유엔총회에서는 1949년 6월 13일, 제34차 회의에서 1948년 12월 12일 유엔총회결의 제4항 (c)에 의해 부여된 점령군의 한국철수 감시 및 검증 임무를 완료하고, 나머지 주한미군의 철수를 감시하고 검증하여 위원단에 보고할 제3분과위원회(오스트레일리아, 중국, 엘살바도르, 인도로 구성)를 설치하기로 결의하였다. 그리고 1949년 6월 20일에 제35차 회의에서 제3분과위원회의 보고서를 승인하고, 1949년 6월 13일의 위원단 결의내용을 미국정부 및 한국정부에 통지하였다. 제3분과위원회는 6월 21일과 29일 인천항에서 잔류 미군의 마지막 출국을 확인했다. 그리고 제3분과위원회는 1949년 7월 27일 제48차 회의에서 제3분과위원회가 제출한 제2차 업무진행보고서를 통해, 남한에 주둔하고 있는 미군은 민간행정업무 정리를 위해 김포공항에 일시적으로 남아있는 50명 미만의 공군 병력과 500명의 주한미군사고문단이 전부라고 보고했다. 또한, 1949년 6월 29일에 주한 미군의 철수가 완료되었으며, 대한민국 대통령과 주한미군사령관 간에 체결된 과도기에 시행될 잠정적 군사안전에 관한 행정협정이 1949년 6월 30일부로 효력이 소멸되었음을 확인하고, 한국국방군에 대한 미국정부 또는 주한미군사고문단의 통제권도 소멸되었음을 선언했다. 뿐만 아니라 미군이 한국 내에 보유하고 있던 모든 군사물자는 군 병력과 함께 철수된 물자를 제외하고는 전부 철수완료일을 기준으로 한국 국방군에 인도하였음을 확인하였다.[44]

주한미군의 철수완료 사실은 1949년 7월 8일에 무초 대사가 제3분과위원회 위원장에게 보낸 서한에서도 확인할 수 있다. 이 서한에서 무초 대사는 1949년 6월 29일자로 주한미군 철수작업이 완료되었음을 알리고, 주한미군사고문단 인원은 500명 이하이며 승인된 병력을 제외하고

---

44) Ibid., p.17.

는 전부 철수하였음을 확인하고 있다.[45] 그리고 로버츠(W. L. Roberts)
주한미군사고문단 단장도 7월 16일에 제3분과위원회 위원장에게 서한
을 보내 한국에 주둔중인 미군의 부대별 해체일자와 철수선박 승선일
자 등 전체 철수계획 일정과 단계별 철수인원을 상세하게 재확인하고,
1949년 6월 29일부로 철수작업이 완료되었음을 재확인하였다.[46] 마지
막으로 무초 대사는 1949년 7월 25일에 재차 제3분과위원회 위원장에
게 서한을 보내 1949년 6월 29일자로 주한미군 철수작업이 완료되었음
을 재확인하고, 대한민국 대통령과 주한미군사령관 사이에 체결된 과
도기 군사 및 안전문제에 관한 행정협정이 1948년 8월 24일부로 실효
되었음[47]을 재확인하였다. 그리고 김포공항의 안정적인 운영을 위해
최소한의 공군병력인 7명의 장교와 52명의 병력이 잔류하고 있음을 알
리며 잔류 병력 또한 김포공항으로부터 1949년 9월 1일까지 철수할 것
을 희망하고 있음을 알렸다.[48]

　　이로써 제2차 세계대전 이후 한반도의 분단 점령과 더불어 논의되기
시작한 한국에서의 점령군 철수가 이루어졌다. 그러나 한국문제가 유

---

45) Official Records: Fourth Session Supplement No.9 (A/936/Add.1), "Report of the
　　United Nations Commission on Korea, Volume Ⅱ－Annexes:유엔한국위원단 보
　　고서 제2권 부속문서", 1949.8., p.36.

46) Ibid., p.37.

47) 대한민국 대통령과 주한미군사령관 사이에 체결된 과도기에 시행될 잠정적 군사
　　안전에 관한 행정협정: 1948년 8월 24일 서명 및 발효되었으며, 전문 및 5개 조
　　문으로 구성되어 있음. 주요내용은 미군의 한국철수와 한국점령 종결을 목적으
　　로, 주한미국사령부가 대한민국 정부에 통치권을 이양하는 각서를 교환하며 미군
　　철수 완료시까지 본 조약의 군사 및 안전보장에 대한 조치에 합의하였음을 밝히
　　고, 주한미군사령관이 대한민국 국방군을 조직, 훈련, 무장시키고 가급적 신속하
　　게 모든 경찰, 해안경비대, 국방군의 지휘권을 대한민국정부에 이양하며, 주한미
　　군 철수를 완료하기 위해 필요한 중요지역과 시설에 대한 통제권을 대한민국 대
　　통령이 가진다는 내용.

48) Ibid., p.36.

엔으로 이관되어 한국 독립과 외국군대 철군문제가 논의되었음에도 불구하고, 한반도의 통일과 자유국가 건설이라는 궁극적인 목적을 달성하지 못한 채, 유엔총회 논의과정에서 남북의 협의 체제는 더욱 소멸되었으며, 분단국가가 고착되어가는 과정에서 미소양군의 철군이 각각 진행되었다. 이러한 과정은 한국전쟁 발발과 더불어 다시 미소양군이 재차 한반도로 진입하는 결과로 이어졌다.

5. 맺음말

1945년 제2차 세계대전이 종말을 고하고, 냉전이 격화되는 가운데 중국이 공산화하여 친소적인 성격을 띠게 되고, 한반도에서도 냉전 상황이 격화되자, 미국내에서는 아시아에서 기대할 수 있는 것은 일본뿐이라고 판단하게 되었다. 이와 함께 미국이 한반도에서 대소봉쇄정책 이행에 실패한다면 다른 지역에서도 그 임무수행이 어려울 것이라고 인식하게 되었다. 이러한 가운데 동아시아의 냉전체제가 고착화되고 1947년 7월 제2차 미소공동위원회가 결렬되자, 미국은 한국 문제를 유엔에 이관하기로 결정하였다. 미국은 한국문제를 유엔에 이관함으로써 국내외적으로는 소련과의 한반도 문제를 둘러싼 갈등과 국내적으로는 군부와 국무성의 미군철수에 대한 분쟁을 동시에 해결하고자 했던 것이다.

한국문제를 유엔에 이관하기 전에 미국은 미소공동위원회에서 한국문제를 해결하는 것이 불가능하기 때문에 4대국 회담을 개최하여 검토하자고 제안했으나, 소련은 미국의 일방적인 결정이라고 문제를 제기하면서 미국의 제안을 거부했고, 결국 미국은 9월 17일 유엔총회 연설에서 한국 문제를 의제로 상정하기로 결정했다. 미국의 제안대로 한국

문제를 유엔에 이관하기로 결정하자, 소련은 한반도에서 미소양군을 동시에 철수하자는 제안으로 응수했다. 1947년 9월 26일 소련은 1948년 초까지 미소양군을 철수시키고, 한국 문제에 대해 한국인들 스스로가 결정할 수 있도록 맡기자고 제안했다.

유엔총회에서 한국문제 및 한국의 철군문제에 대해 본격적으로 논의가 시작된 것은 1948년 12월 11일에 개최된 제186차 전원회의(plenary meeting)였다. 1948년 12월 12일 유엔총회 결의 제195(III)를 규정하여 유엔한국위원단을 설치하고, 기존의 유엔한국임시위원단의 사업을 계승하여 수행할 것을 결정하였다. 유엔한국위원단의 임무는 자유롭게 표현된 국민들의 의사에 기초한 의회정치가 더욱 발전하도록 감시와 협의를 수행하며, 점령국의 실제 철수를 감시하며, 철수가 이행되었을 때 철수 사실을 확인하는 것이었다. 이에 한국위원단은 1949년 7월 27일 제48차 회의에서 제3분과위원회가 제출한 제2차 업무진행보고서를 통해 6월 29일까지 미군은 민간행정업무 정리를 위해 김포공항에 일시적으로 남아있는 50명 미만의 공군 병력과 500명의 주한미군사고문단을 제외하고 모두 철수했음을 확인했다.

이와 같이 미군이 철수하는 동안 한국의 안보는 1945년 11월 13일, 군정명령 제28호에 의하여 한국국방군이 공식적으로 창설되고, 주한미군정 국방지휘부(office of the Director of National Defence of the Military Government of Korea)가 설치되어 산하에 육군 및 해군부서와 함께 군사국이 설치되었다. 주한미군정 국방지휘부는 경찰에 대한 전반적 지휘권도 보유하고 있었으며, 군정 명령이 내려진 날부터 1947년 후반까지 조선경비대(Korean constabulary)가 창설되어 육군으로 전환되었다. 1947년 말 조선경비대의 공식 규모는 약 2만 명이었으며, 같은 기간 동안 3천명 규모의 해안경비대가 창설되었다. 한국문제가 유엔에 이관된 이후, 유엔한국위원단이 모든 한국국방군을 통합하고자 하였으나, 위원단이 정치적 통일 차원의 임무를 수행하는데 있어서 진전을 보지 못했기 때문에 일부 몇몇 군사시설과 부대를 조사하는 모습을 보여주는데 그치고, 육해군과 경찰의 통합문제를 체계적으로 다루지는 못했다.

이후 주한미군의 철수를 준비하면서 1948년 3월부터 7월 사이에 약 5만여 명 분의 무기와 장비가 도착했으며, 1948년 가을에 미군병력으로 구성된 임시군사자문단이 구성되고, 로버츠준장 지휘아래 임시군사자문단을 계승한 500여명의 주한미군사고문단(Korean Military Advisory Group)을 창설하였다. 1948년 11월, 국방군 편성에 관한 법률이 국회에서 통과되고 대통령이 국방군의 최고사령관으로서 헌법상의 책임을 지게 되었으며, 대통령을 보좌하는 군사자문위원회(War Council)를 두고, 그 밑에 국방위원회(National Defence Committee)와 중앙정보부(Central Intelligence Bureau), 국방자원통제위원회(National Defence Resources Control Committee), 군사회의(Military Council)를 두었다. 그러나 본래 40만명을 예정했던 군대의 수에는 미치지 못했고, 본격적인 한국국방군의 형성은 한국전쟁 발발 이후 이루어졌다.

미국은 남한에서 철수하면서 한반도에 군사, 경제적으로 부담이 큰 병력을 주둔하는 대신 부담이 적은 경제 원조를 통해 동북아시아에서 자국의 이익을 실현시킬 수 있는 체제를 구축하는 것이 현실적이라고 판단했다. 그리고 이러한 체제를 바탕으로 한반도에서도 군사적 수단을 제외한 정치, 이념적인 측면과 한미일 군사동맹 체제를 중심으로 한 외교적 측면에서 대소봉쇄정책을 진행하고자 했다. 이러한 냉전 인식은 한국전쟁이 발발하자 미국이 다시 한반도에 개입하게 되는 이유를 제공했다고 할 수 있다.

| 참고문헌 |

○ 자료

Official Records: Third Session Supplement No.9(A/575), First part of the Report of the United Nations Temporary Commission on Korea, Volume Ⅰ : 유엔한국임시위원단 보고서 제1부 제1권, 1948.

Official Records: Fourth Session Supplement No.9 (A/936) "Report of the United Nations Commission on Korea, Volume I:유엔한국위원단 보고서 제1권", 1949. 8

Official Records: Fourth Session Supplement No.9 (A/936/Add.1), "Report of the United Nations Commission on Korea, Volume Ⅱ ‐ Annexes:유엔한국위원단 보고서 제2권 부속문서", 1949.8.

A/AC.18/SR.6 "Interim Committee of The General Aessmbly, Summary Record of The Sixth Meeting:제3차 유엔총회 임시위원회 제6회 회의 요약", 1948. 2. 24.

FRUS / 『조선일보』 / 『서울신문』 / 『한성일보』

○ 저서 및 논문

김원덕, 「주한미군 철수의 논리: 1943~1949」, 『政正』, 건국대학교, 1989.

김운태, 『미군정의 한국통치』, 박영사, 1992

박동찬, 『주한미군사고문단』, 한양대학교 출판부, 2016년

송광인, 「그리스와 미국의 전쟁:냉전정책의 선언」, 『정책과학연구』 제10집, 단국대학교 정책과학연구소, 2000,

유지아, 「전후 재조선일본군의 무장해제 과정에서 형성된 한미일관계」, (한일관계사연구 제28호, 2007)

유지아, 「전후 미국의 한국과 일본에 대한 국방경비대(경찰예비대) 창설과정」, 『사림』 제28호, 2007년

이원덕, 「한국전쟁 직전의 주한미군 철수」, 하영선 편 『한국전쟁의 새로운 접근』, 나남, 1990,

이현경, 「해방 후 남한 정치세력의 외국군에 대한 인식과 양군철퇴논쟁」, 『한국정치외교사논총』, 한국정치외교사학회, 2005.

정용욱, 「1947년의 철군논의와 미국의 남한 점령정책」, 『역사와 현실』 제14호, 1994

주한미군, 『駐韓美軍史(History of the United States Armed Forces in Korea)』 1권, 돌베개, 1988

管英輝, 『米ソ冷戦とアメリカのアジア政策』, ミネルヴァ書房, 1992年

平山龍水, 『東アジア冷戦の起源―朝鮮半島分断の構図』, 信山社, 2002

제헌의회기 안재홍의 대한민국 보성강화론(輔成強化論)

김인식(중앙대학교)

제헌의회기 안재홍의 대한민국
보성강화론(輔成强化論)*

김인식**

1. 머리말

　대한민국[1]은 유엔총회의 결의에 따라 국제사회가 부여한 적법성에 근거하여 수립되었으나, 민족사의 과제였던 통일정부를 수립하지 못하였으므로 분단정부였음도 부인할 수 없는 사실이었다. 이 점에서 대한

---

　* 이 논문은 『韓國史學報』 제39호(高麗史學會, 2010. 5)에 게재한 논문임.
** 중앙대학교 다빈치교양대학 부교수.
　1) 혼동을 피하기 위해, 이 논문에서 사용할 용어를 미리 규정하고자 한다. '대한민국'은 통칭 남한을 가리키며, 조선민주주의인민공화국을 '북한'으로 표현하였다. '한국'은 대한민국과 조선민주주의인민공화국을 포함하는 개념으로 사용하였다. 안재홍은 '한국'으로 '대한민국'을 가리키기도 하고, 또 '남북한'을 합친 나라의 개념으로 혼용하기도 하였는데, 그가 '대한민국'의 의미로 사용한 '한국'은 그대로 인용하였다.

민국정부는 통일민족국가를 완성해야 할 민족사의 과제를 떠 안고 출발하였다. 국제사회가 부여한 적법성과 분단정부라는 한계성 사이에서 대한민국의 정통성은, 진정한 민주주의를 실천하여 민족통일을 지향·완수하는 정체성에서 확보된다. 이를 달리 표현하면, 대한민국의 정체성은 민주역량을 집결·강화하여 민족통일의 주도체가 되는 데 있다. 오늘날에도 요청되는 이러한 역사의식은, 해방정국에서 중간우파로 활동하다가 대한민국 수립을 적극 지지·참여한 안재홍에게서 비롯되었다.

대한민국정부수립2) 후 안재홍의 민족운동의 목표는 '진정한 民主主義 民族 自主獨立國家'3)라는 한 마디로 집약되었다. 그는 대한민국의 적법성을 인정하였지만, 분단정부라는 한계성을 함께 인식하였으므로, 통일정부수립이라는 민족사의 과제를 수행하는 정체성에서 대한민국의 정통성을 확보하고자 하였다. 그는 대한민국이 민주역량의 집결체가 되어야만, 북한 -그가 '공산독재정권'으로 규정한- 에게 '정통적優位'를 확보함으로써 남북통일의 주도체가 되어 민족통일의 '適正한時機'를 대비할 수 있다고 주장하였다.4)

---

2) 국가 수립에서 중요한 내용으로는 국가의 명칭, 국가의 정통성의 논리화이다. 이승만은 국가의 명칭은 3·1민족운동 이후 전민족 합의로 이루어진 대한민국이어야 하며, 독립국가의 법통성은 3·1민족운동에서 전민족 결의로 이루어진 한성정부의 법통을 잇는다고 주장했다. 따라서 이 시기에는 '국가수립'이라는 말보다 '정부수립'이라는 말을 더 많이 사용하였다. 진덕규, 『한국 현대정치사 서설』, 지식산업사, 2000, 122쪽. 안재홍도 '대한민국'이라는 국호가 대한민국임시정부의 법통성을 이었다고 생각하였으므로 대한민국정부를 '신정부'로 표현하였다.

3) 「大韓民國의 建國理念」(1949. 1 『漢城日報』記名論說), 安在鴻選集刊行委員會 編, 『民世安在鴻選集』 2, 知識産業社, 1983, 394~396쪽[앞으로 『民世安在鴻選集』을 『選集』으로 줄임]. 대한민국정부수립 후 안재홍은 민족사의 과제를 제시하면서 '진정한 民主主義 民族 自主獨立國家'라는 용어를 셀 수 없을 만큼 자주 강조하여 사용하였다. '진정한 民主主義 民族 自主獨立國家'는 '초계급적 통합(통일)민족국가'라는 정치이상을 실현하려는 이 시기의 현재어로서 핵심어였다.

　그러나 안재홍이 보기에, 대한민국정부는 보수세력이 집권함으로써 대한민국의 정체성과는 커다란 괴리가 있었다. 그는 '민주주의 민족자주독립(통일)국가'를 건설해야 하는 대한민국정부의 정체성 문제를 제기하면서, 대한민국을 '輔成·强化'(또는 지지·육성)하자고 주장하였다. 안재홍은 민족통일의 주체 조건을 조성하는 첫 번째 계기는 대한민국의 민주주의화에서 모름지어야 하고, 이를 위해 진보민족주의 진영이 결집해야 한다고 믿었다. 이러한 그의 생각을 '大韓民國輔成强化論'이라 할 수 있다. 통일의 주체조건으로 민주주의의 실천과 완수를 선행시키는 그의 역사의식은 오늘날에도 공유해야 할 매우 중요한 정신사이다.

　안재홍은 '대한민국보성강화'를 남북통일의 출발점으로 확신하였으므로, 대한민국정부수립 후 한국전쟁이 일어나기까지 '대한민국보성강화', 즉 '민주역량'을 결집·강화시키려 노력하였다. 좌우합작운동을 계기로 결집하였던 해방정국의 중간파는, 대한민국수립을 전후하여 여러 갈래로 갈리었다가 민족분단과 정부수립이라는 새로운 정치지형에서 새롭게 자기 정립을 꾀하였다. 안재홍의 대한민국보성강화론과 이의 실천을 검토함은, 대한민국정부수립 후 중간파의 존재 양태를 규명하는 학술상의 의의와 함께,5) 민족통일의 방안을 도출하는 자료가 된다

---

　4) 「結合救國의 新念願」(1949. 9. 3 『漢城日報』社說), 『選集』2, 451쪽.

　5) 김인식, 『안재홍의 신국가건설운동 1944~1948』, 선인, 2005 ; 김인식, 「대한민국 정부수립과 안재홍 : 정부수립 주체론을 중심으로」, 『동양정치사상사』제8권 1호, 한국·동양정치사상사학회, 2009. 위의 책은 8·15해방 전후부터 1948년 5·10선거 이전까지 안재홍의 민족운동 전체를 서술하였고, 위의 논문은 5·10선거 전후부터 대한민국 수립까지 안재홍의 민족국가건설운동을 다루었다. 대한민국수립 후 안재홍이 납북되는 시기까지, 그의 통일민족국가수립운동을 추적하는 일은 공백으로 남았다. 이 논문은 위의 논문 Ⅲ장에서 제기한 문제의식의 연장선에서 이를 더욱 구체화시켜, 8·15해방 전후부터 한국전쟁 기간 납북되기까지, 안재홍의 통일민족국가건설운동을 규명하려는 일련의 연구를 매듭지으려는 의도에서 출발하였다.

고 생각한다.

1장에서는 안재홍이 대한민국의 적법성을 인정하면서, 통일독립촉진회의 대한민국 불승인 노선을 비판하는 논지와 함께, 분단정부인 대한민국이 통일민주국가를 지향해야 하는 '차선으로서의 대한민국'임을 강조하는 논리를 살펴보았다. 이는 바로 대한민국정부의 정체성 문제와 연관되어 있는데, 2장에서는 안재홍의 지론인 건국정부론 - 대한민국의 정체성론에 해당하는 - 과, 정체성 위기를 가져온 보수세력의 권력화를 비판하는 논지를 검토하였다. 3장에서는 대한민국보성강화의 주체로서 진보적 민족주의 세력을 강화하여 민족역량을 결집하자는 주장을 이론의 측면에 한정시켜 다루었다. 안재홍이 대한민국민국보성강화론을 실천한 진보적 민족주의 결집운동의 과정과 구체상은 다른 지면에서 고찰하려 한다.

2. 대한민국의 적법성론

1) 대한민국의 적법성론

'보성강화'는 대한민국을 승인·지지하여 육성·발전시키자는 뜻이므로, 이 말에는 대한민국을 '보성'해야 하는 '適法性'과 또 '강화'해야만 하는 '한계성'이 동시에 전제되어 있었다. 안재홍은 '대한민국의 적법성'을 먼저 전제하면서 대한민국을 '보성강화'하자고 주장하였다.

안재홍은 대한민국이 적법한 절차에 근거하여 수립되었다는 절차의 적법성을 지적하는 데에서 더 나아가, 북한과 대비시켜 배타성을 띠는 '유일'한 적법성임을 강조하였다. "一九四八年 一二月 一二日 파리 國聯總會에서 四十八對 六으로 大韓民國政府가 唯一의 適法인 政府인 것을 승인 지지하는 決議"6)라는 표현에는, 이러한 의미가 들어 있다. 이때 '대한민국수립의 유일 적법성'을 부여한 원천은 1948년 12월 12일 유엔총회의 결의였다. 안재홍은 유엔 총회가 "四十八個國의 絶對多數로써 韓國이 唯一適法의 民主獨立國家됨을 承認 支持"7)하였다고, 간명하면서도 더욱 적극 재삼 강조함으로써, 이 '승인 지지'가 대한민국이 민주독립국가가 되어야 하는 미래까지 담보해야 하는, 현재의 한계성과 과제도 잊지 않고 지적하였다.

안재홍은, 1948년 12월 12일 유엔 총회가 대한민국의 '유일 적법성'을 승인한 결의는 1947년 11월 13일 유엔 총회가 결의한 바에 근거한 당연한 귀결이라고 인식하였다. 남북한 인구비례에 따른 자유선거를 실시한다는 이 결의는 소련이 거부하여 실시되지 못하였으므로, 1948년 2월 26일 유엔 소총회가 이른바 '가능한 지역의 총선거'를 결의함으로써 남한 단독선거로 굴절되었다. 그러나 안재홍은 이 유엔 소총회의 결의도 적법하다고 인정하였으므로,8) 대한민국이 적법한 절차를 거쳐 수립되었음을 확인하면서, 1948년 12월의 유엔총회가 대한민국의 적법성을 마땅히 공식 승인해야 한다고 다음과 같이 강조하였다.

(자료 A)
大韓民國은 (一) 國聯總會의 決議와 그 監視下에 五·一〇選擧가 民主主義 方式에 의하여 원만히 시행되었고, (二) 同選擧에 의하여 國會가 성립되었고, (三) 그 國會에서 제정한 憲法에 의하여 大統領이 선거되고 및 政府가 성립된 것이다. 그러한즉 國聯으로서는 이와 같은 經緯로써 성립된 大韓民國의 適法性은 當然 承認하게 될 것이요, …9)

---

6) 「南北統一의 具體的 方策」(『民聲』 1949년 3월), 『選集』 2, 423쪽.
7) 「新年辭-結合·建設의 新一年」(1950. 1. 1 『漢城日報』 社說), 『選集』 2, 550쪽.
8) 이러한 인식은, 1948년 2월 26일의 유엔 소총회 결의가 1947년 11월 13일의 유엔 총회 결의를 어겼다고 주장하면서, 대한민국과 북한을 동시에 불승인한 김구 계열과는 전혀 다른 정치노선을 걷게 하였다.

(자료 A)에서 보듯이, 안재홍은 대한민국은 유엔 감시 아래 민주주의 방식에 따라 5·10선거를 원만히 치러 국회를 구성하여 헌법을 제정하였으며, 이에 의거하여 국회에서 대통령을 선출하고, 또 내각을 조각하여 넓은 의미의 대한민국정부를 수립하였다고 인식하였다.[10] 이렇게 대한민국을 수립하는 일련의 과정이 유엔의 결의에 따라 적법하게 이루어졌으므로, 1948년 12월 12일의 유엔 결의가 있기 전에도 "國聯 支持의 아래에 成立된 大韓民國 政府"[11]라고 단언하였다. 유엔총회의 결의라는 '적법성'이야말로 국제사회가 대한민국을 승인해야 하는 근거였으므로, 유엔총회가 대한민국을 승인함은 안재홍에게는 너무도 당연한 '因果律'이었다.[12]

1948년 12월 12일 유엔총회가 대한민국 승인안을 48대 6으로 가결한[13] 다음날, 안재홍은 이 국제승인을 "어떠한 政治理念을 품은 者를 묻지 말고 韓國의 祖國再建史上 하나의 획기적 기록이요, 또 國民的 慶幸인 것이다. … 輓近에 드문 民族的 快事이다."고 반겨 환영하였다.[14] 이후도 국제연합이 대한민국을 승인한 사실을 가리켜, 이를 "우리 祖國再建 獨立完成 途上 획기적인 盛事"·"民族運動史上 의심없는 慶幸",[15] "한국독립 완수 도중 劃時期的인 慶幸事"[16] 등의 감격스런

---

9) 「韓國 承認의 要請」(1948. 11. 23 『漢城日報』 社說), 『選集』 2, 382~383쪽.

10) 안재홍은 "三權分立의 精神에서는 立法·行政·司法의 各部門이 다르나 國民으로서나 外國의 見地에서 본다면 三部門 통틀어서 廣義의 政府인 것이다."고 인식하였다. 「叛亂의 善後處理」(1948. 11. 12 『漢城日報』 社說), 『選集』 2, 378~379쪽.

11) 「(宣言文)新生會 宣言」(1948. 11. 12), 『選集』 2, 306쪽.

12) 「韓國 承認의 要請」, 『選集』 2, 382~383쪽.

13) 『서울신문』(1948. 12. 14)[『資料大韓民國史』 9, 國史編纂委員會, 1998, 537~538쪽]. 앞으로는 『資料大韓民國史』를 『資料』로 줄임.

14) 「國聯의 韓國承認」(1948. 12. 13 『漢城日報』 社說), 『選集』 2, 391~393쪽.

15) 「協同互愛, 大業完遂」(1949. 1. 1 『漢城日報』 記名論說), 『選集』 2, 397쪽.

16) 安在鴻, 「協同互愛民族結合」, 『독립신문』(1949. 1. 1)[1999, 『資料』 10, 6~7쪽].

어조로 여러 차례 반복하여 강조·표현하였다.[17]

안재홍은 유엔이 대한민국을 승인한 사실의 의미를 현단계 한민족의 역사과제와 연관시켜서, "진정한 민주주의 토대 위에 신민족주의 통일 국가로서 국제 列國의 반열에 참가하여야 한다는 다대수 우리 민족의 염원·의도가 열국민 대다수의 의사와 합치되었다는 공식적 표현인 것이다."고 해석하였다.[18] 그가 "國聯의 이 승인은 國聯이 自意대로 만들어 낸 것이 아니다."고 단언하는 이유는, "大韓民國 多大數의 진정한 의사"와 "많은 國聯列國民의 의사"가 일치하였다는 사실에 있었다. 이 일치점은 "韓國은 진정한 民主主義 理念에 좇아서 民族自主 完全獨立 國家로서 民主主義 國際列國에 班列함"이었다. 따라서 유엔의 승인은 "大韓民國 多大數의 진정한 의사를 정확하게 판단한 결과", 이의 "타당성 있는 것을 同感 지지하는 正常한 표현인 것이다."고 확신하였다.[19]

이처럼 안재홍은 대한민국을 승인한 유엔의 결의가, 한민족 다대수의 지향점과, 이를 지지하는 국제연합의 列國民의 지지라는 두 가지 점에서 정당성을 확보하였다고 인식하였다. 그렇기에 유엔의 승인을, 대한민국이 '民族主義 自主獨立國家'로 향하는 "政治的 妥當性을 국제적으로 承認 支持"한 '公法的 節次'로 받아들였다. 그리고 유엔이 승인한 대한민국의 진로를 가리켜 "現段階에 있어 國土統一 民族集結로써 列國의 援助的 간섭을 하루라도 짧게 줄여치우면서 民族自主獨立

---

17) 여기서 '우리 祖國再建 獨立完成 途上'·'한국독립 완수 도중'이라는 표현을 중시해야 한다. 8·15해방이 되었고 대한민국정부가 수립되었지만, 안재홍에게 민족운동은 아직 진행형이었다. 이때 민족운동도 여전히 조국재건과 독립완성을 뜻하는 '민주주의 민족자주독립국가'를 완성하는 일이었다.

18) 「協同互愛民族結合」, 『資料』 10, 6~7쪽. 1949년의 벽두, 안재홍은 유엔총회가 대한민국을 승인한 사실의 의미를, '진정한 民主主義 路線에 준한 民族主義 自主獨立國家' 수립이라는 대한민국의 사명과 관련시켜 해석하였다. 「協同互愛, 大業完遂」, 『選集』 2, 397쪽.

19) 「大韓民國의 建國理念」, 『選集』 2, 394쪽.

國家로서 民主主義諸國의 班列에 參加함은 不動의 理念이요, 不變의
大業"이라고 제시하였다.[20] 안재홍에게 신생 대한민국의 '부동의 이념'
이자 '불변의 대업'은 한마디로 '진정한 민주주의 민족자주완전독립국
가'였다. 그는 이러한 전제·목표 아래 국가건설의 밑그림을 그렸다.

　이러한 논지의 연장에서 안재홍은 유엔의 승인을 '國民的 慶幸事'로
받아들이는 데 그치지 않았다. 그는 "UN의 정식 승인이 조국을 민주주
의 자주독립국가로 확립 및 발전케 하라는 국제적 공식의 규정 승인이
생긴 것으로 보아 그 대업이 공인된 첫 출발"임을 분명하게 인식하였
다.[21] 그렇기에 유엔의 승인은, 대한민국이 민주주의 민족자주독립국
가라는 민족사의 대업을 반드시 완수하라는 '待望과 鞭撻로서 승인'이
었으며, 따라서 "朝鮮民族은 지금, 大韓民國의 新資格이 부여됨과 함
께, 엄정한 公式으로 國際的 試鍊臺上에 올려 세워진 것"이라고 지적
함도[22] 잊지 않았다. 안재홍이 보기에, 유엔의 정식승인은 대한민국의
대업이 공인된 '첫 출발'에 불과하였다.

2) 대한민국 불승인 노선 비판

　이상에서 보았듯이, 안재홍은 유엔 총회와 소총회의 결의에 따른 5·
10선거의 적법성을 인정·수용하였으므로, 대한민국의 적법성을 인정하
지 않는 정치노선을 비판하였다. 그는 1948년 4월 남북협상 당시의 남
북협상 노선을 긍정하지 않았으며, 이의 연장인 통일독립촉진회가 남
북 정부를 동시에 불인정하는 노선에서 대한민국을 불승인하거나 또는

---

20) 「協同互愛, 大業完遂」, 『選集』 2, 397쪽.
21) 「신춘 중요 정론(政論)」(新生會 대표 명의), 『삼천리』(1949년 1월호)[高麗大學
　　校博物館 編, 2008, 『選集』 7, 123~124쪽].
22) 「岐路에 나선 民族成敗」(1949. 1. 8 『漢城日報』 記名論說), 『選集』 2, 400~401쪽.

비협조하는 태도를 강하게 비판하였다. 그러나 안재홍이 남북요인회담 자체를 애초 반대하지는 않았으므로, 여기서 그가 남북협상 노선을 긍정하지 않았다는 의미를 분명히 확인할 필요가 있다. 긍정과 비판의 계선은 시의성의 문제였다.

안재홍은, 1948년 1월 들어 김구·김규식 등이 유엔임시조선위원단에 제안하는 남북요인회담의 의의는 적극 인정하였다. 다 알다시피, 김구·김규식 양인은 유엔위원단의 인사들과 접촉하면서 미소양군 동시철퇴와 남북요인회담을 통하여 남북한총선거를 실시하자고 주장하였다.[23] 그런데 2월 중순 들어 북한에 인민공화국 수립설이 내외신에 나돌았다. 이때 안재홍은 "현재 UN을 통해서나 南北要人會談을 통해서나 南北統一工作을 進陟하려는 이때에 그러한 소식이 들린다는 것은 통일의 장애는 되지만 그것의 확실 여부를 잘 모르겠으므로 통일공작이 아직 절망적이라고는 보지 않는다."고 논평하였다.[24] 이를 보면, 이 시점에서 안재홍은 남북요인회담이 유엔을 통한 노력과 함께 '남북통일공작을 추진'하는 한 갈래임을 인정하였다. 이 시기까지 그는 유엔이든 남북요인회담이든 "인간으로써 노력해서 가능한 최후순간까지" 남북통일정부수립을 노력해야 한다고 믿었다.[25] 이러한 그의 신념은 김구·김규식이 발의·제안하는 남북요인회담을 수긍하였다.

안재홍이 이러한 태도를 취한 데에는 이유가 있었다. 첫째, 이때는 아직 유엔 소총회의 결의가 있기 전이었으므로 통일정부수립을 위한 마지막 노력은 최후까지 필요하다고 인식하였다. 둘째, 이 시기까지는 남북요인회담이 그의 운동노선과 일치하는 바가 있었다. 북한에서 全

---

23) 『東亞日報』·『朝鮮日報』·『京鄕新聞』·『서울신문』(1948. 1. 28)[1973, 『資料』 6, 154~155쪽].
24) 『朝鮮日報』·『서울신문』·『東亞日報』(1948. 2. 20), 『京鄕新聞』(1948. 2. 19·20) [『資料』 6, 333~335쪽].
25) 『서울신문』·『朝鮮日報』(1948. 2. 19)[『資料』 6, 325~326쪽].

朝鮮 政黨社會團體 連席會議를 제의하기 앞서, 좌우합작운동을 전개
한 중간파들 일부가 이미 남북요인회담을 제기한 터였다.[26] 이를테면
안재홍도 지지·관여하였던 민족자주연맹(1947. 12. 20 결성식 거행)은,
아직 조직 과정에 있으면서 1947년 10월 21일 선전국장 李克魯가 남북
요인회담을 제안하였다.[27] 안재홍은 좌우합작운동의 연장선에서 중간
파들이 제기한 남북요인회담을 지지하였다.

그러나 5·10선거를 앞에 놓고, 북한이 남북협상[28]을 주최하려는 의
도가 남한의 선거와 정부수립을 방해하려는 '모략성'에 있음을, 안재홍
은 진작 간파하였다.[29] 그는 분단정부 수립이 돌이킬 수 없도록 확정
된 지점에서, 남북지도자 회의는 이미 시의성을 잃었으므로 성공은 불
가능하며, 그것이 확보할 정치지형은 '민족적 자주성'을 외치는 구호에
그칠 뿐이라고 판단하였다.[30] 이러한 그의 평가도, 남북협상을 온갖 언

---

26) 이정식은 중간파들이 이미 앞서 제기한 남북지도자회의·南北要人會談의 연장선
    에서 남북협상을 파악하면서, 이의 기점을 1947년 3월경으로로 잡았다. 李庭植,
    「1948年의 南北協商」, 『新東亞』 187, 東亞日報社, 1980, 165~166쪽. 서중석은
    이러한 시각을 좀더 논증하여 강조하였는데, 한국문제가 유엔으로 넘어가는
    1947년 9월부터 남북지도자회의가 모색되기 시작하였다고 주장하였다. 서중석,
    『한국현대민족운동연구』, 역사비평사, 1991, 586~594쪽 ; 徐仲錫, 「左右合作과
    南北協商」, 『韓國史 市民講座』 제12집, 一潮閣, 1993, 78~82쪽.
27) 안재홍의 영향 아래 있던 『한성일보』는 이극로의 제안을 가리켜, '民族的 自律
    統一이 必要'하다는 시각에서 이를 적극 지지하였다. 당시 좌익 계열도 이례의
    평가라 할 만큼, 이 제안을 '자주적인 統一獨立運動'이라 크게 환영하였다. 김인
    식, 앞의 책, 556~561쪽.
28) 안재홍이 남북협상을 어떻게 평가하였는지는 김인식, 앞의 논문, 15~16쪽.
29) 「본보(本報) 1천 호(號)됨에 임하여」, 『한성일보』(1949. 12)[『選集』 7, 204쪽].
    안재홍은 이 모략성을 "南朝鮮에 五·一〇選擧가 추진되는 때에 北朝鮮의 全政
    協商이란 것은, 그 題目은 무엇이었든지간에, 南韓의 選擧를 沮害하고 그 政權
    의 樹立을 불가능케 하려 함이 그 裏面의 의도였던 것만은 가릴 수 없는 것이
    다."고 지적하였다. 「朝鮮民族의 政治的 進路」(1948. 9월 5~8일경), 『選集』 2,
    311쪽.

설로 비방하는 이승만·한국민주당 등 단독정부 추진 세력들에게서, 자신이 민족지도자로서 존경하는 김구·김규식 등을 예우하여 방어하고자 하는 순수성에서 출발한 바가 컸다.

안재홍은 이승만·한국민주당의 단정노선을 반대하였지만, 남한단독정부수립의 불가피성을 인정하고 5·10선거참여론을 주장하였다. 그는 남북협상 노선이 내세우는 통일정부수립의 '대의'만은 긍정하였으나, 사실에서 이것의 실효성을 전혀 기대하지 않았다. 오히려 양심 있는 민족주의 세력이 5·10선거를 거부함으로써 민족사에 가져올 역효과를 우려하며, 남북협상파에게 남북협상 추진과는 별개의 차원에서 5·10선거에 참여하기를 간곡하게 호소하였다. 5·10선거에 참여하지 않은 역효과가 신생대한민국 안에서 가시화하는 지점에서, 그는 대한민국 불인정 노선이 민족사의 불행을 고착화시키리라 예견하며 통일독립촉진회의 노선을 강하게 비판하였다.

1948년 5월 31일 임기 2년으로 출발한 제헌의회는 선거위원회를 소집하여 최초로 국회를 개원하였고, 7월 17일 헌법을 제정한 뒤, 7월 20일 李承晩과 李始榮을 제1공화정의 정·부통령으로 선출하였다. 그러나 김구·김규식을 중심으로 한 우익·중간우파의 일부는 단독정부수립을 반대하는 명분을 내세워, 이전의 통일운동자협의회를 해산시키고, 7월 21일 '통일독립운동'의 새로운 중심기구체31)로서 통일독립촉진회 발기회 겸 결성대회를 개최하였다.32) 이들은 대한민국정부수립을 인정하지

---

30) 「김구선생과 그 대우책」(1948. 3. 16), 『選集』 7, 102~103쪽.

31) 1948년 7월 21일 발표한 통일독립촉진회의 강령은 "1) 統一獨立運動者의 總力量 集結을 期함 2) 民族問題의 自主的 解決을 圖함 3) 民族 疆土의 一切 分裂工作을 防止함"이었다. 『朝鮮日報』(1948년 07월 22일)[『資料』 7(1974. 12), 596~598쪽]. '민족문제의 자주적 해결'을 목표로 삼으면서도 '국제여론'에 호소해야 하는 한계성은, 유엔총회에 대표를 파견하려는 움직임으로 나타났다.

32) 『朝鮮日報』(1948. 7. 21)[『資料』 7, 596~597쪽] ; 『서울신문』·『朝鮮日報』·『東

않거나, 또는 인정하면서도 참여하기를 거부하였다.[33] 더욱이 김구는 정부수립을 강행하는 북조선에 반성을 촉구하면서도, 통일독립촉진회를 강화하여 남북통일에 힘쓰겠다는 의지를 다지는 한편, "우리 黨員(한국독립당을 가리킴 : 인용자)으로서 新生 政府에 參加한다면 黨으로서 斷乎한 措置를 하겠다."는 태도를 밝힘으로써 대한민국정부 참여를 단호하게 거부하였다.[34]

한국독립당·민족자주연맹을 기반으로 하는 통일독립촉진회는 이미 남북에 수립된 각각의 정부를 인정하지 않은 채, 여전히 남북협상과 남북한 총선거를 주장하였다. 1948년 9월 28일 김구는 유엔총회를 향하여, 미소 양군 즉시 철퇴 → 남북정치지도자 회의 → 유엔감시하 남북총선거를 주장하였다.[35] 통일독립촉진회는 1947년 11월 14일의 유엔총회 결의에 근거를 두고, 유엔을 향하여 남북한총선거·통일정부수립을 줄곧 호소하였다.

안재홍은 통일독립촉진회가 다시 제기하는 남북협상론이 "그 主觀의 意圖 비록 愛國的 良心에서 나옴"을 인정하였으나, '국제적 국내적 體勢'에서 불가능함을 명확하게 지적하였다.[36] 그는 통일독립촉진회를 남북협상파의 연장으로, 이의 정치노선을 "南韓·北朝를 한가지로 부인

亞日報』·『京鄕新聞』(1948. 7. 22)[『資料』 7, 597~598쪽].

33) 결성대회 날 김구와 김규식의 치사는 남북통일의 대의를 강조하는 공통점이 있었지만, 현실인식에서 중요한 차이점을 드러내었다. 이 날의 치사는 『서울신문』·『朝鮮日報』·『東亞日報』·『京鄕新聞』(1948. 7. 22)[『資料』 7, 597~598쪽]. 김구는 대한민국정부를 인정하기를 유보하면서 북한의 '배신적 행위'를 규탄하였다. 이와 달리, 김규식은 5·10선거 당시의 '불반대 불참가'에서 다소 전환하여, 대한민국을 인정하면서 '남정부'와 '북정부'를 통일의 주체로 설정하는 현실노선을 지향하였으나, 아직 대한민국에는 비협조하는 태도를 취하였다.

34) 『朝鮮日報』(1948. 8. 10)[『資料』 7, 742~743쪽].

35) 『서울신문』(1948. 9. 30)[1998, 『資料』 8, 509쪽].

36) 「南北統一의 具體的 方策」, 『選集』 2, 430쪽.

하고, 第三路線"으로 나아가고 있다고 규정하였다. 안재홍은 통일독립촉진회가 유엔총회에 대표를 파견하려는 시도가 "통일된 韓國의 成就를 工作할 意圖 비록 뜨겁다 치더라도, 그 意氣 비록 장하나 그 실현 또한 지난한 것이다."고 분명하게 잘라 말했다. 그는 '지난'한 이유를 뚜렷하게 제시하였다. 우선 '북조선측'이 이를 부인·배제할 터이고, 대한민국은 물론, 대한민국의 적법성을 지지하는 미국을 비롯한 국제연합의 여러 국가들이 "그 工作을 부인 不支持의 態度로 나올 것"이 뻔하므로, 선전 효과에 그칠 뿐이라고 지적하였다.[37]

통일독립촉진회가 지향하는 바를 "그 意氣 비록 장하나 그 실현 또한 지난한 것"이라는 비판함은, 이전 안재홍이 남북협상을 가리켜 "실현성이 자못 희박"하고 "그 성공은 至難의 일이다."[38]고 못박은 어조의 동어반복이었다. 안재홍이 통일독립촉진회의 노선을 마뜩하지 않게 평가하였음은, 그가 통일독립촉진회를 의식하면서, 시간을 소급하여 남북협상을 오히려 더욱 직설법으로 언급·비판한 데에서도 알 수 있다. 그는 남북협상이 '평화통일 한 오라기 희망'에 기댄 채 "가능지역의 총선거를 반대거부한데서는 정치적 소루(疎漏)와 과오 마땅히 현실무시의 나무람을 벗을 수 없게 된 것이었다."고 비판의 강도를 높였다.[39] 이때 '현실무시'의 가장 큰 오류는, 남한에서 보수세력이 권력화하는 여건을 마련해 주어, 오히려 통일운동의 진로가 가로막혔다는 현실론에 있었다.[40]

1948년 4월 남북협상파에게 호소하였던 안재홍의 진의는, 그대로 통일독립촉진회를 향한 충고였다. 차후 대한민국의 정치현실을 또 무시

---

37) 「朝鮮民族의 政治的 進路」, 『選集』 2, 313쪽.
38) 「김구선생과 그 대우책」, 『選集』 7, 102~103쪽.
39) 「본보(本報) 1천 호(號)됨에 임하여」, 『選集』 7, 204쪽.
40) 「朝鮮民族의 政治的 進路」, 『選集』 2, 318쪽.

한다면, 이는 돌이킬 수 없는 결과를 가져온다는 경고이기도 하였다. 안재홍이 통일촉진협의회의 '의기'를 언급함은, 한때 정치노선을 함께 했던 '혁명선배' 김구·김규식을 예우하는 표현이었으나, 국내외 정세를 읽지 못하는 그들의 오판을 시정하기 바라는 간곡한 용어였다. 좌우합 작운동과 남북협상을 추진하였던 양심 있는 민족주의 세력이 5·10선거 에 참여하였다면, 보수세력의 권력화를 막을 수 있었다는 안재홍의 아 쉬움은, 그가 한국전쟁으로 납북되는 순간까지 풀지 못한 경계심이었다.

3) '차선으로서의 대한민국'론

위에서 보았듯이, 안재홍은 유엔 총회가 대한민국을 승인한 의미를 '우리 민족의 염원·의도'와 연관시켰다. 그는 '대한민국의 유일적법성' 을 적법한 절차로 수립되었다는 과거형보다는, 성취해야 할 미래 지향 형으로 해석하였다. 유엔 총회의 결의를 언급하는 그의 말에서, '독립 완성 도상'·'한국독립 완수 도중'이라는 진행형의 표현을 중시해야 한 다. 여기에는 대한민국이 반쪽만의 정부라는 한계성을 극복하고, '진정 한 민주주의 민족자주독립국가'를 건설하는 '독립완성'의 사명에서 정 통성을 확보해야 한다는 인식이 깔려 있었다.

대한민국을 어떻게 평가하든, 대한민국정부가 반쪽 정부임은 누구도 부인할 수 없는 분명한 객관의 사실이었다. 안재홍은 남북통일을 원하 는 민족의 대의와 소망이라는 관점에서, 분단정부 자체가 '민족적 불행' 이라고 인식하였다.[41] 더욱이 현재의 대한민국정부는 '건국정부'로서 정체성도 실천하지 못하고 "東南半壁에 국한되어 있는 現勢"[42]였다.

---

41) 「安在鴻, 단정수립은 민족의 비극이라고 기자와 문답」, 『부산신문』(1948. 10. 5) [『資料』 8, 568쪽].
42) 「大韓民國 建設의 構想」(1948. 10), 『選集』 2, 320쪽.

안재홍은 유엔이 대한민국을 승인한 사실을 '독립완성'의 사명이라
는 한민족의 과제와 연관시켜, "總會의 認定은 南韓에 있는 大韓民國
政府만이 國際的으로 공인되고, 또 韓國의 대다수 국민의 자유로운 意
思表示에 의한 「獨立과 統一을 달성하려는」 합법적인 정부인 것을 인
정한 것이다."고 해석하였다.43) 여기서 '한국의 대다수 국민'이라는 말
과 '독립과 통일을 달성하려는'이라는 미래형의 표현을 눈여겨 보아야
한다. 이는 현재의 대한민국정부가 '유일 적법성'을 지녔으나, 또한 전
민족총의로 수립되지 못한 한계가 있음을 인정하는 표현이기도 하다.
안재홍은 "五·一〇選擧와 國會와 政府構成의 適法性을 지지"44)하였
으나, 이는 남북한의 전민족 총의45)를 묻는 총선거에 근거한 적법성이
아니었다.

안재홍은 대한민국이 국제사회가 부여한 적법성은 갖추었으나, '민
족총의'='國民總意'라는 민족사가 부여하는 완전한 적법성·정통성을
확보하지 못하였음도 분명한 한계로 인식·지적하였다. 그는 "南北統一
과 適法한 國民總意를 새로 묻지 못하게 된 오늘날"46)의 현실을 사실
대로 인정하였다. 남북통일한 이후 '적법한 국민총의'를 다시 물어야
하는 진정한 '적법성'은 대한민국의 과제였다. 완전한 적법성에서 '적
법'함은 남북통일된 전 민족총의를 가리켰다. 그렇기에 현재의 대한민
국이 '독립과 통일을 달성하려는' 주도력을 통하여 민족사의 정통성을
보유하여야 한다고 주장하였다.

---

43) 「國聯의 韓國承認」, 『選集』 2, 392쪽.
44) 「朝鮮民族의 政治的 進路」, 『選集』 2, 313쪽.
45) 안재홍은 대한민국수립을 가리켜 '민족총의'라는 말을 대신하여 '朝鮮民族의 大
多數의 意思'라고 표현하였는데, 이렇게 용어를 엄격히 구별하여 사용함은 대한
민국이 통일민족국가가 아닌 현실을 인정하였기 때문이며, 통일정부는 반드시
전민족총의에 기반을 두어야 한다는 의식이 있었기 때문이다.
46) 「大韓民國 建設의 構想」, 『選集』 2, 319쪽.

여기서 안재홍은 '차선으로서의 대한민국'론을 주장하였다. 그에게 '차선'은 '최선'의 상대어였다. 이때 '차선'은 '차선'에 그치지 않고 '최선'을 지향할 때야 의미가 있는 '차선'이었다. 두말할 필요 없이 '거대 최선의 과업'은 "강토통일·민족귀합(民族歸合)된 완지(完至)한 독립국가를 세우는 것"이었다. 그러나 "거기에 많은 장애 있어 동남반벽(東南半壁)에 편안(偏安)된 정부를 건립한다는 것은 비통할 차선"이었다. 안재홍은 "최선 못되고 차선이라도 성취함을 요하는 것은 인세(人世)의 상사(常事)"임을 강조하면서 대한민국수립을 정당화하였다. 그는 국내외 정세를 돌아보아 "남북 갑자기 귀합되지 않고, 민족총의는 정부 아니고서는 정상한 효과적 표현을 국제정국에서 기(期)할 수 없고, 그렇다고 외국의 군정 하에 고식(姑息)의 대망을 할 수도 없는 터"였으므로, "삼팔 이남만이라도 총선거로써 정식 합법정부를 세우는 것은 차선인 채 요당(要當)한 조치이다."고 강조하였다.47)

①남북통일정부를 세울 수 없는 국제조건 아래에서, ②정부 형태의 민족총의가 아니고서는 국제정국에 효과를 기대할 수 없고, ③또 미군정을 마냥 연장되는 악조건을 허락할 수 없었다. 안재홍은 이상의 세 가지 조건 때문에, 5·10선거에 따른 대한민국수립은, '한민족의 국민적 총의'를 온전히 따르지 못하고, 이를 '대표하는 방식'으로 적법성의 절차를 거쳐 신정부를 수립한 '차선적인 조치'였다고 주장하였다.48) 대한민국수립은 '최선한 차선책'이었으며, 이제 이를 넘어서야 하는 대한민국이므로, 그는 '統一支持의 요청과 차선으로서의 대한민국'49)이라고 규정하였다. 안재홍은 대한민국이 '정식 합법정부'임을 분명히 새겼으나, '차선'이라는 한계를 달아, 남북통일정부라는 '최선'을 실현해야 할

---

47) 「일주년 회고와 전망(1)」(1949. 8. 15 전후로 추정), 『選集』 7, 160쪽.
48) 安在鴻, 「무쵸 大使에 글월」, 『한성일보』(1948. 9. 1)[『資料』 8, 175~176쪽].
49) 「久遠成就의 民族的 氣魄」(1948. 9. 9 『漢城日報』 社說), 『選集』 2, 299쪽.

과제를 제시하였다. 이때 '차선'은 남북통일정부라는 '최선'을 실현할 수 없는 국제세력의 제약 앞에서, "南韓만이라도 美軍政의 延續은 許치 못한"[50] 불가피성을 가리켰다.

2. 대한민국정부의 정체성과 정체성 위기론

1) 건국정부론

앞서도 보았듯이, 안재홍은 유엔과 국제사회가 대한민국을 승인한 '국제적 승인'을 대한민국의 '첫 출발'[51]·'조국재독립의 새봄'[52]에 비유하면서 '적법성'의 한계의의를 분명하게 짚었다. 그가 볼 때, 국제사회가 부여한 대한민국의 적법성이 아직 민족사의 정통성을 확보하지 못하였으므로, 대한민국의 정통성은 민족사의 과제를 수행하는 대한민국정부의 정체성이 지향·확보해야 할 과제로서 미래형이었다.

국제사회의 승인·지지는 대한민국이 성립한 하나의 필요조건이었을 뿐 '十二分의 充足'[53] 조건은 아니었다. 이 점에서 안재홍은 국제사회라는 외력이 부여한 적법성이 대한민국의 정통성과 곧바로 일치한다고 생각하지 않았다. '國聯 支持의 아래에 成立된 大韓民國 政府'라는 표현에 그대로 보이듯이, '국련 지지'는 대한민국이 성립될 수 있는 국제조건으로서 의의를 지녔고, 앞으로 국제사회의 원조·지지를 확보할 근

50) 「大韓民國 建設의 構想」, 『選集』 2, 319쪽.
51) 「신춘 중요 정론(政論)」, 『選集』 7, 123쪽.
52) 「3·1운동의 회고와 정국 私觀」, 『신천지』(1949년 3월호)[『選集』 7, 134쪽].
53) 「李大統領의 大政方向」(1948. 8. 16·17일경으로 추정, 『漢城日報』 記名論說), 『選集』 2, 297쪽.

거였다. 안재홍은 이 점을 인정하면서도, "行政權 移讓이 順調로이
되고 일정한 友好國의 승인 지지 있는 경우, 國民의 支持도 일정하게
昂揚될 것이나, 그러나 그로써 全人民이 대거 지지하는 것은 속단할
수는 없는 바이다."고 분명하게 강조하였다. 국제사회가 대한민국을
승인·지지함이, 북한에 비하여 대한민국의 지위를 유리하게 하고, 이
것이 민심을 앙양하는 하나의 계기는 될지언정 결코 본질의 문제는 아
니라고 판단하였다. 안재홍은 대한민국의 적법성이 정통성으로 이어
지려면, 대한민국이 민족사의 과제를 이행하는 주체가 되어야 한다고
주장하였다.

안재홍이 누누이 강조한 바, 민족사의 과제는 바로 '완전한 民主 統
一 獨立國家로서의 철저한 解決을 요하는 課業' 즉 '疆土統一·民族歸
合'의 과업을 가리켰다.[54] 그는 대한민국이 진정한 정통성을 지니려면,
대한민국정부가 민중의 지지를 받아 민주역량을 결집시키고 이로써 통
일민주국가의 주도력이 되는 역사의 과제·사명을 실천하는 대한민국정
부의 정체성이 담보되어야 한다고 인식하였다. 다시 강조하면, 그에게
대한민국의 정통성은 이미 획득·완성한 완료형이 아니라, 앞으로 '전
인민이 대거 지지'함으로써 확보할 미래형이었다.[55]

안재홍은 "正式의 中央政府됨은 名分 섰으나 南北分斷은 嚴然한 現
實"임을 인정하면서 "大韓民國이 承認에까지 갔으나 遂行을 要하는
課題는 퍽은 많다."고 호소하였다.[56] 한국 내에 두 개의 정부가 존재하
는 현실에서, 대한민국의 정통성은 "南北 對立되는 이 獨立政府에서
正統中央政府의 實을 어떻게 나타낼 것인가"[57]에 달려 있었다. 대한민

---

54) 「新生會 宣言」, 『選集』 2, 306쪽. '강토통일'·'民族歸合'은 '남북통일'·'민족합
    동'과 같은 뜻이다.
55) 김인식, 『중도의 길을 걸은 신민족주의자 안재홍』, 역사공간, 2006, 234쪽.
56) 「協同互愛, 大業完遂」, 『選集』 2, 397~398쪽.
57) 「民政長官을 辭任하고」(1948. 7 『新天地』), 『選集』 2, 282쪽.

국의 정통성은 '차선으로서 대한민국'을 '진정한 민주주의 통일독립국가'로 발전시켜야 하는 대한민국정부의 정체성이었다.

안재홍은 "이제 대한민국이 東南半部에 국한되어 오늘의 정부수립과 다음날의 남북통일이 종속적인 불가분의 임무로 되어" 있다고 표현하였는데, 이는 대한민국과 대한민국정부의 관계를 역사 과제의 실천이라는 측면에서 규정한 참으로 적절한 문장이었다. "東南半壁 偏安한 政府이나마 南北統一 民族合同의 旗幟 밑에 壯途를 떠나는 民國"58)이라는 정체성 인식은, 대한민국의 한계의의와 사명을 연결시킨 구도였다. 안재홍은 유엔총회가 대한민국을 승인한 적법성을 가리켜 "이것은 前後의 經緯 당연하다고 하겠으나"라고 일단 긍정한 뒤, 바로 "新生 大韓民國이 국제적으로 그리고 국내적으로 일단의 새로운 의도와 經綸과 工作을 요하게 되는 바이다."59)고 지적하였다. 그가 보기에, 대한민국의 정통성은 이 '새로운 의도·경륜·공작'을 완수하는 데 있었다.

이는 "以北 및 左方에 대한 比重에서, 民族主義 獨立國家 完遂의 主導體된 大韓民國"이라는 규정에서 더욱 명료하게 드러난다. 대한민국의 정통성은 민족사의 과제를 실천하는 주도체라는 사실에 있었다. 안재홍은 신생대한민국의 과제를 다음과 같이 제시하였다.

(자료 B)

大韓民國의 앞길에는 안에서 政治의 民主主義化로 國民의 滿心協力을 가져와야 하고, 그리하여 民公 一體로써 産業經濟의 再建設과 新生活體勢의 確立을 공작하여야 하고, 大衆의 悅服을 밑천으로 南北合同·民族總結을 가져와야 한다. 밖으로 美 中

---

58) 「맥아더 將軍에 보내는 글」(1948. 8. 15 『漢城日報』 記名論說), 『選集』 2, 290 쪽. 이것이 안재홍이 자리매김한 대한민국이었다. 그는 '대한민국'의 의의를 규정할 때에는 '~이나마'·'이지만'·'만치'라는 보조사를 붙였다. "南北統一 아니된 때 半壁山河 절름발이적인 建國政府인 것만치"라는 표현도 한 예이다. 「國民·國家·統領」(1948. 8·9일경으로 추정 『漢城日報』 社說), 『選集』 2, 286쪽.

59) 「國聯의 韓國承認」, 『選集』 2, 392쪽.

蘇 英 佛 등 聯合諸國과 國聯列國의 信賴 支持가 증진되고 變易됨 없도록 하여 國
際平和 負擔者로서의 씩씩한 一員이 되어야 하겠다.[60]

안재홍은 대한민국의 과제를 정치의 민주주의화 → 산업경제의 재건
설 → 남북합동·민족총결 → 국제평화의 부담자라는 수순으로 제시하
였다. 이는 대한민국이 스스로 민주역량을 강화하여 남북통일을 주도
하는 데에서, 또 이로써 국제사회의 신뢰·지지를 확보하는 데에서 민
족사의 정통성이 스스로 확보된다는 주장을 부연한 내용이었다. 이는
평소 안재홍의 지론인 건국정부론과 맥을 같이 한다.

아주 단순화시켜 말하면, 8·15해방후 안재홍의 민족운동은 건국정부
수립운동이라 할 만큼, 그는 신국가건설에서 정부의 주도력을 누구보
다 강조하였다. "정부 그것은 한 민족이나 한 국민의 주권의 구현체로
서 전민족 총의의 집행기관인 것인만치 그 민족의 의사를 투철하게 표
현하는 저의 민족의 정부가 없고서는 결국 아무것도 될 수 없는 것이
니 정부수립이 곧 국가독립의 실천방법임은 두말할 바 아닙니다."[61]
이 말에서, 그가 생각하는 정부의 정의, 그리고 정부수립이 국가독립의
실천방법임을 주장하는 논지를 이해할 수 있다.

안재홍의 건국정부론은 "新政府는 建國政府=建國內閣"이어야 한다
는 정의에서 출발하였다. 본디 '건국준비위원회'라는 명칭도 안재홍이
제안하였는데,[62] 여기서 보듯이 그에게 '건국'은 완결·완성된 개념이
아니라, 과정과 사명을 나타내는 지향성을 강조한 용어였다. 8·15해방
후 민족사회의 혼란상은 실직·실업 문제를 비롯하여, 어디서 가닥을
잡아 수습책을 내놓기 어려울 만큼 난맥이었는데, 안재홍은 '건국정부'

---

60) 「李大統領의 大政方向」, 『選集』 2, 292~293쪽.
61) 「민주정부 수립 문제(1)」, 『한성일보』(1946. 9. 7)[『選集』 7, 73쪽].
62) 김인식, 앞의 책, 2005, 42~43, 49~50쪽.

를 수립하는 데에서 실마리가 풀린다고 누누이 강조하였다. 그가 건국
준비위원회에서 이탈한 뒤, 대한민국임시정부를 迎立·補强·확충하여,
"민족 총의를 집결한 건국정부의 확립이 최대 최급한 목하의 현안이
다."63)고 주장한 이유도 여기에 있었다.64)

안재홍은 건국준비위원회가 좌경화하였다고 판단하여 이를 탈퇴하
며 발표한 성명에서, "重慶臨時政府를 基準으로 하루바삐 新國家 建設
政權으로 하여 급속히 國內秩序를 確立하고 써 統一民族國家 建設"65)
하자는 '重慶臨時政府迎立補强'을 주장하였는데, 건국정부=건국정권
은 바로 '신국가건설정권'으로서 신국가를 건설하는 사명을 지녔다. 이
때 '건국정부'='신국가건설정권'은 통일민족국가건설의 대업을 완성하
는 신정부였다.

대한민국정부수립 전 안재홍이 구상하였던 '신국가 건설정권'='건국
정부'='건국정권'이 "統一民族國家建設에 大業을 完成"하는 사명을 지
녔듯이,66) 그는 정부수립 후에도 '진정한 민주주의 통일민족국가'건설
을 사명으로 삼는 '신정부'를 강조하였다. 그에게 "완전한 民主 統一
獨立國家로서의 철저한 解決을 요하는 課業"을 수행하는 건국의 과정
은 여전히 현재진행형이었다. 정부수립 후에도 '건국'은 '완전한 민주
통일독립국가'를 가리키는 지향개념이었다 안재홍은 "南北統一 아니된
때 半壁山河 절름발이적인 建國政府인 것만치, 新政府의 威望이 되도

---

63) 「실직·실업문제 대책과 건국정부 완성 촉진 결의안」(1945. 10. 20 '국민당 정치
　　문화부' 명의), 『選集』 7, 27쪽.
64) 이후 안재홍이 「모스크바 삼상회의 결정」을 수용하여 좌우합작운동을 추진하면
　　서, 「모스크바 삼상회의 결정」에 따라 민주임시정부를 조속히 수립하자고 강조
　　한 까닭도, '임시정부'라는 정부 형태의 권위를 지니고 통일민족국가수립운동을
　　전개하는 효율성 — 국제사회를 향한 — 에 있었다.
65) 「(聲明)朝鮮建國準備委員會와 余의 處地」(1945. 9. 10), 『選集』 2, 14쪽.
66) 위의 「朝鮮建國準備委員會와 余의 處地」 ; 「맥아더元帥에게 제출할 결의문」
　　(1945. 9. 29 국민당 명의), 『每日新報』(1945. 9. 30)[1968, 『資料』 1, 164~165쪽].

록 크기"[67]를 촉구하였는데, 이는 현 대한민국정부를 향하여 '건국정부'의 본래 임무에 충실하라는 권고였다. 이처럼 '건국정부'는 한민족이 당면한 모든 현안을 해결하며, 통합민족국가를 완성할 '강력중앙정부'였다.

안재홍은 대한민국정부가 정통중앙정부의 '實'(정체성)을 확보하는 출발점은 정치의 민주화라고 판단하였다. '통일민족국가'라는 '독립완수'를 위하여, 무엇보다도 '革命的인 再建'을 실천하여야 하는데, 남북분단은 물론, 산업경제의 재건난과 민생의 궁핍화에 따른 사회의 퇴폐도 또한 엄연한 현실이었다. 그렇기에 그는 "眞正한 民主政治가 徹底運營에 邁進"하여 '時局의 困難性'을 타개해야 한다고 제안하였다.[68]

안재홍은 정치의 민주화를 이룸으로써만 국민들의 협력을 가져와 산업경제의 재건설에 따른 신생활체제를 확립할 수 있고, 이러한 대한민국의 기반 위에 대한민국이 남북합동의 주도력이 되어 민족총결을 이룸으로써 국제사회의 일원이 되어 국제평화를 이룩하는 주체가 될 수 있다고 확신하였다. 정치의 민주화는 대한민국정부가 '민주역량의 집결체'가 되어, 북한에 견주어 '政治的 優秀性'을 확보하는 첫발이므로 남북통일의 주도력을 확보하는 길이었다. 그렇기에 "大韓民國의 모든 部面에서 政府가 民主力量의 集結體되도록 刷新發展되어야 하고 北韓에 견주어 政治的 優秀性이 現實로써 宣揚되어야 할 것이다."고 강조하였다.[69]

---

67) 「國民・國家・統領」, 『選集』 2, 286쪽.
68) 「協同互愛, 大業完遂」, 『選集』 2, 397~398쪽.
69) 「八・一五 當時와 現下의 事態」, 『民聲』(1949年 8月號), 15~16쪽.

2) 보수세력의 권력화를 비판

그러나 불행히도 안재홍은 신생대한민국에서 '정치적 우수성'에 반하는 '정치적 위험성'을 먼저 보았다. "모든 點에서 참된 民主力量 集結의 때문에 온갖 地位에서 最善을 다할 것이니 다만 宗派的인 權力萬能의 專斷獨裁는 甚大한 政治的 危險性을 內包하고 있는 줄을 알아야 한다."70) 이러한 원론식의 충고는, 사실상의 정권 실세인 정치세력, 즉 이승만 계열의 정부여당과 한국민주당-민주국민당 계열71)의 의회여당72)을 거냥한 경고이자 간곡한 호소였다.

안재홍은 대한민국정부가 '正統中央政府의 實'을 확보하는 데에서, "北方이 對立하고 南에서 다시 總支持를 잃어, 政權은 一派가 獨擅하고 다시 對立相爭"하는 사태가 하나의 큰 난관임을 지적하였다. 이를 달리 말하면 "北에서 共産的 要素 누적되는 시간과 함께 뿌리를 박으려 하고, 南에서는 保守的 勢力 强權化하려는 事態"였다.73)

안재홍이 염려하였던 '정치적 위험성'은 보수세력이 권력화하여 정권이 일파에게 독점되는 일당전제였다. "南北을 通한 總選擧를 자유로이 진행하였던들 進步的인 部隊는 반드시 大多數로 뽑히어 保守反動

---

70) 「新民族主義의 科學性과 統一獨立의 課業」, 『新天地』第四卷 第七號(1949年 8月號), 18쪽.

71) 한국민주당은 당세를 강화하기 위하여 1949년 1월 26일 大韓國民黨과 합당하여 民主國民黨으로 재창당하였다. 『동아일보』(1949. 1. 27)[『資料』 10, 268~269쪽].

72) 한 신문에 따르면, 1949년 10월 21일 현재, 국회 내 각 교섭단체의 구성은 민주국민당 71, 일민구락부 55, 대한노농당 23, 신정회 23이고, 잔여가 무소속 의원으로 민주국민당이 제1당을 차지하였다. 이로써 민주국민당은 의원총수의 과반수인 101명을 점유하지는 못하였으나, 의안 처리에서는 '결정적인 비중'을 가지게 되었다. 『대중일보』(1949. 10. 21)[2000, 『資料』 14, 556~557쪽].

73) 「民政長官을 辭任하고」, 『選集』 2, 282~283쪽.

的인 勢力의 跋扈를 拔本塞源하면서 우리의 五千年 祖國을 大衆의 念
願하는 대로 再建하는 作業을 추진하였을 것이 의심 없다."[74])는 가정
법에는, 대한민국이 '보수반동적 세력'이 발호함으로써 출발하였다는
현실인식이 깔려 있었다.

앞서 지적하였듯이, 대한민국수립 이후 안재홍은 이미 지나간 남북
협상노선을 비판하면서, 남북협상 세력들이 5·10선거를 방관함으로써
보수세력이 발호할 기회·여건을 조성한 사실을 되돌이켰다. 그는 통일
독립촉진회가 대한민국을 불인정·비협조함으로써 이러한 현실을 또 다
시 확대·조장하는 오류를 되풀이 말라고 경각시키려 하였다. 진보적
부대'와 '보수반동적 세력'을 대립시켜, '진보적 부대'를 비판하는 외양
을 띠었지만, 사실상의 초점은 대한민국이 보수반동 세력이 발호함으
로써 출발하였다는 데 맞추었다. 이러한 현실인식의 맞은 편에는, 이들
보수반동 세력의 '발호'를 '발본색원'해야 '진정한 민주주의 자주독립
국가'를 전망할 수 있다는 역사의식이 자리잡았다.

정부수립 직후 안재홍이 우려한 '保守的 勢力 強權化하려는 事態'
'는 크게 두 가지였다. 하나는 이승만 정부의 독선과 독단, 둘째는 한국
민주당-민주국민당으로 이어지는 여당화한 야당의 권력화였다. 안재홍
은 납북되기까지 이 양자를 동류화·동질화시켰으므로, 두 정치세력
의 권력화를 함께 묶어 '일당전제'로 인식·규정하였다.

대한민국정부수립 초기 안재홍은 이승만 정부를 대한민국 민주화의
주도력, 나아가 통일정부수립의 주체로 인정하지 않았다. 그는 이승만
정부의 출발부터, 즉 내각책임제의 헌법이 대통령중심제로 바뀐 독단,
제1차 내각 구성의 편향성·배타성과 비민주성 등 이승만의 '非憲政·非
民主的 擧動'에서 이미 '一黨專政'과 '獨斷專制'의 싹을 보았다. 불행

---

74) 「李大統領의 大政方向」, 『選集』 2, 296쪽.

히도 이 예견은 그대로 드러났다. 안재홍은 총리 인선을 비롯한 정부조직, 부통령이 비록 閑職이지만 이와 '協進'하지 않는 독단, 스스로 부인하던 無任所國務員을 급작스럽게 임명하는 등 이승만의 정치행태가 "무계획과 초조의 자취 너무 또렷"하다고 강하게 비판하였다.[75]

안재홍은 이미 독립촉성중앙협의를 추진할 때부터 이승만의 독단·독선, 한국민주당의 정략, 이 양자의 결합 행태—그가 뒤에 '政商的 苟合'이라고 표현한—에 심한 거부감을 느꼈다.[76] 이승만 정부는 안재홍의 건국정부론과는 전혀 상극의 길을 가고 있었다. 그러나 안재홍은 대한민국의 적법성을 인정하였으므로 이승만정부를 부정할 수 없었고, 이에 '비판적 지지'를 표명하였다.[77]

안재홍에게 이승만 정부는 '비판적 지지'의 대상이었지만, 한국민주당-민주국민당으로 이어지는 보수세력은 비판·경계의 대상이었다.[78] 대한민국정부가 수립된 이후에도, 그는 한국민주당-민주국민당을 강하게 경계하였다. 안재홍은 미군정 3년 동안 경험한 바에 비추어, 한국민주당은 이승만 정권과 동질화된 비민주 집단임을 인식하였고, 한국민

---

75) 대한민국정부가 수립되기 1주일 전, 안재홍은 남한이 민주역량을 키우기는커녕 독재정치의 기지로 전락할 수 있음을 벌써 우려하였으므로, 이승만 정부를 향하여 강하게 충고하였다. 「國民·國家·統領」, 『選集』 2, 286~287쪽. 안재홍은 이 사설에서 '이대통령'이라는 실명을 들어 다섯 가지로 강력하게 비판하면서, 독립촉성국민회·한국민주당 등 이미 권력화한 정치집단도 함께 겨냥하였다.
76) 안재홍의 독립촉성중앙협의회 활동은 김인식, 앞의 책, 2005, 182~200쪽을 참조.
77) 안재홍은 "남한정부에 대한 귀하의 견해는?"이라는 기자 질문에 "말 못하겠다. 여하튼 남북통일을 원하는 민족적 불행일 것이며 현실문제로서는 비판적 견지에서 볼 때 지지 아니할 수 없을 것이다."고 답하였다. 「安在鴻, 단정수립은 민족의 비극이라고 기자와 문답」, 『資料』 8, 568쪽. "말 못하겠다"라는 말에, 대한민국의 현정부를 규정하는 그의 복잡한 심경이 그대로 녹아 있다. 북한과 대립하는 현재의 상황에서 볼 때 "지지 아니할 수 없을 것"이므로 '비판적 지지론'을 폈다. 김인식, 앞의 논문, 21~24쪽.
78) 안재홍이 한국민주당을 어떻게 인식하였는가는 김인식, 앞의 책, 2005, 481~483쪽.

주당을 "政權獨占의 政商的 謀議를 성취코자 造言을 제마음대로 하는 徒輩"[79)]·'政商的 派爭輩'[80)]로 판단내렸다. 그는 한국민주당이 "(미군 정의 : 인용자) 最高의 顧問陣을 거의 專擔하고, 中央 및 地方의 各部 面을 통하여 그 黨의 勢力을 扶植키로 되어, 그 결과에서는 數十年來 現有 保守的 勢力이 고스란히 그에 趨向連結하게 되었다."고 강하게 비판하였다.[81)] 나아가 "軍政 三年 동안 軍政與黨으로서 中央·地方을 통하여 行政과 警察과 기타 諸部面까지 自黨의 勢力으로써 獨占키를 목표로 하여 많은 각도로써 國民怨嗟의 과녁이 된 黨派"임을 직접 거론하였다.[82)]

이러한 점에서, 안재홍은 이승만의 여당보다도 한국민주당-민주국민 당으로 이어지는 의회여당 – 외형상 야당일 뿐인 – 의 권력화를 더 우려하였다. 1946년 10월 대구사건이 일어났을 때, 안재홍은 한국민주당이 정국을 장악함으로써 일제와 결합하였던 반민족세력이 그대로 재등장하였고, 이것이 민중들의 폭동으로 이어졌다고 단언하였다. 다시 1948년 10월 여순사건으로 온 나라가 혼미할 무렵, 이 혼란상을 이용하여 정국을 장악하려는 한국민주당을 강하게 비판하였다.

1948년 11월 8일 제1회 98차 국회 본회의에서는 시국수습을 위한 거국내각을 조직하자는 주장이 크게 일었고, 치열한 논전 끝에,[83)] "8. 정부는 금번 사건의 책임을 지고 거국적 강력 내각을 조직하여 민심을 일신케 할 것." 등을 포함한 시국수습대책 결의안을 통과시켰다.[84)] 이때 안재홍은 이승만의 독주와 함께 한국민주당이라는 '정권독점'의 '당

---

79) 「大韓民國 建設의 構想」, 『選集』 2, 325쪽
80) 「白凡 政治鬪爭史」(1949. 8 『新太陽』), 『選集』 2, 441쪽.
81) 「民政長官을 辭任하고」, 『選集』 2, 271쪽.
82) 「內閣改造의 指向」(1948. 11. 10 『漢城日報』 社說), 『選集』 2, 376~377쪽.
83) 「제1회 국회속기록 제98호」(1948. 11. 8), 815~822쪽[『資料』 9, 93~95쪽].
84) 『서울신문』(1948. 11. 10)[『資料』 9, 93쪽].

파’가 ‘國民怨嗟의 과녁’이었음을 강조하면서, “(한국민주당이 : 인용자) 이 계제를 타서 內閣改造의 牛耳를 잡게 된다면, 그는 改造 도리어 改惡될 수 있는 것은 일반이 눈 똑바로 뜨고 감시하여야 할 案件이다.”고 강하게 경고하였다. 안재홍은 한국민주당이 초대 내각에서 확보하지 못한 권력 지분을 노리는 ‘정권욕’·‘黨略本位의 策戰’을 먼저 겨냥하였다.[85] 이처럼 안재홍은 여순사건이 발생한 비상시기에 ‘내각개조’라는 시국수습책이 오히려 한국민주당의 권력욕에 이용될 수 있음을 경계하였다.

안재홍은 이승만 세력과 한국민주당-민주국민당 세력을 동류화·동질화시켜 여당 세력[86]으로 규정하였다. 그가 ‘민족진영강화’를 외치면서, 一黨專制를 강하게 비판하는 때는 1949년 11월 말로 보인다.[87] 여기서 일당전제는 이승만 정권만을 가리키지 않고, 문맥을 보면, 제1당화한 권력부대, 즉 이전의 한국민주당 계열인 민주국민당까지 포함하였다.[88] 안재홍은, 해방정국은 물론 정부수립 이후에도 수없이 등장한

---

85) 「內閣改造의 指向」, 『選集』 2, 376~377쪽.

86) 안재홍은 한국민주당 당시의 민주국민당의 정치행태를 다시 지적하면서, “이것은 오늘의 政府與黨의 實力을 쥐고 있으면서 野黨的인 제스추어를 게으르게 아니하는 國會內의 第一黨의 걸어온 길이요, 現實主義의 使徒인 것 같은 地位에 있는 部隊이다.”고 비판하였다. 「民主力量과 一黨專制」(1949. 12. 5 『漢城日報』 社說), 『選集』 2, 519쪽. 이처럼 안재홍은 민주국민당을 여당으로 규정하였다. 위 글의 제목의 일부인 ‘일당전제’는 이승만의 정부당보다도 이들을 경계하였다. 1950년 들어 5·30선거를 앞두고, 안재홍은 대한민국은 외국과 같이 ‘정부당’의 한계가 뚜렷하지 않다고 지적하면서, 여당 성격의 정당을 셋으로 분류하였다. 첫째는 정부당으로서 대한국민당, 둘째는 당략으로서 야당인 민주국민당, 셋째는 관제 민간단체인 국민회를 가리켰다. 「待望되는 總選擧」(1950. 2. 21 『漢城日報』 社說), 『選集』 2, 576~577쪽.

87) 우선 「統一의 要請과 現實」(1949. 11. 26 『大陽』), 『選集』 2, 505~508쪽에서 이러한 성향이 강하게 나타나고, 「民主力量과 一黨專制」에서는 제목부터 비판의 초점이 뚜렷이 드러난다.

88) 「民主力量과 一黨專制」, 『選集』 2, 519쪽.

'민족주의 진영 협동안'이 실패한 이면에는, 이들 보수세력의 독단과 전횡이 있었음을 가리켜, "강력으로 그 찬부를 분별하려 하고, 만일 순복(順服)치 않는 편에 위압을 가하려"는 "'파쇼'적인 과도한 행사"가 "매양 예외 없는 역효과를 나타내는 것"[89]을 지적하였다.

1949년 11월의 시점은, 민주국민당 등이 민족진영강화위원회를 완전히 거부·탈퇴하였고, 明濟世·안재홍 등은 민족진영강화위원회에 잔류한 세력들을 중심으로 신당 결성을 논의하는 중이었다. 안재홍은 민족진영강화위원회를 중심으로 신당을 결성하여 민주역량을 키우고 이들의 '일당전정'을 막으려 하였다. 그는 "파시스트 이탈리아와 나찌스 도이취는 모두 右翼獨裁에서 패한 뒤 참혹한 者이다. 中國의 國民黨 獨裁도 지금 바야흐로 그 破綻의 局面을 드러내고 있고, 右翼獨裁 선불러서 左方獨裁를 유발하고 있다."고 경고하면서, 민주국민당과 이승만당의 '우익독재'가 선불러서 '좌방독재'를 유발하고 있다고 에둘러 비판하였다. 안재홍은 "獨占은 非常時局에서 孤單으로 된다. 一黨專制 막을 것이고, 民主力量 기를 것이다."고 호소하였다.[90] 이 말은 당시 세칭 '중간파'로 불리는 좌우합작·남북협상파의 단결을 촉구하는 말로, 이 당시 그가 민족진영강화위원회를 주도하였던 이유였다.

안재홍은 여당 세력들의 독주와 독단을 일당전제로 규정하였다. 그는 5·30선거에 참여한 자신의 정견을 「一黨專制를 막고 國民負擔의 簡素化로」라고 구호화하고, 자신이 정계에 나서는 포부로서 '3원칙'과 정책을 말하였다.[91] 3원칙의 첫째는 "民主民族獨立國家인 大韓民國의 旗빨 아래에 疆土統一을 達成하여야 한다."로, 이는 대한민국이 남북

89) 「일주년 회고와 전망(3)」, 『選集』 7, 167쪽.
90) 「民主力量과 一黨專制」, 『選集』 2, 520쪽.
91) 安在鴻, 「一黨專制를 막고 國民負擔의 簡素化로」, 三千里社編輯局 編, 『總選擧政見集(上卷)』, 三千里社, 1950, 141~144쪽.

통일의 주도체가 되어야 한다는 그의 지론이었다. 한편 정책으로는 15
개 항을 내세웠는데, 첫 번째가 "一, 一黨專制를 막고 國民의 基本自由
를 保障하자!"였다. 그만큼 안재홍은 1950년 5월 총선거에서 진정한 민
주주의를 강조하면서, 일당전제를 막는 데 목표를 두었다. 이때 일당전
제는 정부여당·의회여당 세력들의 專政을 가리켰다.

3. 민주역량 토대론 : 진보적 민족주의 강화론

대한민국수립 직후부터 정부가 민주역량의 집결체가 아니라 일당독
재의 경향으로 치닫는 상황에서, 안재홍은 현 대한민국정부의 주도력
을 인정하지 않았다. 대한민국정부수립 직후 "남북통일정부 수립에 대
한 방책 여하?"를 묻는 질문에, 그는 "남한에 명실상부한 민주정부가
되고 국제정세 변경에 기대할 수밖에 없다. 그러나 남한정부를 토대로
하자는 것은 아니다."고 잘라 말하였다.[92] 이 말을 액면 그대로 해석하
면, 대한민국에 명실상부한 민주정부가 들어서야 남북통일의 주체조건
이 조성되는데, 현재의 대한민국정부는 민주정부가 아니므로 대한민국
을 민주화하기에는 '역량부족'이다. 따라서 현재의 대한민국정부를 토
대로 할 수 없다는 뜻이었다. 이는 진정한 민주정부만이 민족통일의 주
도력을 지닐 수 있다는 그의 지론이었다. 여기서 '대한민국보성강화'와
이의 주체 문제가 제기된다.

(자료 C)
그런데 疆土統一·民族歸合은 그 前途 依然한 客觀의 隘路에 막혀 있고, 國聯 支持
의 아래에 成立된 大韓民國 政府는 이것이 大衆의 信賴 支持하는 民主力量의 集結

---

92) 「安在鴻, 단정수립은 민족의 비극이라고 기자와 문답」, 『資料』 8, 568쪽.

體가 되도록 輔成 强化하는 국민적인 계획이 요청된다. 그와 함께, 民衆自治에 의한 自力建設의 純熱眞摯한 功力만이, 政府를 편달하고 大衆을 동원하여, 써 이 千古의 偉業을 완성할 것이요, 政治·經濟·文化 등 각 부문에 뻗친 이 大業 籌備의 民主的 또 道義的 發展이 確乎한 全民族的 集結을 촉성하는 때에, 南北統一은 適正한 形態로 귀결될 것이다.[93)

(자료 C)의 첫 문장의 明言, 즉 대한민국보성강화론은 대한민국의 정통성을, 국제사회가 부여한 적법성이 아니라, 앞으로 '보성 강화'해 '민족 총지지'[94)를 받아야 할 한민족 내부의 문제로 파악하였음을 말한다. '민족 총지지'의 절대전제로서 출발점이자 지향점은 대한민국의 민주화였다.

그러나 안재홍은 현재의 "大韓民國 政府 자신이 사실에서 民主力量의 集結主體로서의 大衆 속에 확대 강화함도 희박"하여짐을 목도하였을 뿐이다. 그는 중국 국민당 정부가 민심과 국제사회의 신뢰를 잃고 추락하는 현실을 지켜보면서, 대한민국정부의 추세가 이의 판박이가 되어 '韓國의 國際的 有用價値의 客觀的 低下'를 낳을까 더욱 우려하였다.[95)

그렇다면 대한민국에 명실상부한 민주정부를 수립하는 토대를 어떻게 마련해야 하는가. 정부수립 후 안재홍의 민족운동을 한마디로 표현하면, 바로 남북통일의 주체이자 주도력으로서 민주정부수립의 토대를 다지려는 시도였다. 이 점에서 이 시기 그의 민족운동론은 목표에서 대한민국민주화론(=대한민국민주정부수립론), 방법론에서 이를 담당할 진보적 민족주의 세력의 결집·강화를 주장하는 '진보적 민족주의강화론'이었다. 그는 이를 정당운동과 국민운동을 결합한 정치운동으로써

---

93) 「新生會 宣言」, 『選集』 2, 306쪽.
94) 「신당 참가 보류 성명」(1948. 10. 15), 『選集』 7, 104쪽.
95) 「岐路에 나선 民族成敗」, 『選集』 2, 401~402쪽.

달성하려 하였다.

정부수립 직후부터 이승만 정권을 견제할 야당으로서 신당을 추진하려는, 세칭 '신당운동'이 소기의 목적에서 이탈·좌절되자, 1948년 10월 15일 안재홍·朴容羲 양인은 「신당 참가 보류 성명」을 발표하였다.[96] 이 성명은 "불행 38선은 철폐를 못보았고 대한민국은 그 정령(政令)이 남한에 국한"되어 있는 상황에서, "남한만이라도 대중을 진보적인 민족주의 노선으로 총집결시키어 민주역량을 확대강화하면서 남북 재결합의 날을 손꼽아 대망(待望)하는 것이 긴급 요청되고 있다."고 지적하였는데, 이것이 안재홍이 구상한 '민주역량 집결'의 방안이었다. 그는 대중을 기반으로, 진보적 민족주의세력을 통합·결집하여 민주역량을 확대·강화하고 이로써 남북통일의 주도력을 확보하려 하였다. 이는 통일의 주체조건을 조성하는 길이었다.[97]

(자료 D)
南韓 現下 政治機構의 不完全 不滿足 많은 것은 이것을 시인할 바이나, 在野黨的 民族主義 陣營으로서 진정한 民主主義, 吾人의 주장하는 新民主義의 路線에로 大衆을 집결하면서, 政府에 향하여는 비판적 支持者의 태도를 堅持하여, 進步的인 民族主義의 陣營이 의연 大多數의 民衆을 파악 집결하면서, 다음 段階의 時局收拾에 대비함을 요하는 것이다.[98]

(자료 D)에서 정부수립 후 안재홍의 시국대처 방안의 기본구도를 볼 수 있다. 그는 '재야당적 민족주의 진영'=진보적 민족주의 진영을 결집함으로써, 이들을 중심 세력으로 삼아 대한민국을 민주화시키고, 나아

---

96) 「신당 참가 보류 성명」, 『選集』 7, 104쪽.
97) 이를 위해서는 민간운동의 차원에서 '국민의 재편성'을 꾀하는 '정치적 국민 교화 공작'이 병행되어야 했는데, 이러한 목적에서 1948년 11월 12일 新生會를 조직하였다.
98) 「朝鮮民族의 政治的 進路」, 『選集』 2, 318쪽.

가 남북통일의 주도력을 발휘하려는 계획, 즉 '다음 段階의 時局收拾에 대비'하려 하였다. 안재홍은 넓은 의미의 대한민국정부를 인정하면서도 진보적 민족주의 세력을 주체로 삼는 '비판적 지지'를 주장하였다. 그는 '비판적 지지'가 가리켜, 진보적 민족주의 세력이 주체가 되어 '現存 大韓民國의 존재'를 '지지 육성'함으로써 "진정한 民主主義 政治가 되도록 만들자는 것이다."고 설명하였다.[99]

안재홍은 국가의 정통성과 정부 정체성이 일체가 되는 상황, 즉 그가 표현한 바 "統一建國 唯一政權으로 되어 내 나라 내 政府 둘도 없는 存在"[100]는, 대한민국이 진정한 민주주의 정치를 실현하는 데에서 출발한다고 누누이 강조하였다. 그러나 국가 정통성과 정부 정체성 사이에서 괴리가 존재하므로, '대한민국 지지육성론'은 '대한민국정부 비판적 지지론'으로 귀결되었고, 현 정부를 '비판적 지지'할 수 있는 주체를 결집할 필요가 있었다.

대한민국정부수립 직후, 안재홍이 신국가건설에서 정부의 주체성과 주도력을 강조하는 그의 지론을 유보한 채, '민주주의 민족통일 자주독립국가' 건설의 주체와 주도력으로 '재야당적 민족주의 진영'을 설정한 이유는, 바로 대한민국정부의 '정치적 위험성' 즉 정체성 위기 때문이었다. 달리 말하면 현 대한민국정부가 그의 지론인 건국정부론과 어긋났으므로, '재야당적 민족주의 진영'을 '차선으로서의 대한민국'의 정통성을 확보할 진정한 주도세력으로 믿었다.

앞서 보았듯이, 안재홍은 신정부의 출발부터, 정부와 의회 구성에서 볼 때 건국정부=민주정부로서 정체성을 확보하지 못하였고 판단하였다. 대한민국의 정부와 의회를 장악한 '보수 극우' 세력이 건국정부의 소임을 다하지 못하고, 그러한 기대 자체가 무산되는 현실에서, 그는

---

99) 「大韓民國 建設의 構想」, 『選集』 2, 320쪽.
100) 위와 같음.

정부의 주도력을 인정하지 않고 진보적 민족주의 진영을 대한민국 민
주화의 주도세력으로 설정하였다.

그러면 '재야당적 민족주의 진영'=진보적 민족주의 진영의 실체는
누구를 가리키는가. 결론부터 말하면, 좌우합작운동 세력과 남북협상
세력을 포함하는 개념이었다. '재야당적'이란 범위는 말 그대로, 이승
만과 여당 세력이 배제되고, 또 '재야'라는 전제에서 야당의 지위에 있
으면서도 여당의 권력을 지닌 한국민주당-민주국민당도 제외되었다.
한국민주당-민주국민당이 야당의 처지에 있었으나, 안재홍은 이승만
세력과 이들을 동질화·동류화시켜 여당 세력으로 규정하였다. 재야당
적 민족주의 진영은 좌우합작을 주도한 중간우파 세력—그가 '純正右
翼'으로 규정한—을 중심으로 하여, 김구·조소앙 등 남북협상에 참여
하였던 민족주의 세력을 포용하는 용어였다.101)

안재홍은 '진보적'이라는 이념성향을 '在野'라고 범주화함으로써, 한
국민주당-민주국민당으로 이어지는 정치세력들과 자신을 차별화시키려
는 강한 분리선을 그었다. 그에게 '재야'는 "현실정권에는 참섭치 않
는" "독립완성을 위한 정치투쟁단체"를 가리켰는데, 이제 "정권수수를
목표로 삼는 정당"102)을 뜻하는 '당'을 결합시켜 '재야당적'이라 표현
함은, 정권수수의 의지를 지니고 이를 정치세력화하려는 의도를 내포
하였다.

한편 안재홍이 납북되기 전 사용한 '진보적 민족주의'의 용례를 보
면, '진보적'은 정치이념 면에서 사회민주주의의 성향을, 정치노선에서
좌우협동을 추진하였던 세력을 중심으로 가리켰다.103) 안재홍은 중간

---

101) 김인식, 앞의 논문, 22~24쪽.
102) 「民政長官을 辭任하고」, 『선집』 2, 271쪽. 이때도 '재야'는 미군정의 여당인
    한국민주당과 대립하는 비판개념이었다.
103) 「保守主義와 基本路線」(1949. 12. 28 『漢城日報』 社說), 『選集』 2, 544~
    545쪽.

우파를 중심으로, 재야에 있는 남북협상파 민족주의 세력을 결집하여, 민주국민당과도 차별화되는 민주역량을 투쟁역량으로서 '재야당'에 결집시키려 하였다. 이는 바로 '진보적 민족주의 진영'의 정치세력화를 뜻하였고, 그는 납북되는 순간까지 이를 추진하였다.104)

안재홍은 1950년 5·30선거에서 무엇보다도 "政府側이 官力, 더구나 警察力을 사용하여 在野黨의 選擧를 妨害 彈壓"함을 우려하였는데,105) 그가 5·30선거의 목표를 어디에 두었는지 알 수 있다. 여기서도 '야당'이 아니라 '재야당'이라 명시한 의도가 분명하게 보인다. 진보민족주의 세력을 정당으로 결집시키려는 의도가 달성되지 않자, 안재홍은 무소속으로 출마하여 당선된 뒤, 의회에 진출한 의원들을 중심으로 진보민족주의 세력의 결집을 시도하다가 납북당하였다.

5. 맺는말

안재홍은 한민족의 분단이 그러하였듯이, 민족통일의 문제도 미국과 소련이라는 국제사회의 영향력이 결정력을 지녔다고 인식하였다. 그러나 그는 한민족 내부에서 통일의 주체 조건을 형성하여 국제사회의 여건이 변화되는 시기에 대응하자고 주장하였다. 이는 바로 대한민국이 명실상부한 '진정한 민주주의 국가'로 발전하여, 북한에 견주어 '정치적 우월성'을 확보함으로써 민족통일의 주도력을 발휘하자는 주장으로 이어졌다. 그에게 대한민국의 민주화로 나아가는 민주정부수립은, 민족통일의 선결요항으로서 근본 방책이었다.

---

104) 이는 별도의 고찰을 요하는 과제이므로, 다른 지면에서 살펴보고자 한다.

105) 「待望되는 總選擧」, 『選集』 2, 576쪽. 이러한 우려는 정확한 예측이었다. 이승만은 민주국민당보다는 중간파의 등장과 득세를 더욱 견제하였다.

안재홍은 유엔 총회와 국제사회가 인정한 대한민국의 적법성이 정통성으로 이어지려면, 대한민국이 '진정한 民主主義 民族 自主獨立國家' 건설이라는 민족사의 과제를 이행하는 주체가 되어야 한다고 주장하였다. 그는 대한민국이 진정한 정통성을 지니려면, 대한민국정부가 민중의 지지를 받아 민주역량을 결집시키고, 이로써 통일민주국가를 완성하는 민족사의 과제·사명을 실천하는 대한민국정부의 정체성이 담보되어야 한다고 강조하였다.

그러나 안재홍이 판단하기에, 신생 대한민국정부는 그의 지론인 '건국정부'와는 매우 어긋났다. 그는 행정부와 의회 구성 등을 볼 때, 신정부는 출발부터 건국정부=민주정부로서 정체성을 확보하지 못하였다고 단정하였다. 대한민국정부의 적법성과 민족사의 사명에 걸맞는 정부의 정체성이 확립·성립되지 못한 상황, 달리 말하여 국가의 적법성과 정부의 정체성 사이의 괴리에서, 그는 진보적 민족주의 세력을 주체로 삼아 대한민국정부를 '비판적 지지'하였다.

안재홍은 통일의 주체·내부 조건으로 민주역량의 집결, 즉 민주정부 수립과 대한민국의 민주화의 완성을 제기하면서, 보수세력이 집권함으로써 생겨난 대한민국의 정체성 위기를 극복하려 노력하였다. 행정부와 의회를 장악한 보수 세력이 '건국정부'의 소임을 다하지 못하고, 또 이러한 기대 자체가 무산되는 현실에서, 그는 정부의 주도력을 인정하지 않고 '진보적 민족주의 진영'을 대한민국 민주화의 주도세력으로 설정하였다.

안재홍은 이전 좌우합작운동을 추진하였던 중간우파와 남북협상을 추진하였던 재야의 우익 세력을 중심으로 '재야당적 민족주의 진영'을 강화하려 하였다. 이로써 이승만의 정부여당, 한국민주당-민주국민당 계열의 의회여당의 '一黨專制'을 막고 대한민국의 민주역량을 축적하여, 민족통일의 주도력과 주체조건을 조성하려 하였다. 이는 대한민국이 '진정한 민주주의 민족독립국가'를 실천·완성함으로써 민족사의 정통성을 확보하는 길이었다.

| 참고문헌 |

○ 자료

『京鄉新聞』,『대중일보』,『독립신문』,『東亞日報』,『서울신문』,『부산신문』,『朝鮮日報』,『漢城日報』.
『大陽』,『民聲』,『삼천리』,『新天地』,『新太陽』.
高麗大學校博物館 編, 2008,『民世安在鴻選集』7, 知識產業社.
國史編纂委員會, 1968·1973·1974·1998·1998·1999·2000,『資料大韓民國史』1·
　　　　6·7·8·9·10·14.
三千里社編輯局 編, 1950,『總選擧政見集(上卷)』, 三千里社.
安在鴻選集刊行委員會 編, 1983,『民世安在鴻選集』2, 知識產業社.

○ 저서

김인식,『안재홍의 신국가건설운동 1944~1948』, 선인, 2005.
김인식,『중도의 길을 걸은 신민족주의자 안재홍』, 역사공간, 2006.
서중석,『한국현대민족운동연구』, 역사비평사, 1991.
진덕규,『한국 현대정치사 서설』, 지식산업사, 2000.

○ 논문

김인식,「대한민국 정부수립과 안재홍 : 정부수립 주체론을 중심으로」,『동양정
　　　　치사상사』제8권 1호, 한국·동양정치사상사학회, 2009.
李庭植,「1948年의 南北協商」,『新東亞』187, 東亞日報社, 1980.
徐仲錫,「左右合作과 南北協商」,『韓國史 市民講座』제12집, 一潮閣, 1993.

개인 자서전을 통해 본 북한의 인재등용정책

김재웅(경희대학교)

개인 자서전을 통해 본
북한의 인재등용정책*

김재웅**

1. 머리말

1948년 4월 29일, 김일성은 남북협상 취재의 임무를 띠고 방북한 남한 기자단을 접견하였다. 그는 국가건설 과정에서 가장 큰 난관이 무엇이었냐는 기자들의 질문에 서슴지 않고 간부의 부족이라 대답했다.[1] 국가건설에 동원될 식자층 인재의 부족은 북한이 남한보다 훨씬 심각한 상황에 처해 있었다. 조선인 식자층 인재들의 거주지가 서울에 집중된 데다, 식민지 조선의 고위직·경영직·기술직을 독점해온 일본인들

---

 * 이 글은 『한국사학보』 제69호에 실린 논문임.
** 경희대학교

 1) 김일성, 1948.4.29, 「남조선 신문기자단과의 담화」(『김일성선집』 2, 조선로동당 출판사, 1953, 155쪽).

대부분이 해방과 함께 귀국했기 때문이다. 게다가 친일행위에 연루된 식자층 인텔리들은 북한의 과거유산 척결 대상으로 지목될 가능성이 있었다. 그를 우려해 월남을 감행한 이들도 적지 않았다.

이 연구는 해방 직후 심각한 인재 부족난에 시달린 북한이 어떤 방식을 통해 간부진과 전문가층을 충원했는지 살펴보려 한다. 그 해결책은 두 가지 방식으로 압축되는 경향을 보였다. 북한내 식자층 인력풀을 총동원해 최대한 효율적으로 활용하는 방식과 외부의 전문인력을 초빙해오는 방식이 그것이었다. 위의 두 방식은 근본적 해결책이라 할 수 있는 인재양성정책에 해당하지 않지만, 북한이 어떠한 임시방편을 통해 국가건설상의 난관을 극복하려 했는지 시사하는 바가 크다.

북한의 식자층 인재 확보정책을 추적한 이 연구는 피통치자인 일반인들의 경험을 서술의 재료로 활용해, 당대의 일상 언어로 북한의 사회상을 재구성하고자 하였다. 그 경험과 언어들은 북한의 공직자·간부·노동당원·학생들이 작성하여 당국에 제출한 자서전과 이력서에 수록돼 있다.[2] 개개인들의 기록물인 자서전과 이력서는 북한지역 대중들의 일상적 삶과 심리상태를 생생히 드러낸다는 점에서 큰 가치를 지닌다. 그러나 기록자들의 자기검열을 통해 작성된 이 자료들에는 간혹 사실과 과장과 허구가 혼재해 있다. 그러한 허구가 '근거 없는 허구'라기보다, 당국자들을 기만하기 위한 '개연성을 지닌 허구'라는 점은 그 또한 역사서술의 재료로서 적잖은 가치를 지니고 있음을 의미한다. 게다가 기록자들의 허위기재 여부가 당국의 평정을 통해 밝혀지고 있다는 점도 자서전·이력서의 사료적 신뢰성을 뒷받침한다.

---

2) 미국 National Archive에 소장된 이 자료들은 한국전쟁기에 미군이 북한지역에서 탈취한 노획문서의 일부이다. 국립중앙도서관과 국사편찬위원회가 미국에서 수집해온 자료들이 이 연구에 활용되었다. 자서전·이력서류는 노획문서 분류체계에 따라 RG242, SA, Box, Item 체계로 분류된다.

이 연구는 일반 대중들의 일상적 경험에 기초하여 재구성되고 있다. 정치지도자들을 비롯한 지배층의 시각이 아닌 대중들의 시선을 통해 역사를 들여다보는 시도는 북한사 부문에도 막 개척단계에 있다. 일반 인들의 경험 조각들을 하나하나 이어 붙여 완결된 스토리를 구성하고 자 하는 이 연구의 시도는 낮은 수준에서나마 일상사·미시사 등의 방 법론이 북한사에도 적용될 수 있음을 보이고자 한다. 식자층 인재의 부 족과 그 해결방안은 해방 후 국가건설 과정에서 북한이 직면한 핵심적 문제들 가운데 하나였다. 이 연구는 일반인들의 목소리와 시각을 통해 공식자료들이 보여줄 수 없는 식자층 인재등용정책의 구체상을 엿보고 자 하였다.

2. 식자층 인재의 부족

해방 후 북한의 국가건설은 매우 열악한 여건 아래 착수되었다. 건설 의 재료인 물자 부족이 무엇보다 시급한 문제였다. 일제 말 전시 총동 원정책에서 비롯된 물자의 고갈은 남북한을 망라한 전 조선사회에 인 플레이션을 유발하였다. 북한 전역에 엄습한 경제난은 개개인들의 생 활수준을 현저히 떨어뜨렸다. 평양 제3여자중학생 김순실의 부모는 더 이상 식료품을 조달할 길을 찾지 못하자, 오랜 생계유지의 수단이었던 상업활동을 접을 수밖에 없었다. 그녀의 가정은 경제적으로 큰 타격을 받았다.[3]

특히 식량 부족은 심각한 사회 혼란을 부채질했다. 그것은 38선 획 정에 따른 남한 곡창지대로부터의 식량 유입 중단과 토지개혁이 일어

---

3) 김순실, 1949.4.23, 「평양교원대학교 지리과 학생 김순실 자서전」, NARA RG242 SA2007 Box Item20.6.

난 해인 1946년의 대흉작이 맞물린 결과였다. 함경북도 주민 대다수가 대두 분말을 이용해 끼니를 해결해야 했을 만큼 식량사정이 좋지 못했다. 영양실조에 걸린 이들이 속출하자, 의사들은 영양 보충에 도움이 될 보조식품들을 대중들에게 선전하였다.4) 북한지역 식량난은 원활한 배급제의 운영에도 걸림돌이 되었다. 1946년 12월경 황해도 사리원상업학교 학생들에 대한 배급이 잠정 중단되자, 가정 형편이 어려운 이들은 학업을 포기하고 귀향하였다.5)

식량난을 비롯한 물자의 부족과 함께 북한의 국가건설을 방해한 요인은 식자층 인재의 부족이었다. 특히 고급기술자 부족이 해방 후 산업시설의 신속한 복구와 원활한 운영을 가로막았다. 북한이 직면한 고급기술자 부족난은 일제의 식민통치에 그 연원을 두고 있었다. 일제는 1930년대부터 전쟁 준비의 일환으로 조선에 군수품산업과 전기산업을 확장하였다. 산업시설 확장은 조선 내 기술자 수요의 창출에 일조했다. 그 덕에 발전·송전·변전 등의 전기산업과 건설업에 진출한 조선인들은 기술을 갈고닦을 기회를 잡을 수 있었다.6)

그러나 [기술자 사용에 대한 법령]을 포고한 일제는 기술자들을 전쟁에 동원할 의도 아래 그들로부터 직장 선택의 자유를 박탈하였다. 1940년 3월경 경성광산전문학교를 졸업한 뒤 조선총독부 광공국 광산과 기수직을 배정받은 고대옥은 학교 교원으로 이직하길 희망했으나 끝내 허가를 얻지 못했다.7) 그와 마찬가지로 공학을 전공한 전문학교·대학

---

4) 박석련, 1948.11.8, 「청진의과대학교 교수 박석련 자서전」.
5) 김용철, 1949.4.22, 「평양교원대학교 역사과 학생 김용철 자서전」, NARA RG242 SA2007 Box Item19.1.
6) 이문환, 1948.10.10, 「평양공업대학교 전기강좌장 이문환 자서전」, NARA RG242 SA2007 Box Item18.1.
7) 高大玉, 1948.10.10, 「평양공업대학교 교수 고대옥 자서전」, NARA RG242 SA2007 Box Item18.1.

교 졸업생들은 본인의 의사에 관계없이 당국이 지정한 공장이나 직장에 배치되었다.[8]

공학계열 학교를 졸업한 조선인들이 기술직을 얻기란 어려운 일이 아니었다. 그러나 조선인 기술자들은 일제의 민족 차별 탓에 숙련기술을 연마하기 어려운 처지에 있었다. 식민지 조선의 공장과 산업시설에서 고위직과 핵심직을 비롯한 요직을 독점한 이들은 일본인 기술자들이었다. 조선인 기술자들에게 부과된 임무는 대개 육체노동이나 단순노동에 국한되었다. 해방 직전 평양철도국 전기통신 기술자로 복무한 류광욱은 일본인 상관들이 전기통신업무에 기밀사항이 많다는 이유로, 자신에게 기계도면을 보여주지 않았을 뿐만 아니라 첨단 통신기술을 전수하길 꺼려했다고 회고했다. 단순하고 번거로운 작업만 떠맡아야 했던 그는 고급기술에 접근하기 힘들었던 조선인들은 숙련공이 되기 힘든 구조적 환경에 결박돼 있었다고 푸념하였다.[9]

조선인 기술자의 부족은 해방 후 북한의 국가건설에 큰 타격을 입혔다. 그것은 식민지 조선의 고급기술직과 핵심기술직을 독점했던 일본인 기술진이 대거 귀국한 뒤 첨예한 문제로 부상했다. 그들의 귀국 이후 대부분의 공장·광산과 시설의 운영이 중단되었다. 조선인 의사 한 명과 일본인 의사 다섯 명이 근무한 평양 사동탄광병원은 해방과 함께 휴업의 위기를 맞았다.[10] 해방 직후 "왜놈 간부들이 일제히 자취를 감춘" 평안북도 후창광산도 약 3개월간 작업을 중단할 수밖에 없었다. 조선인 노동자들이 할 수 있는 일이라곤 치안대를 조직해 광산을 보호하는 일뿐이었다. 1945년 11월 1일 작업의 재개와 함께 후창광산 건설과

---

8) 李容根, 1948.10.8, 「평양공업대학교 교수 이용근 자서전」, NARA RG242 SA2007 Box Item18.2.

9) 류광욱, 1949.1.18, 「평양공업대학교 교수 류광욱 자서전」.

10) 이동준, 1948.11.19, 「평양의학대학병원 내과 의사 이동준 자서전」.

장에 발탁된 손동혁은 극심한 불안감에 사로잡혔다. 그간 일본인들의 지시에만 고분고분 순종해온 그는 다수의 늙은 노동자들을 어떻게 부려야할지 감조차 잡을 수 없었다. 그때 그의 나이는 겨우 열여덟 살이었다.[11)]

일본인 기술자들이 떠나자 그들의 공백을 메워야 했던 조선인들은 갖가지 난관에 부딪혔다. 관리직·경영직 경험이 부족한 조선인들은 경리사무체계를 확립하는데 곤란을 겪었다. 업무량도 과중해질 수밖에 없었다. 해방과 함께 서조선석탄관리국으로 개명된 조선무연탄주식회사의 기술자 이현동은 일본인 기술진이 귀국한 뒤 줄곧 무리한 야간근무에 시달려야 했다. 그는 과중한 업무를 수행하던 중 몸에 탈이 나 넉 달 동안의 휴식기를 가졌다. 그 후 건강을 생각해 중학교 교사로 전직하였다.[12)]

1947년 8월경 김일성종합대학 건축과 교수직에 지원한 김응상은 전문학교 이상의 고등교육을 받은 북한지역 내 조선인 건축기술자 수가 기껏해야 30명 내외라고 추산했다.[13)] 그가 제시한 통계는 국가건설운동에 착수한 북한의 기술자 부족난이 매우 심각한 수준이었음을 드러낸다. 조선인 기술진의 수준은 양적으로 뿐만 아니라 질적으로도 빈약한 상황에 있었다. 김책공대의 전신인 평양공업전문학교 조수로 부임해 수학과 도학 등을 가르친 방덕근은 교내 교수진의 형편없는 실력에 통분을 금치 못했다.[14)]

---

11) 손동혁, 1950.2.27, 「조선인민군 제17포병연대 도서관주임 손동혁 자서전」, NARA RG242 SA2009 Box10 Item21.7.
12) 이현동, 1949.4.24, 「황해도 사리원 여자고급중학교 교원 이현동 자서전」.
13) 金應相, 1947.8.12, 「김일성종합대학교 건축과 교수 지원자 김응상 자서전」, NARA RG242 SA2006 Box12 Item32.1.
14) 方德根, 1948.10.10, 「평양공업대학교 건설공학부 교수 방덕근 자서전」, NARA RG242 SA2007 Box Item18.3.

식자층 인재의 부족은 산업부문 기술진에 국한되지 않았다. 교육부
문도 상황은 마찬가지였다. 1949년 5월 현재 전교생 400여 명을 보유
한 황해도 재령 제4인민학교의 교사 수가 총 6명에 지나지 않았을 정
도였다.[15] 국가건설에 필요한 식자층 인재가 부족하다는 점은 당시의
학생들에게도 잘 알려진 사실이었다. 학기말 대수과목 학점으로 겨우
"병(丙)"을 받은 평양사범전문학교 학생 김양익이 수학물리를 전공하
게 된 사연에 바로 그 문제가 결부돼 있었다. 수치스런 학점을 만회하
려 열심히 공부하다 그 과목에 흥미를 붙인 그는 더 나아가 "기술자가
부족한 조국의 공업 발전에 이바지하겠다"는 뜻을 품고 수학물리를 전
공하기로 결심하였다.[16]

당국이 적재적소에 투입할 전문가를 찾지 못해 일정 정도의 학력을
지닌 이들을 선발하여 공적 업무를 맡긴 해방 직후의 사회풍조도 식자
층 인재 부족의 심각성을 잘 드러낸다. 일본 히로시마현(廣島縣) 일장
관중학교 유학생활을 마친 뒤 농사에 전념하던 청년 한병무는 해방이
되자마자 촌락 간부들에게 "요란히" 불려 다녔다. 밤낮을 가리지 않고
통계사무를 처리해야 했던 그는 정작 자신의 농사일을 방치할 수밖에
없었다. 결국 식량이 바닥난 데다 몸까지 쇠약해진 그는 이웃 마을로
떠나 교편을 잡았다.[17] 함경북도 길주중학교 물리화학 교사 허동춘도
해방의 기쁨을 만끽할 여유가 없었다. 그는 하루 4~5시간의 낮 수업
을 마치자마자 길주제지공장으로 이동해, 매일 밤 4시간씩 노동자들에
게 기술과학을 가르쳐야 했다.[18]

15) 김용수, 1949.7.24, 「황해도 재령 제4인민학교 교장 김용수 자서전」, NARA
RG242 SA2010 Box Item107.
16) 김양익, 1948.4.25, 「평양교원대학교 수학물리과 학생 김양익 자서전」, NARA
RG242 SA2007 Box Item19.2.
17) 한병무, 1949.9, 「함경남도 함주군 주지고급중학교 한병무 자서전」, NARA
RG242 SA2011 Box7 Item27.

북한당국은 기술자 부족난을 해결하기 위한 미봉책으로 일본인 기술
자 억류 조치를 단행하였다. 그러나 잔류한 그들을 바라보는 조선인들
의 시선은 곱지 않았다. 1946년 10월 2일 훌륭한 기술자가 되겠다는 포
부를 안고 황해도 송림시 공업기술전문학교 원동기계과에 입학한 김정
수는 자신의 생활필수품 전부를 부담한 국가의 시혜에 감격하였다. 그
러나 그의 감격은 곧 실망으로 바뀌었다. 전문학교 교수 대부분이 "왜
놈들"이었기 때문이다.[19] 김정수와 같은 문제에 봉착한 평양특별시 시
설사무소 설계과장 문일현은 과감한 결단을 내렸다. 그는 새로운 근무
지로 발령받자 돌연 직장을 사직하였다. 일본인 기사장 밑에서 일하라
는 상부의 지시가 그의 자존심을 건드린 탓이었다. 그는 조선인들을 또
다시 "일본인들의 지배 아래 옭아매려는" 그 지시에 분노했고 민족적
모멸감을 느꼈다.[20]

3. 식자층 인재 확보방안과 남한 전문가 초빙

식자층 인재의 부족은 향후 북한을 이끌 간부의 저수원을 어디에서
찾을 것인가에 대한 고민을 낳았다. 물론 일차적 저수원은 고등교육을
받은 북한지역 주민들이었다. 그들 가운데 항일투쟁에 참가하거나 일
제에 저항한 경력을 지닌 이들이 우선적으로 발탁되는 경향을 보였다.
조선중앙일보사 함흥지국장을 지낸 오기익은 일본인이 경영하는 학교

---

18) 許東春, 1948.10.11, 「평양공업대학교 교수 허동춘 자서전」, NARA RG242
    SA2007 Box Item18.1.
19) 김정수, 1949.4.22, 「황해도 송림시 공업기술전문학교 원동기계과 학생 김정수
    자서전」, NARA RG242 SA2007 Box Item20.5.
20) 文一賢, 1948.10.28, 「평양특별시 기술자사정중앙위원회 고급기사 문일현 자서전」,
    NARA RG242 SA2007 Box Item18.3.

가 아닌 사립 소학교에 아들을 보냈을 만큼, 반일의식이 투철한 진보적 언론인이었다. 게다가 그는 일제의 탄압으로 조선중앙일보사가 폐간된 뒤 줄곧 실직생활을 하였다. 그러나 해방은 그가 받은 일제시기의 고초를 충분히 보상해주었다. 해방 후 그는 리인민위원장, 함남민보사 주필, 함남인민위원회 문화선전부장, 노동신문사 간부 등을 차례로 역임하였다.[21]

평양 제6여자중학교 교사 김승륜은 열렬한 항일운동가 집안에서 성장하였다. 밭을 팔아 독립군 군자금을 원조했던 그의 아버지는 일제 경찰에 체포된 뒤, 가혹한 매질을 당해 장독이 올라 그만 "병신"이 되고 말았다. 그러나 일제는 불구자가 된 그를 가만히 내버려두지 않았다. 계몽사업에 투신한 그는 불온한 지식을 가르친다는 이유로 끊임없이 "왜경"에 불려 다녔다. 김승륜의 오촌 당숙들도 항일투쟁에 큰 족적을 남겼다. 이미 3·1운동 이전 "해삼위(海蔘威)"에 망명한 그들은 육군사관학교를 졸업한 뒤 혁명운동에 매진하다 죽음을 맞았다. 목숨과 맞바꾼 그들의 항일투쟁은 당사자들을 대신한 가족들의 등용을 통해 보상되었다. 해방 후 오촌 당숙들의 부친 곧 김승륜의 종조부는 평양혁명자유가족학원 연락소 소장에 등용되었고 그들의 자식들 중 한 명은 내무성 간부에 발탁되었다. 다른 한 명의 자식에게는 평양혁명자유가족학원 입학 혜택이 부여되었다.[22]

항일운동가들과 그 가족들은 어느 정도의 역량을 갖추었다면 등용에 거의 제약을 받지 않았다. 일제에 협력한 전력을 지닌 공직자 출신도 혐의가 경미한 생계형 부역자에 속했다면, 기존 공직에 그대로 유임될 수 있었다. 식자층 인재의 부족이 혐의가 경미한 친일 인사들에 대한

---

21) 오남선, 1949.4.21, 「평양교원대학교 체육과 학생 오남선 자서전」, NARA RG242 SA2007 Box Item20.3.
22) 김승륜, 1949.11.5, 「평양 제6여자중학교 교양주임 김승륜 자서전」.

구제정책을 이끌어냈기 때문이다. 따라서 일본인들과 함께 식민지 조선의 공직과 관리직을 독점해온 그들 곧 고등교육을 받은 조선인들 대부분이 해방 후에도 재등용되는 경향을 보였다. 이를테면 지방 우편국장을 지낸 한 공직자는 해방 후 체신성 관료로 발탁되었고, 평안남도 산업과 기술행정원이었던 한 공직자는 평남인민위원회 공업과원으로 발탁되었다.[23]

일제에 협력한 혐의가 있는 이들 가운데 전문직·기술직 종사자들은 더 관대한 처우를 받았다. 장연진이란 소년은 비행병을 모집한다는 일제의 선전을 만주의 한 촌구석에서 접한 뒤 조종사의 꿈을 품게 되었다. 그는 부모의 반대를 무릅쓰고 도일하여 후쿠오카현(福岡縣) 태황육군비행학교(太滉陸軍飛行學校)에 입학했다. 각종 군사학과 항공학 교육과정을 이수한 그는 조선으로 귀국해 비행훈련을 받고, 드디어 꿈에 그리던 일본 비행대의 조종사가 되었다. 그러나 곧 해방이 찾아왔다. 뜻밖에도 일제의 패망은 그의 꿈을 앗아간 악재가 아닌, 새로운 기회를 제공한 호재가 되었다. 그는 해방직후인 1946년 2월경 북한 공군의 모태가 될 신의주 조선항공대에 입대하였다.[24]

악질적 친일행위에 연루되지 않았다면 일제시기의 전문직 종사자들은 그들의 기존 지위를 그대로 유지할 수 있었다. 강원도 평강축산전문학교 교장 주범은 일제시기에 각종 공직을 두루 거친 전문가였다. 그는 시학으로부터 "일제 전직자"라는 이유로 학교장에 적합하지 않다는 지적을 받았다. 그러나 시학도 전문가인 그를 마냥 내칠 수만은 없었다. 결국 시학은 그가 기술학교를 맡고 있다는 점을 들어, 마지못해 그의

---

23) 양영화, 1949.5.20, 「평양교원대학교 노어과 학생 양영화 평정서」, NARA RG242 SA2007 Box Item20.4 ; 朴瑩植, 1948.10, 「평양공업대학교 섬유공학부장 박영식 자서전」, NARA RG242 SA2007 Box Item18.1.

24) 張然鎭, 1950, 「평안북도 신의주 조선항공대 비행과 군관 장연진 자서전」, NARA RG242 SA2009 Box5 Item83.

유임을 승인하였다.[25]

사실 사상적 과오를 제외하면 기술자나 전문가들에게 친일 전력을 비롯한 각종 결점들은 큰 문제가 되지 않았다. 해주기계전문학교에 재직 중인 강종경은 "성격이 간사하고, 사업에 침착성이 없으며, 탐위적 야심으로 분파행위를 조장"하는 등 성격상 심각한 문제를 지닌 교원이었다. 그의 결점을 간파하고 있었던 시학은 정치교육을 통한 시정을 강조할 뿐, 그가 현직에 적임자라는 결론을 내렸다. 능수능란하게 기계를 다룰 수 있는 그의 기술적 재능을 도외시할 수 없었기 때문이다.[26]

해방 후 식자층 인재 부족이 생계형 친일파 구제정책과 기술자·전문가 우대정책을 이끌어냈음을 살펴보았다. 그러나 새 국가의 건설을 이끌 간부진과 기술진을 그들만으로 꾸리기에는 턱없이 부족했다. 전문적 지식을 소유한 인재들을 찾아내 총동원할 필요가 있었다. 전문가로서의 길을 단념하고 비생산직 분야에서 활동하고 있는 이공계 출신 고학력자들이 일차적 동원 대상이었다. 평양의학전문학교를 졸업한 뒤 진로를 바꿔 음악가의 길을 걸은 김봉건은 당국의 전문인력 차출에 따라 자신이 늦게나마 찾은 꿈과 재능을 포기해야 했다. 국립교향악단에 근무하며 북조선음악동맹 상무위원과 김일성종합대학 음악서클 촉탁 등을 역임한 그는 1947년 10월에 발표된 "보건인은 보건부문으로"라는 결정서에 따라, 보건국 의무부 도시 치료과 지도원으로 전직하였다.[27]

진로를 바꿔 비생산직 분야에 종사한 이공계 출신 고학력자들뿐만 아니라, 고등교육을 받은 비이공계 출신 인재들도 전문직이나 간부직에 등용되었다. 교육수준이 높은 그들은 부족한 전문가집단과 간부진

---

25) 주범, 1949.10.30, 「강원도 평강축산전문학교 교장 주범 문의서」, NARA RG242 SA2011 Box7 Item23.

26) 강종경, 1949.9.10, 「황해도 해주기계전문학교 교무주임 강종경 문의서」, NARA RG242 SA2007 Box Item20.4.

27) 金奉健, 1948, 「평양의학대학병원 의사 김봉건 자서전」.

을 대체할 수 있는 유용한 인적 자원이었다. 아주 우연한 기회에 간부가 된 경성치과의전 졸업생 최도명도 당시로선 흔치 않게 고학력을 지닌 식자층 인재였다. 해방을 맞아 고향 신의주에 돌아온 그는 "일본놈들 대신 목사·자본가와 과거에 돈푼 깨나 만지던 놈들이 정권기관에 기어들어" 그야말로 "수라장"인 상황을 목격했다. 그는 독서에 열중할 생각이었으나 전문학교 출신이라는 평판이 나돌아, 1945년 말경 촌락민들의 투표를 통해 면인민위원회 행정부장으로 선출되었다.28) 일제시기에 보통학교 교장을 지낸 강원도 철원군지역 유지 한병진은 1945년 10월 10일, 전 면민들의 추천을 받아 철원군 북면 인민위원회 위원장에 발탁되었다.29)

고학력 인재들의 전문직 진출은 법조계에서 두드러졌다. 일제시기 식민지 조선 내 사법 간부직을 독점한 일본인들이 해방과 함께 모두 귀국하자, 법률교육을 받은 경험이 없는 식자층 인재들을 판검사나 변호사에 발탁하는 일이 비일비재했다. 이를테면 해방 후 평안북도 영변 군인민재판소에서 근무하다 변호사 개업을 한 양이홍은 일제시기에 대서업으로 생계를 유지한 사무원 출신이었다.30) 숭실전문학교 문학부를 졸업한 인텔리 김원섭에게도 등용의 문은 활짝 열려 있었다. 1946년 9월경 북조선법률학원에 입학한 그는 3개월간의 수료과정을 마친 뒤 법조인의 길로 들어섰다. 그가 역임한 직책은 평양특별시 검찰소 예심원과 특무부 검사였다.31)

일본인 교사들이 대거 유출된 교육계의 상황도 별반 다르지 않아, 어

---

28) 최도명, 1948.10.21, 「평양의학대학 의학부 조교수 최도명 자서전」.

29) 한병진, 1949.10.16, 「강원도 철원여자중학교 교장 한병진 자서전」, NARA RG242 SA2011 Box7 Item23.

30) 양영숙, 1949.4.22, 「평양교원대학교 지리과 학생 양영숙 자서전」, NARA RG242 SA2007 Box Item20.6.

31) 김원섭, 1949.11.8, 「평양 제7여자중학교 교장 김원섭 자서전」.

느 정도의 교육수준을 지닌 이들이 교단에 서는 풍조가 만연했다. 물론 그들은 자격증이 없는 무자격 교사들이었다. 강원도 철원군 영중면에서 임시고원을 지낸 박태남은 "일본놈 교사들이 방치해놓고 떠난 학교를 재건해야 한다"는 지역 인민위원회의 권고를 받아들여 마지못해 교사가 되었다.[32] 자강도 후창군 동흥중학교 교장 박학운도 우연한 기회에 교직을 잡은 인물이었다. 그는 중앙 교육성이 파견한 교학과 도교육부가 파견한 시학의 검열을 받으며 수치심을 느꼈다. 시학이 "제정시대에 무엇을 했습니까, 교원 검정시험에 합격했습니까?"라고 묻자, 그는 얼굴을 들지 못한 채 "무자격 교원입니다"라고 대답할 수밖에 없었다.[33]

심각한 전문인재 부족에 시달린 북한은 국내 식자층에게만 눈을 돌리기보다, 북한지역 밖에 거주하는 조선인 인재 활용방안에도 주목하였다. 만주에서 나고 자라 그곳에 "뼈를 묻을 각오"를 하고 있었던 김덕유는 작은 적산 가옥을 얻어 "성제의원"이란 병원을 자영한 의사였다. 그는 1946년 6월경부터 수차례에 걸쳐 귀국을 종용한 함경북도인민위원회 보건부의 도움 요청을 마냥 거절할 수만은 없었다. 1946년 10월경 북한에 들어온 그는 당시 긴급한 현안이었던 콜레라 방역사업을 지원하였다.[34]

물론 북한은 만주지역 인재보다 남한지역 인재에 훨씬 큰 관심을 보였다. 남한지역 전문가층 견인은 이른바 "초빙(招聘)"이라는 이름 아래 조직적으로 이루어졌다. 남한 전문가 초빙이 적잖은 성과를 거둔 원인은 북한의 치밀한 기획과 남한사회를 혼돈으로 몰아넣은 첨예한 사건이 복합적으로 작용한데 있었다. 첨예한 사건이란 다름 아닌 "국대안

---

32) 박태남, 1949.10.1, 「강원도 철원군 영평중학교 교양주임 박태남 자서전」, NARA RG242 SA2011 Box7 Item23.
33) 박학운, 1949.5.31, 「자강도 후창군 동흥중학교 교장 박학운 자서전」.
34) 金德裕, 1948.11.6, 「청진의과대학교 교수 김덕유 자서전」.

반대운동"을 의미했다. 많은 남한 지식인들과 전문가들이 1946년 7월
경에 발표된 "국립 서울대학교 설립안"에 반대하여 총사직하자, 때마
침 전문인재 부족에 시달리고 있는 북한이 그들을 적극적으로 견인하
였다.

1946년 10월 1일에 개교한 김일성종합대학이 남한 인재 초빙에 적극
성을 보였다. 경성공업대학 수학교수 홍성해도 그 대학에 초빙되기 전
국대안 반대운동에 참가했다. 그는 1946년 7월경 동료인 최종환·김지
정 등과 함께 "조선수학회" 대표 자격으로 미군정청 문교부장 유억겸
과 차관 오천석을 방문해 국대안 반대 결의문을 제출하였다. 8월경 교
수직을 사임한 그는 동창이자 저명한 공산주의운동가인 이강국의 도움
을 얻어 중학교 취업을 준비하고 있었다. 그러던 중 김일성종합대학이
교원을 초빙하고 있다는 통보를 받았다. 그는 남한에 체류 중인 김일성
종합대학 공학부장 신건희와 면담한 뒤 동료 수학자들과 함께 월북하
였다. 그러나 그의 새로운 삶은 순탄치 않았다. 집도 없이 북한에 정착
한 그는 의복 대부분을 도난당했다. 수중에 남은 것이라곤 서적 약 400
권뿐이었다.[35]

경성대학 이공학부 교수 이한희의 북한 정착과정은 초빙사업의 구체
상을 잘 드러낸다. 1946년 9월경 국대안에 반대해 사직서를 제출한 그
는 북한의 초빙을 받아들여, 9월 19일 김일성종합대학 공학부 교수로
취임하였다. 그로부터 한 달 남짓 지난 1946년 10월 하순경, 남한에 있
는 초빙 교원들의 가족과 짐을 어선으로 운송하는 사업이 시작되었다.
그때 인솔자 중 한 명으로 뽑힌 이한희는 다른 학부의 교수들과 함께
배를 타고 남하하였다. 그러나 10월 24일 어선이 한강 기슭에 닿았을
때, 그와 동료들은 잠복 중인 경찰에 체포되었다. 그들은 일주일간 취

---

35) 洪性海, 1948.7.18, 「홍남공업대학교 수학강좌장 홍성해 자서전」, NARA RG242
SA2007 Box Item18.

조를 받은 뒤에야 풀려날 수 있었다. 그가 북한의 연락을 받고 가족과 함께 다시 38선을 넘은 시점은 1947년 4월 22일이었다.[36)]

1947년 7월 현재 김일성종합대학에 재직 중인 전임교원과 강사 수는 각각 93명과 30명이었다. 그들이 전체 87학급 학생들이 수강한 141과 목의 수업을 담당했다. 그러나 총 시수가 1,399시간에 달한 전체 강의 를 123명의 교원들이 감당하기엔 역부족이었다. 남한 전문가 초빙이 시작된 지 약 1년이 지난 1947년 7월 현재, 김일성종합대학은 전임교 원 60명과 강사 18명을 더 충원할 계획을 세우고 있었다. 물론 남한 전 문가 초빙을 통한 해결방안에도 변화가 없었다. "임용 예정 교원 일람 표"에 따르면, 1947년 9월 1일 부로 임용이 예정된 총 45명의 전문가들 가운데 남한에서 초빙된 이들이 44.4%인 20명에 달했다.[37)]

김일성종합대학뿐만 아니라 함경남도인민위원회도 국대안 파동 이 후 남한 기술자·전문가 초빙에 적극성을 보였다. 함경남도 홍남시는 조선 최대의 공장단지가 밀집한 곳일 뿐만 아니라 공업대학이 창설된 지역이었다. 따라서 초빙사업이 시작되기 전에도 홍남지구 인민공장의 명성을 전해들은 남한 기술자들이 몰려들었다.

해방직후 "홍남공장에 우리 기술자가 한 명도 없어 곤란하다"는 한 친구의 이야기에 충격을 받은 서울대학 이공학부 조수 김한련은 "그 공장을 살려야 한다"는 뜻을 품고 자진 월북하였다. 그는 화학도가 아 닌 물리학도였음에도 불구하고, 심각한 전문인재 부족난 탓에 본궁화 학공장 기술자로 발탁되었다.[38)] 몽양 여운형의 조카인 서울대학 교수

---

36) 李漢熙, 1948.11.30, 「홍남공업대학교 교수 이한희 자서전」, NARA RG242 SA2007 Box Item18.

37) 北朝鮮 金日成大學 副總長 朴日, 1947.7.19, 「大學敎員 招聘依賴의 件」, NARA RG242 SA2006 Box12 Item32.1 ; 北朝鮮 金日成大學 副總長 朴日, 1947.7.19, 「金大 招聘敎員 一覽表」, NARA RG242 SA2006 Box12 Item32.1.

38) 金漢鍊, 1948.11.27, 「함경남도 국영 본궁화학공장 기술자 김한련 자서전」,

여경구도 자진 월북한 화학기술자였다. 국대안 반대운동을 벌이다 사
직당한 그는 1946년 9월경에 월북하였다. "평소 동경해 마지않던" 홍
남공장 방문은 그에게 강렬한 인상을 심어주었다. 그 공장의 엄청난 위
용에 압도된 그는 아예 그곳에 눌러앉기로 결심을 굳혔다. 홍남지구 인
민공장 기술부장과 기사장, 홍남고등공업기술원양성소 부소장, 홍남공
업대학 화학과장 등의 요직을 두루 거친 그는 "북조선 화학공업의 최
고권위자"라는 명성을 얻었다.[39]

　함경남도인민위원회의 남한 기술자·전문가 초빙사업도 국대안 반대
운동이 시작된 이후인 1946년 10월경부터 본격화되었다. 서울에 파견
돼 기술자·전문가들을 접촉한 함경남도인민위원회 교학 이기빈이 두드
러진 활약을 펼쳤다. 남조선로동당 문화부 산하 기구인 조선과학기술
연맹은 남한의 기술자·전문가들을 그에게 소개하는 임무를 담당하였
다.[40] 이기빈을 통해 함남인민위원회의 초청을 받은 인사들은 홍남고
등공업기술원양성소 교원으로 발령되었다. 이 기구가 1947년 9월경 홍
남공업대학교로 승격됨에 따라, 초빙된 남한 인사들의 소속도 그 대학
의 교수나 연구원으로 변경되었다.[41] 북한의 초청을 받은 전문가와 기
술자들 중 남로당 출신들은 소속 세포의 책임자를 통해 당중앙의 인가
를 받은 뒤 월북하였다. 북한에 정착한 그들은 북조선로동당 조직부를
경유하여 전당 수속을 완료하고 새로운 세포생활을 시작하였다.[42]

NARA RG242 SA2007 Box Item18.

39) 여경구, 1948.11.27, 「함경남도 홍남시험소 소장 여경구 자서전」, NARA RG242
　　SA2007 Box Item18.
40) 洪駿, 1948.9.30, 「홍남공업대학교 교원 홍준 자서전」, NARA RG242 SA2007
　　Box Item18.
41) 金演東, 1948.7.17, 「홍남공업대학교 교원 김연동 자서전」, NARA RG242
　　SA2007 Box Item18.
42) 高大玉, 1947.5.5, 「홍남화학전문학교 강사 고대옥 자서전」, NARA RG242
　　SA2006 Box12 Item32.1.

경성 한양공업대학 교원 양인선은 함남인민위원회의 초청을 받아 흥
남공업대학 교수에 발탁된 월북 인사였다. 국대안 반대운동에 뛰어든
데다 한양공업대학 교장 김연준에 반대해 투쟁한 그는 경찰의 검거를
피해, 집에도 학교에도 가지 못하는 피신생활을 며칠간 지속하였다. 때
마침 조선과학기술연맹이 남한 전문가 초빙사업을 개시한 북한 측에
그를 추천하였다. 초빙에 응한 그는 두 개 조로 편성된 여섯 명의 인사
들과 함께 동두천을 거쳐 1946년 11월 3일 38선을 넘었다. 강원도 연
천여관에서 대기하던 중 함남인민위원회 교육부의 전보를 받고 올라간
그는 11월 8일, 흥남고등공업기술원양성소 교원으로 취임해 흥남공업
대학 창립준비에 착수하였다.[43]

흥남지구 인민공장 기술자 로태석은 남한 기술자·전문가 초빙사업
의 실무를 담당한 인물이었다. 그는 동료 한홍식과 함께 1946년 12월
17일부터 1947년 5월 17일까지 만 5개월 동안 남조선로동당·조선과학
기술연맹과 연락하며 초빙사업을 지원하였다. 그 기간 동안 그의 도움
아래 월북한 인원이 기술자 24명, 그들의 가족 70명에 달했다.[44]

전문인력 부족난에 시달린 북한의 인재 확보 노력은 기술자 우대정
책에서 절정에 달했다. 우대정책의 대표적 예는 높은 임금 지불이었다.
1949년 현재 흥남공업대학 교수 홍동표의 월임금은 당시 노동자들이
받을 수 있는 최고 임금 1,500원을 훨씬 웃도는 2,100원에 달했다.[45]
1947년 현재 김일성종합대학 교수진의 월 평균임금은 2,000~3,000원
대에서 형성되었다.[46] 국내외의 우수한 인재 유치에 주목한 북한은 우

---

43) 양인선, 1948.11.1, 「흥남공업대학교 교원 양인선 자서전」, NARA RG242
    SA2007 Box Item18.
44) 로태석, 1948.11.29, 「함경남도 국영 흥남비료공장 기획부 생산계획과정 로태석
    자서전」, NARA RG242 SA2007 Box Item18.
45) 洪東杓, 1948.10.23, 「흥남공업대학교 교원 홍동표 이력서」, NARA RG242
    SA2007 Box Item18.

대조치의 일환인 광범한 인센티브의 지급뿐만 아니라, 인재들을 적재
적소에 배치해 사업의 효율성을 높이는 데에도 관심을 보였다. 철원사
범전문학교 러시아어교사 정연달은 사상성이 견고하고 사업에 적극성
을 보인 청년이었다. 그러나 말을 더듬는 그의 오랜 습관은 러시아어
수업에 적잖은 지장을 주고 있었다. 따라서 시학은 평정서를 통해 그를
공장 노동직으로 옮길 필요가 있다고 건의하였다.[47]

4. 대중들의 국가건설운동 참여 양상

일제의 억압적 식민통치를 경험한 대중들은 조선의 해방에 감격했
다. 그들은 새 국가 건설에 남다른 의욕과 열정을 내비쳤다. 해방을 맞
아 교단에 선 평양 사동야간중학교 교사 이관보는 "지식상인" 노릇을
서슴지 않은데다, "고용관념"에 젖어 수동적으로 일한 과거 교원들의
과오를 답습하지 않겠다고 다짐했다. 그는 자신의 사상을 "맑스-레닌주
의로 무장"해, 학생들에게 진리와 올바른 지식을 가르치겠다는 각오를
다졌다.[48]

"조선수학회" 결성을 주도한 경성공업대학 수학교수 홍성해는 해방
전 여느 조선인들처럼 일본인 상관의 지시에 따라 일했다. 그는 "일본
놈들에게 불만을 품고 속으로만 원수로 생각"했을 뿐, 혁명운동에 투신
한 경험이 없는 나약한 인텔리였다. 그러나 새 국가 건설에 자신의 모

---

46) 金日成大學 總長 金枓奉, 1947.3.26, 「金日成大學 職員 俸給에 關한 件」,
　　NARA RG242 SA2006 Box12 Item32.1.
47) 정연달, 1949.4.22, 「강원도 철원사범전문학교 러시아어 교사 정연달 문의서」,
　　NARA RG242 SA2011 Box7 Item23.
48) 이관보, 1949.7.9, 「평양 사동야간중학교 교사 이관보 자서전」.

든 힘을 바치기로 결심한 그는 어용학자의 길을 단호히 거부하고, 노동 자와 빈농의 자제들을 가르치는데 헌신하겠다는 각오를 밝혔다. 1945 년 11월경 그는 자신의 포부를 실행에 옮기기에 앞서, 조선수학회 동료 인 최종환·박창순 등과 함께 민족변호사 허헌을 방문했다. 존경하는 원로로부터 그들의 향후 활동방침에 대한 조언을 얻으려는 의도에서였 다. 그러나 그들은 약 30분간 지속된 담화를 통해 별 소득을 얻지 못했 다. 허헌은 수학분야의 문외한인 자신이 수학교육정책에 참고점을 얻 을 수 있었다고 사의를 표했지만, 그들의 방문에 그닥 관심을 보이지 않았다.[49]

해방에 감격한 청년들은 국가건설운동에 헌신하며, 밤낮이 따로 없 는 분주한 나날을 보냈다. 교원 자격시험에 합격한 뒤 함경남도 북청군 신포인민학교 교단에 선 여교사 홍영숙에게도 바쁜 나날이 찾아왔다. 그녀는 낮 동안 "새 나라의 용사"가 될 인민학교 학생들을 지도했고, 저녁식사를 마친 뒤 야간 한글학교의 문맹 학생들에게 글을 가르쳤다. 그녀의 일과는 그것으로 끝이 아니었다. 밤 11시경부터 약 두 시간에 걸쳐 함경남도 북청군 노동조합장 김현보의 강의를 들은 뒤에야 귀가 하였다. 게다가 그녀는 민청과 여맹 활동까지 겸하고 있었다.[50]

김주숙이란 여성도 남편의 장례를 치르자마자 바쁜 일상을 맞았다. 징용을 마치고 일본에서 돌아오던 그녀의 남편은 배 위에서 사망하였 다. 한 동안 눈물로 밤을 지새우던 그녀는 해방이 되고 나서야, 부산에 내려가 남편의 시신을 찾을 수 있었다. 그녀의 사회활동은 모든 마음의 짐을 털어버린 남편의 장례 이후부터 시작되었다. 어린 두 딸을 모친에

---

49) 洪性海, 1948.7.18, 「흥남공업대학교 수학강좌장 홍성해 자서전」, NARA RG242 SA2007 Box Item18.

50) 홍영숙, 1949.4.21, 「평양교원대학교 지리과 학생 홍영숙 자서전」, NARA RG242 SA2007 Box Item20.6.

게 떠맡긴 그녀는 여맹과 민청의 간부로 활약했다. 곧 뛰어난 역량을 인정받아 북조선로동당 황해도당학교에 입학하는 영예를 안았다. 그러나 밤낮을 가리지 않는 고된 활동이 그녀의 발목을 잡았다. 과로 탓에 늑막염에 걸린 그녀는 한 달간 치료를 받으며 휴식을 취해야 했다.[51] 해방직후 청년들이 과중한 업무를 수행하며 밤새워 일하는 풍조는 낯선 현상이 아니었다. 김주숙처럼 과로에 시달려 건강을 잃는 이들이 비일비재했다.

해방직후 조선인들의 건국운동은 일제시기에 세워진 산업시설·공공기관·인프라 등의 접수와 관리 활동에서 출발하였다. 조선인들은 그러한 자산들을 일제의 식민 착취 산물로 인식해, 새 국가 건설의 물적 토대로 활용하고자 했다. 따라서 해방과 함께 일제의 권력이 무너지고 일본인들이 귀국하자, 그들은 그간 일본인들 위주로 운영·관리돼온 각종 시설과 기관 등을 접수해 보호하기 시작했다.

일제시기 적색농조사건에 가담한 형을 둔 청년 최봉서는 농민운동가로 진출하기에 유리한 환경에서 성장하였다. 해방 후 "농민들이 살 길은 농민조합의 창설에 있다"는 농업혁명가 송봉욱의 연설에 깊은 감명을 받은 그는 조합의 물적 토대가 될 각 기관의 접수에 착수하였다. 그가 동지들을 규합해 접수한 기관은 조선인들의 "피를 빨고 살을 깎아 만든" 동양척식회사 사리원지점 북률면 출장소와 "왜놈 지주들"이 이끌어온 산미조합이었다.[52] 평안남도 안주군 신안주소학교도 해방직후 조선인들에게 인계되었다. 학교 사업을 주도해온 일본인 교장과 교무주임이 떠나자, 조선인 교사 이길선은 동료 교원들과 함께 그 학교와

---

51) 김주숙, 1949.7.23, 「황해도 재령군 여맹 위원장 김주숙 자서전」, NARA RG242
 SA2010 Box Item107.
52) 최봉서, 1949.7.29, 「북조선소비조합 황해도 재령군위원회 위원장 최봉서 자서전」,
 NARA RG242 SA2010 Box Item107.

부근의 일본인학교를 접수하였다. 이후 교장에 취임한 그는 두 학교를 자치적으로 관리하였다.[53]

산업시설·공공기관·인프라 등을 접수해 보호한 조선인들의 국가건설운동은 공장관리운동에서 절정에 달했다. 해방을 맞은 대중들은 공장과 탄광 등의 산업시설을 온전히 보존하여 새 국가에 넘기는 일이야말로 건국을 앞둔 조선인들의 숭고한 의무라고 생각했다.[54] 일제의 식민통치에서 벗어난 조선인들이 주인이 될 새 국가는 기존 지배자들이었던 일본인들의 동참과 간여를 용납할 수 없었다. 조선제철평양공장의 조선인 노동자들은 "공장설비 복구는 우리 손으로!"라는 슬로건을 내걸고 복구운동에 착수했으며, 흥남비료공장 조선인 노동자들은 해방을 맞이하자마자 공장 내 "일본놈들"을 모조리 내쫓아버렸다.[55]

그러나 조선인들의 힘만으로 공장을 복구해 운영하겠다는 바람은 뜻대로 이루어지지 않았다. 조선인 기술자들은 수적으로 부족한데다 공장을 주도적으로 운영해본 경험이 없었다. 따라서 일본인 기술자 억류조치가 단행되었고, 북한지역 산업의 복구와 재건은 그들의 협력 아래 이루어졌다. 새로운 국가 건설이 일본인들의 지원을 받아 추진되었다는 점은 조선인들이 굳이 드러내고 싶지 않은 치부였다.

흥남공장 관리운동에 참가한 연구원 박원춘은 "우리 손으로" 공장을 운영하기 시작했으나, 기술 부족 탓에 많은 난관이 있었다고 고백했다. 그럼에도 대부분의 공장 운영이 정상화되었다고 밝힌 그는 소련 기술자들의 원조와 전종업원들의 "열성적 돌격작업"에 그 공로를 돌렸다.

53) 이길선, 1949.10.1, 「평양 제4중학교 교장 이길선 자서전」.
54) 金載明, 1948.10.10, 「평양공업대학교 광산지질학부장 김재명 자서전」, NARA RG242 SA2007 Box Item18.1.
55) 박형만, 1949.4.22, 「조선제철평양공장 노동자 박형만 자서전」, NARA RG242 SA2007 Box Item20.5 ; 문택용, 1949.8.9, 「함경남도 연포비행장 비행학생 문택용 자서전」, NARA RG242 SA2009 Box4 Item111.6.

그러나 그는 일본인 기술자들의 기여를 전혀 거론하지 않았다. 사실 그가 "조선의 아들딸들"에게 자신이 습득한 지식을 "우리의 말과 글"로 가르치겠다는 포부를 밝힌 이유는 일종의 콤플렉스와 무관치 않았다. 해방 후 그에게 기술지식을 전수한 이들이 다름 아닌 일본인 전문가들이었기 때문이다.[56]

공장관리운동은 해방직후의 혼란을 틈타 공장자산을 절도·약탈하려는 개인이나 집단의 일탈행위를 방지하는데 우선적 목표를 두었다. 경찰업무를 대행한 조직인 자위대나 치안대가 결성돼 공장자산을 외부의 침탈로부터 보호하였다. "반동분자들이 본궁화학공장 파괴음모를 꾸미고 있다"는 풍설이 나돈 1945년 9월 중순경, 노동자 이인점은 상부의 지시에 따라 자위대 감시원으로 발탁되었다.[57] 자위대원들은 대개 무장을 갖추었다. 해방직후 흥남비료공장 청년자위대원으로 활약한 김철환은 "일본놈들이 가지고 있던 무기를 빼앗아" 공장 방비에 활용하였다.[58] 경찰업무를 대행한 자위대는 엄격한 규율에 따라 운영되었다. 흥남비료공장 자위대원 문택용은 약 3개월 동안 정치교육과 훈련을 받으며 단체생활을 하였다. 그는 공장 상황이 안정화된 뒤에야 집에 돌아갈 수 있었다.[59]

공장을 외부인들의 침탈로부터 방비하는 일뿐만 아니라, 귀국한 일본인 기술자·경영자들을 대신해 조선인들 스스로 공장을 운영하는 일

---

56) 박원춘, 1949.4.26, 「평양교원대학교 화학과 학생 박원춘 자서전」, NARA RG242 SA2007 Box Item20.1.
57) 이인점, 1950.1.4, 「평양곡산공장 서무부 서무과장 이인점 자서전」, NARA RG242 SA2006 Box Item10.
58) 김철환, 1950.2.10, 「조선인민군 582군부대 3대대 정찰지도원 김철환 자서전」, NARA RG242 SA2009 Box10 Item22.9.
59) 문택용, 1949.8.9, 「함경남도 연포비행장 비행학생 문택용 자서전」, NARA RG242 SA2009 Box4 Item111.6.

도 공장관리운동의 주요 과제였다. 조선인들의 민족의식과 애국심으로부터 추진력을 얻은 이 운동은 규모에 관계없이 전국 대부분의 공장에서 전개되었다. 1944년 4월 10일 평양 당산리의 "조선 에다닛트 파이프공장"에 취직해 자재과원으로 일한 전창선은 해방직후 일본인들이 물러가자, 조선인 직원 세 명과 함께 작은 규모의 그 공장을 관리하였다. 그는 1946년 5월 5일까지 공장을 관리하는 동안 북조선임시인민위원회의 지시에 따라 활동하였다.[60]

1942년경 일본에서 직장생활을 마치고 귀국한 곽대홍은 식민지 조선 내 대표적 공장 중 하나인 겸이포제철소에 취직하였다. 해방 당시 기사직을 맡고 있었던 그는 동료들과 협의하여, "조선의 국보"인 그 공장을 "사수"하기로 결의하였다. "겸이포제철소 운영위원회"의 결성을 주도한 그는 부회장에 선출되었다. 그 조직은 해방직후 공장 내 혼돈상태를 수습하며 보수와 운영에 주력하다, 1946년 1월 말 북조선 산업국에 공장을 이관하였다.[61]

한편 모든 공장관리운동이 노동자들과 종업원들의 의도대로 관철된 것만은 아니었다. 해방을 맞아 흥남행을 계획하고 있던 기술자 양인선은 "직장을 사수하자!"는 슬로건에 고무되어 남한에 잔류하기로 생각을 바꾸었다. 그의 직장은 경기도 부천군 소사읍 고척리에 위치한 소림광업경성제련소였다. 직원 수가 2,000여 명에 달한 그 공장에서도 공장관리위원회가 결성되었다. 양인선은 직원들의 추천을 받아 위원장에 임명되었다. 공장관리위원회는 그 공장을 경공업 공장으로 전환하는 한편, 일본인들을 한 명도 남김없이 축출한 뒤 직원진을 열성적 근로자

60) 전창선, 1949.4.20, 「평양교원대학교 체육과 학생 전창선 자서전」, NARA RG242 SA2007 Box Item20.4.

61) 郭大弘, 1947, 「북조선중앙연구소 연구원 곽대홍 자서전」, NARA RG242 SA2006 Box12 Item32.1.

들로 재편하는 사업에 주력하였다. 아울러 "조선인민공화국"을 지지한
다는 정치적 슬로건을 내걸어 전체 노동자들의 단결을 도모하였다. 그
러나 미군의 남한 진주 이후 공장관리운동은 계획대로 전개되지 않았
다. 해방직후부터 공장 내 일본인 사택에 들어와 기거하던 조선인 노동
자들이 모두 쫓겨나고, 미군이 대신 그곳에 입주하였다. 본사 기술부에
근무하던 공장관리위원장 양인선은 공장이 소유한 광석이 미국에 유출
되고 있는 실상을 확인한 뒤 반대투쟁을 벌이다 파면되었다.62)

 공장관리운동을 통해 보호·관리된 산업시설은 국가기구의 형성과
함께 당국에 이관되었다. 이제 다음 과제는 그것을 원상태로 복구해 운
영을 정상화하고, 일제시기 이상의 수준으로 생산고를 끌어올리는 일
이었다. "복구⇨정상화⇨증산"의 과정은 산업부문뿐만 아니라, 국가건
설에 착수한 북한의 모든 분야에 적용될 수 있는 일반적 재건과정이었
다. 그 재건기간의 단축을 바란 북한은 소련의 선례를 따라 공훈을 세
운 이들에게 아낌없는 표창과 인센티브를 수여하였다. 표창과 인센티
브 수여를 통한 명예적·물질적 동기부여는 많은 인민들을 국가건설운
동에 동원할 수 있는 효과적 수단이었다.

 생산성 향상을 통해 인민경제계획을 초과 달성한 모범노동자·모범
농민뿐만 아니라, 분야를 막론하고 우수한 실적을 올려 타인의 모범이
된 이라면 누구나 표창과 인센티브를 받을 수 있었다. 비생산직에 종사
한 이들과 군인들도 예외는 아니었다. 조선인민군 1사단 포병연대 3대
대 7중대 1소대장 이관호는 평소 군사학습과 훈련에 적극적이고, 열병
식 준비를 비롯한 각종 사업에 모범을 보인 청년군인이었다. 다른 군인
들의 귀감이 된 그는 북조선인민위원회 위원장 김일성, 포병부상 무정,
연대장 최현, 연대장 허봉학, 연대장 강병찬 등으로부터 7차례에 걸쳐

---

62) 양인선, 1948.11.1, 「흥남공업대학교 교수 양인선 자서전」, NARA RG242
   SA2007 Box Item18.

표창을 받았다.63) 표창을 수여한 주체는 중앙·도·시·군·면 인민위원
회, 북조선인민회의, 북조선인민위원회 위원장 김일성 등이었다. 가장
많은 표창자를 배출한 산업부문의 경우, 산업국장과 공장·광산 지배인
등이 수여한 상도 있었다. 수여 기관에 따라 상의 권위와 상금·상품의
규모가 달랐다.

한편 1947년경 인민경제계획 완수가 산업부문의 핵심과제로 설정됨
에 따라, 계획목표를 초과 달성한 이들에게 표창과 인센티브가 수여되
었다. 1948년 4월 1일부터 황해도 국영 재령광산 채광부로 일한 이경
세는 그 해 8·15해방 기념일 모범노동자로 추천돼 1,100원의 인센티브
를 받았다.64) 그의 한 달 임금에 해당한 금액이었다. 노동자들이 생산
계획량 초과 달성을 통해 인센티브를 챙겼다면, 기술자들은 생산량을
현저히 끌어올릴 수 있는 기술 혁신을 통해 인센티브를 챙겼다. 인산
첨가법을 활용해 유안 제조에 성공하고 유안의 품질까지 끌어올려 노
력 절감에 기여한 흥남비료공장 기술자 이홍구는 북조선인민위원회위
원장·북조선인민회의의장·산업국장 표창을 받았다.65)

흥남지구 인민공장 기술자 송종기는 일제시기에 흑연전기선광법 개
발로 특허를 취득해, 일본 기술원과 만주국정부로부터 기술상을 받은
전도유망한 인재였다. 그는 1947년 8·15돌격주간을 맞아 흥남 5대 공
장 중 가장 뒤처진 제련공장에 파견되었다. 그 공장에 대한 생산지도
임무가 그에게 맡겨졌다. 그는 전해조의 기능 향상과 전류 효율 향상에
기여한 공로를 세워 흥남지구 인민공장 지배인상을 받았다. 1947년 9

63) 李寬浩, 1950.1.18, 「조선인민군 제17포병연대 대대장 이관호 군관표창등록표」,
　　 NARA RG242 SA2009 Box10 Item21.10.

64) 李京世, 1949.7.17, 「황해도 국영 재령광산 채광부 이경세 이력서」, NARA
　　 RG242 SA2010 Box Item107.

65) 이홍구, 1948.11.29, 「함경남도 흥남비료공장 기술자 이홍구 자서전」, NARA
　　 RG242 SA2007 Box Item18.

월 1일 흥남제련소 생산차장에 임명된 뒤에도 기술 혁신을 통해 4/4반
기의 생산실적을 연간 계획의 154.2%까지 끌어올려, 북조선인민회의와
북조선인민위원회의 표창을 받는 영예를 안았다.[66]

생산성 향상에 이바지한 노동자·기술자뿐만 아니라, 다양한 방식으
로 국가건설운동에 기여한 많은 이들에게 표창과 인센티브가 수여되었
다. 황해도 해주 제2중학교 교사 김병기는 문맹퇴치사업에 기여한 공
로를 인정받아 해주시인민위원회상을 받았다.[67] 함경북도 보건연맹위
원장 성주영은 해방 직전 소련군과 일본군의 전투로 파괴된 적십자병
원 복구에 기여한 의사였다. 그 공로를 인정한 함경북도인민위원회는
그에게 표창장과 2,300원의 인센티브를 수여하였다.[68]

영화 연출가 신두희는 북한 영화 발전에 기여한 공로를 세운 인물이
었다. 일본의 진보적 영화사인 "예술영화사"에 몸담은 적이 있는 그는
귀국한 뒤 "서울키노"의 동인으로 활약하였다. 1946년 4월경 평양에
파견돼 북조선공산당 중앙위원회 선전부 영화반원으로 활동하였다. 그
는 38선 이북지역의 "민주 발전 성과"와 남북한의 "판이한 정세"를 기
록물로 제작하여 선전하는 일에 힘썼다. 북조선국립영화촬영소가 설립
된 뒤 연출자로 활동한 그는 영화 "북조선"의 제작에 기여한 공로를 인
정받아, 1947년 7월 2일 북조선인민회의 상임위원회상을 수상하였다.[69]

표창장이 대중들의 명예적 동기부여에 일조했다면, 상금과 상품은

66) 송종기, 1948.11.27, 「함경남도 국영 흥남제련소 기사장 송종기 이력서」, NARA
RG242 SA2007 Box Item18 ; 송종기, 1948.11.28, 「함경남도 국영 흥남제련소
기사장 송종기 자서전」, NARA RG242 SA2007 Box Item18.
67) 金昞基, 1949.5.15, 「황해도 해주공업전문학교 교원 김병기 이력서」, NARA
RG242 SA2007 Box Item20.3.
68) 成周英, 1948.8.10, 「함경북도 청진시 중앙병원 원장 성주영 이력서」.
69) 申斗熙, 1948.10.25, 「흥남공업대학교 교원 신두희 자서전」, NARA RG242
SA2007 Box Item18.

물질적 동기부여에 일조했다. 경제적 인센티브에 해당한 상품의 종류
는 이루 나열하기 힘들 만큼 다양했다. 여성사업 발전에 기여한 황해도
재령군 여성동맹위원장 최봉춘은 군인민위원회로부터 비누 한 장을 받
았고, 같은 군 신원면의 모범농민 정수봉은 면인민위원회로부터 놋쇠
그릇 하나를 상품으로 받았다.[70] 그보다 더 값나가는 상품을 받은 이
들도 있었다. 이를테면 학교건물 신축에 기여한 공로를 세운 강원도 금
화군 금성중학교 교장 홍영진이 중학교후원회로부터 받은 상품은 은수
저와 식기류였다.[71]

　대중들의 근로욕과 증산욕을 더 자극할 수 있는 경제적 인센티브인
상여금 지급도 활발히 이루어졌다. 교육사업에 성과를 거둔 황해도 재
령여자중학교 교사 박봉섭은 한 달 봉급에 해당하는 현금을 재령군인
민위원회로부터 받았고, 같은 공을 세운 함경남도 단천고급중학교 교
사 김병성은 단천군인민위원회로부터 상금 1,900원을 받았다.[72] 황해
도 은율군 내 인민학교와 중학교 교장을 두루 거친 주계신은 교육부문
인민경제계획 완수에 기여한 교육자였다. 그는 그 공로를 인정받아 북
조선인민위원회위원장 김일성이 수여한 금일봉 3,000원을 비롯해,
1948년 한 해 동안 네 차례에 걸쳐 총 6,800원에 달하는 거액의 상금을
손에 넣었다.[73]

　대중들의 근로욕과 증산욕을 자극한 인센티브는 물질적 인센티브에

---

70) 최봉춘, 1949, 「황해도 재령군 여성동맹위원장 최봉춘 이력서」, NARA RG242
　　SA2010 Box Item107 ; 정수봉, 1949.7.24, 「황해도 재령군 신원면 송학리 세포
　　위원장 정수봉 이력서」, NARA RG242 SA2010 Box Item107.
71) 홍영진, 1949.9.27, 「강원도 철원중학교 교무주임 홍영진 이력서」, NARA
　　RG242 SA2011 Box7 Item23.
72) 朴奉燮, 1949.10.17, 「황해도 재령군 장수중학교 교장 박봉섭 이력서」 ; 金炳聲,
　　1948.10.14, 「흥남공업대학교 수학교원 김병성 이력서」, NARA RG242 SA2007
　　Box Item18.
73) 주계신, 1949.11.21, 「평양 제2중학교 교무주임 주계신 자서전」.

국한되지 않았다. 정치적 인센티브도 광범하게 활용되었다. 국영 흥남 비료공장 기사장 이재영은 1947년 8월 15일부터 만 1년 동안 인민경제 계획 목표 달성에 기여한 공로를 세워, 총 6차례에 걸쳐 북조선인민위 원회상·북조선인민회의상·산업국장상·흥남인민공장지배인상 등을 받 았다. 타의 추종을 불허할 업적을 쌓은 그는 "노동영웅" 칭호를 얻었 고, 1948년 8월경 조선최고인민회의 대의원에까지 오를 수 있었다.[74] 북한은 국가건설운동에 탁월한 업적을 쌓아 "노동영웅" "농민영웅" 등 의 반열에 오른 이들을 노동당이나 국가기구의 요직에 발탁하였다. 대 중들이 본받을 수 있는 모범 인간형을 창출해, 그들을 경쟁적으로 국가 건설운동에 동원하려는 의도에서였다.

인센티브의 영향이든, 순수한 민족애나 애국심의 발로이든, 자아실현 의 일환이든 간에, 많은 이들이 자신이 소유한 재산·지식·기술·노동· 재능 등을 바쳐 새 국가 건설에 이바지하고자 했다. 니혼(日本)대학 건 축과를 나와 김일성종합대학 건축과 교수직에 지원한 김응상(金應相, 1916년 3월 29일생)은 건축재료의 개발을 통한 국가건설운동 기여를 모색하였다. 어렸을 때부터 완구 제작에 소질을 보인 그는 1931년 평 양 광성중학교 입학 이후 과학자들의 전기문에 빠져들었다. 그에게 가 장 큰 영감을 준 인물은 "실천적 발명가" 에디슨이었다. 에디슨 전기문 을 읽고 발명가의 꿈을 품은 그는 기계 수리에 흥미를 붙였고, 더 나아 가 수상스키 발명에 착수하였다. 관심 있는 책은 과학잡지뿐이었고, 사 귀는 친구들도 발명이나 기계 수리에 취미를 가진 이들이었다. 문학과 사회과학은 전혀 그의 관심을 끌지 못했다. 단지 발명으로 조선인민에 게 공헌하겠다는 단순한 생각만이 그의 머릿속을 지배했다.

만 20세가 된 1936년경 그는 훌륭한 발명가를 꿈꾸며 일본 유학길에

---

74) 이재영, 1948.11.27, 「함경남도 국영 흥남비료공장 기사장 이재영 이력서」, NARA RG242 SA2007 Box Item18.

올랐다. 동경고등공업학교 기계과에 입학한 그는 중학시절에 몰두하다 손을 놓고 있었던 수상스키 발명을 마무리해 특허를 취득하였다. 그러나 그 학교의 형편없는 강의수준은 오랜 취미였던 발명을 그의 관심에서 멀어지게 했다. 1938년경 니혼대학 건축과로 전과한 그가 더 관심을 가지게 된 분야는 조선의 건축이었다. 전공을 바꾼 뒤 여름방학을 맞아 조선에 귀국한 그는 경주 등지의 고건축물들을 답사하며 각지의 농촌 주택을 조사하였다. 그 과정에서 그의 관심은 점점 조선 주택의 개량문제로 옮겨졌다. 대책을 찾기에 골몰하던 그는 많은 전문가들의 논설과 씨름하였다.

조선의 주택문제는 그의 관심을 사상적 방면으로까지 넓혀주었다. 주택 개량 문제가 정치경제적으로 해결되어야 함에도 불구하고, 일제의 식민통치를 받고 있는 조선은 그 문제를 독자적으로 해결할 길이 없었기 때문이다. 그러한 한계를 자각한 김응상은 먼저 시대에 따른 건축양식의 변화를 파악할 수 있는 건축사 연구에 착수하였다. 그는 곧 조선과 일본 고건축물들의 대략적 양식을 이해할 수 있었다. 그가 보기에 건축은 당대의 정치·경제·문화를 반영하는 상징물이었다. 그러나 현대건물과 달리 편용적 가치와 사회적 가치를 결여한 고건축물들은 그에게 단지 미래 건축 발전의 참고자료로서만 의의를 지닐 뿐이었다.

한편 그는 원시공산주의시대로부터 현대에 이르기까지 건축 발전사를 훑어볼 때, 건축 조형 발전의 원동력은 건축 재료의 생산에 있다고 보았다. 그럼에도 불구하고 20세기 과학 발전의 혜택을 받지 못한 조선은 농촌주택 재료로 전혀 가공하지 않은 흙과 나무만을 사용할 뿐이었다. 그는 조선의 기후에 비추어볼 때 부족한 목재가 아닌, "불소연와(不燒煉瓦)"를 제조해 농촌주택 재료문제를 해결해야 한다는 결론에 다다랐다. 그는 먼저 일본의 흙으로 실험해 성공을 거둔 뒤, 조선 각지의 흙을 채집하여 다시 실험에 착수했다. 마찬가지로 조선 농촌주택 재

료문제를 흙으로 해결할 수 있다는 자신감을 얻었다. 그러나 미공군의
일본 공습이 잦아지자 그의 연구는 중단될 수밖에 없었다. 그는 1945
년 4월경 귀국길에 올랐다.

해방을 맞기까지 그는 시멘트 대용토를 찾아 각지를 돌며 조사하였
다. 조사결과는 몹시 암울했다. 북한지역에서 얻을 수 있는 건축재료라
곤 시멘트·목재·연와 밖에 없었다. "왜놈들"이 200여 종의 건축재료를
생산한 반면, 조국 조선의 건축재료가 원시상태에 가깝다는 진단은 그
에게 큰 자괴감을 안겨주었다. 그는 조선의 건축 발전에 이바지하려면,
먼저 건축재료를 연구하여 조선에 적합한 재료를 생산해야 한다는 결
론에 다다랐다. 새 국가 건설에 헌신하기로 각오한 그는 건축재료를 연
구하며 후배 연구자들을 양성하고자 김일성종합대학 건축과 교수직에
지원하였다.[75]

5. 맺음말

해방 후 국가건설에 착수한 북한은 다양한 곤경에 봉착하였다. 식량
난과 물자의 부족 외에도 식자층 인재의 부족이 절박한 상황이었다. 특
히 기술자 부족이 산업시설의 신속한 복구와 원활한 운영을 가로막았
다. 그것은 공장과 산업시설의 요직을 독점해온 일본인 기술자들의 귀
국과 함께 악화되었다. 일본인 기술진과 경영진의 공백을 대체해야 했
던 조선인 기술자들은 과중한 업무에 시달렸을 뿐만 아니라, 그간 소외
돼 왔던 경영업무를 주도적으로 처리해야 했다. 식자층 인재의 부족은
산업부문 기술진에 국한된 문제라기보다, 북한사회의 전부문이 직면한

---

75) 金應相, 1947.8.12, 「김일성종합대학교 건축과 교수 지원자 김응상 자서전」,
    NARA RG242 SA2006 Box12 Item32.1.

난관이었다. 전문인력 양성에 앞서 북한은 임시방편으로 일본인 기술자 억류조치를 단행하는 한편, 학식을 갖춘 고학력자들을 적극적으로 발탁해 국가건설상의 난관을 극복하고자 했다.

식자층 인재의 부족은 향후 북한을 이끌 간부의 저수원을 어디에서 찾을 것인가에 대한 고민을 낳았다. 물론 일차적 저수원은 고등교육을 받은 북한지역 주민들이었다. 그들 가운데 항일투쟁에 참가한 경력을 지닌 이들이 우선적으로 발탁되는 경향을 보였다. 일제에 협력한 전력을 지닌 공직자 출신도 혐의가 경미한 생계형 부역자에 속했다면, 기존 공직에 그대로 유임될 수 있었다. 그들 중 전문직·기술직 종사자들은 더 관대한 처분을 받았다. 친일전력을 비롯한 전문가들의 각종 과오와 결점들은 사상적 문제를 제외하면 대체로 묵인되는 경향을 보였다.

그러나 새로운 국가 건설을 이끌 간부진과 기술진을 그들만으로 꾸리기에는 턱없이 부족했다. 식자층 인재의 총동원을 모색한 북한은 비생산직 분야에서 활동하고 있는 이공계 출신 고학력자들의 생산직 복귀를 지시했을 뿐만 아니라, 비이공계 출신 고학력자들까지 전문직에 발탁하였다. 특히 고학력을 지닌 비전문가들의 전문직 진출은 법조계와 교육계에서 두드러졌다. 법률교육을 받은 경험이 없는 이들이 단기교육을 이수한 후 판검사나 변호사에 발탁되었고, 자격증을 취득하지 않은 식자층 인재들이 교원에 임용되기도 했다.

극심한 전문인재 부족에 시달린 북한은 국내 식자층에게만 눈을 돌리기보다, 북한지역 밖에 거주하는 조선인 인재 활용방안에도 주목하였다. 만주와 남한지역에 거주한 인사들이 주 대상이었다. 특히 "초빙"이라는 이름 아래 남한 전문가층 견인이 조직적으로 이루어졌다. 북한 당국은 초빙대상으로 "국립 서울대학교 설립안"에 반대하여 직장을 사직한 "국대안 반대운동" 참여자들을 주시하였다. 1946년 10월 1일에 개교한 김일성종합대학과 조선 최대의 공업단지를 관할한 함경남도인민위원회가 남한지역 전문가 초빙에 적극성을 보였다.

일제의 억압적 식민통치를 경험한 대중들은 조선의 해방에 감격하며 국가건설운동에 적극 참여하였다. 해방직후 조선인들의 건국운동은 일제시기에 세워진 산업시설·공공기관·인프라 등의 접수와 관리에서 출발하였다. 조선인들은 그러한 자산들을 일제의 식민 착취 산물로 인식해, 새 국가 건설의 물적 토대로 활용하고자 했다. 따라서 그들은 해방과 함께 일제의 권력이 와해되자, 그간 일본인들 위주로 운영돼온 산업시설·공공기관·인프라 등을 접수해 보호·관리하기 시작했다. 이른바 "공장관리운동"으로 일컬어진 이 운동의 목표는 공장과 탄광 등의 산업시설을 온전히 보존하여 새로이 수립될 국가에 이관하는 일이었다. 공장을 외부인들의 침탈로부터 방비하는 일뿐만 아니라, 조선인들 스스로 운영·관리하는 일도 공장관리운동의 주요 과제였다. 북한은 가능한 많은 인민들을 복구사업과 건설운동에 동원하고자, 사회 각 분야에서 공훈을 세운 이들에게 아낌없는 표창과 인센티브를 수여하였다.

| 참고문헌 |

1947, 김일성종합대학 교원 자서전, 이력서, 평정서

1948, 평양의학대학 교직원 자서전, 이력서, 평정서

1949, 강원도 금화군 중등학교 교원 자서전, 이력서, 평정서

1949, 강원도 평강군 중등학교 교원 자서전, 이력서, 평정서

1949, 조선민주주의인민공화국 민족보위성 간부 자서전, 이력서, 평정서

1949, 조선인민군 하사관 병사 자서전, 이력서, 평정서

1949, 조선중앙통신사 직원 자서전, 이력서, 평정서

1949, 청진의과대학 교원 자서전, 이력서, 평정서

1949, 평양공업대학 교원 자서전, 이력서, 평정서

1949, 평양교원대학 노어과 학생 자서전, 이력서, 평정서

1949, 평양교원대학 역사과 학생 자서전, 이력서, 평정서

1949, 평양교원대학 지리과 학생 자서전, 이력서, 평정서

1949, 함경남도 영흥군 영흥중학교 교원 자서전, 이력서, 평정서

1949, 함경남도 함주군 주지고급중학교 교원 자서전, 이력서, 평정서

1949, 함흥의과대학 교원 자서전, 이력서, 평정서

1949, 황해도 벽성군 참심원 자서전, 이력서, 평정서

1949, 황해도 송화군 참심원 자서전, 이력서, 평정서

1949, 황해도 은율군 참심원 자서전, 이력서, 평정서

1949, 황해도 재령군 삼강중학교 교원 자서전, 이력서, 평정서

1949, 황해도 재령군 장수중학교 교원 자서전, 이력서, 평정서

1949, 흥남공과대학 교원 자서전, 이력서, 평정서

한국전쟁 이후 개성주민 삶의 변화 연구

박소영(동국대학교)

한국전쟁 이후 개성주민 삶의 변화 연구*

박소영**

1. 서론

전쟁은 사람들의 삶에 매우 직접적이고 폭력적으로 간섭한다. 많은 인명피해가 발생하고, 수많은 가족과 마을공동체가 파괴·해제된다. 생활터전 역시 황폐해지기 마련이다. 전쟁은 개인에게 적과 아를 구분하도록 선택을 강제하며, 개인은 엄청난 폭력을 경험한 이후 대부분 당장의 국가권력을 선택할 수밖에 없다. 어디에 살고 있었는지, 그 지역을 누가 점령했는지에 따라 주민들의 삶이 변화된다. 또한 고향을 떠나온 사람들, 떠나야 했던 사람들도 존재한다. 삶의 기반을 떠난 것은 낯선 지역과 낯선 인간관계에서 새롭게 정착하고 시작하는 것을 의미한다. 무엇 하나 충분치 않은 전쟁 시기에 그것은 또다른 전쟁이었다.

* 이 글은 통일인문학 제66권(2016)에 수록된 논문임.
** 동국대학교

한국전쟁이 끝난 이후 38선과 휴전선이 달라지면서 이 지역에는 지배 정권이 교체되었다. 철원, 고성, 양양, 인제, 양구 등은 북한 지역이었다가 남한으로, 개성, 옹진, 남연백군 등은 남한 지역이었다가 북한으로 편입되었다. 다른 체제를 경험한 지역을 점령한 정권은 각자의 체제와 질서를 이식하기 위한 정책을 실시했고,[1] 주민들은 갑작스러운 지배정권의 변화에 익숙해져야 했다. 개성지역 주민 역시 한국전쟁 중 북한군에 점령당한 이후 잔류와 월남 사이에서 선택해야 했다. 개전 초기 월남시기를 놓친 개성주민들은 연합군의 1.4 후퇴가 시작되자 본격적으로 피난을 고민했다. 북한정권의 탄압을 우려한 상공업자들은 인삼종자와 일부 재산을 가지고 적극적으로 월남하였다. 그러나 대다수의 개성주민들은 전쟁 이전 개성지역이 남한의 지배영역이었기 때문에 북한의 점령을 일시적인 것으로 판단하고 월남에 적극적이지는 않았다. 그러나 남아있던, 떠났던 어떤 경우든 전쟁 이후 개성주민의 삶에는 엄청난 변화가 나타났다.

비슷한 성장 배경을 가졌던 한 집안사람들도 한국전쟁 이후 전혀 다른 삶을 살아야 했다. 개성지역의 대표적인 가문이었던 곡부공씨 일가는 이에 대한 주목할 만한 사례를 제공하고 있다. 곡부공씨 일가는 개성지역의 부자들이 그렇듯이 조선후기 인삼을 재배하면서 부를 축적했고 넓은 농토의 주인이었다. 이들은 일제강점시기 역사의 파고 속에서도 개성의 상권과 기득권을 지켰고, 인삼업을 기반으로 근대적 상인으로 거듭났다. 이 집안의 두 사촌형제인 공진태와 공진항은 집안의 경제력을 바탕으로 일본과 프랑스에 유학하면서 전문지식인으로 성장했다.

---

1) 한모니까, 「'수복지구'와 '신해방지구' 편입 비교 – 영토점령과 제도 이식을 중심으로」, 『동방학지』 제170호, 연세대 국학연구소, 2015, 234~235쪽 ; 박소영, 「북한의 신해방지구 개성에 관한 연구 – 지방통제와 지방정체성을 중심으로」, 동국대학교 박사논문, 2010.

이들의 삶은 오히려 해방이후 급변하게 된다. 본 연구는 이 두 사촌 형제를 통해 한국전쟁 중 선택을 했던, 혹은 선택을 강요받았던 개성주민들의 삶을 추적하고자 한다. 물론 이들이 개성주민들을 대표하지도, 한국전쟁 이후 실향민의 아픔과 삶을 대변하지는 못할 것이다. 그러나 개성이라는 지역과 개인이 가지고 있는 삶의 기반이 휴전이후 이들의 삶에 어떤 영향을 끼쳤는지 살펴보고, 한국전쟁의 영향 속에 살았던 사람들의 또다른 이야기를 해보고자 한다.

2. 남은 사람들

2.1. 남겨지다. 남다(?)

해방직후 남북을 분단했던 38선은 개성지역을 둘로 나누었다. 주민들의 생활반경조차 고려하지 않고 임의대로 만들어진 38선으로 인해 접경지에 위치한 마을에서는 분쟁이 심심치 않게 일어났다.2) 38도선에 있었던 개성지구 화장리에서는 남과 북 중 어느 쪽의 통제를 받는지에 대해 분란이 발생하여 주민투표를 실시하여 72호는 남한에, 40호는 북한 관할이 되어 하나였던 마을이 나눠지기도 했다.3) 이 경계선을 따라 백여 미터 정도의 간격만을 두고 남북 군인들이 배치되었기 때문에 개성지역은 개전 전에도 소규모 교전이 종종 있었다. 교전이 아니더라도 개성주변에 배치되었던 군경의 훈련으로 총성소리를 듣는 것은 개성주민의 일상이었다.4) 1950년 6월 25일 새벽 개성주민들은 전쟁시작에 대

---

2) 한국전쟁 이전 38선 근처 분쟁 연구는 정병준, 『한국전쟁 – 38선 충돌과 전쟁의 형성』, 돌베개, 2006 참조.
3) 양영조, 『한국전쟁 이전 38도선 충돌』, 국방군사연구소, 1999, 120~123쪽.

한 별다른 정보 없이 내려오는 대형화물차와 장갑차를 보고서야 개전되었음을 알 수 있었다. 개성은 한국전쟁이 시작된 후 불과 5시간 만에 북한에 점령되었다. 따라서 많은 개성주민들은 피난할 시기를 놓치고 남아 북한군의 점령을 지켜봐야만 했다.

즉 개전초기 대다수 개성주민은 그들의 의사와는 상관없이 남겨졌다. '남겨진' 개성주민은 점령군과 함께 들어온 북한정권을 의심어린 눈으로 지켜볼 수밖에 없었다. 한국전쟁이 시작되기 전부터 접경지역에 대한 남한정부의 통치력은 확대되어 있었고, 1949년부터 중학교 이상 모든 교육기관에서는 '반공'과 '애국심' 고취를 위한 교육이 확산되어 있었다.[5] 북한의 사회주의적 개혁에 반대하여 월남한 이들에 의한 북한정권에 대한 비방도 만연해 있었다.[6] 게다가 국군이 서울을 수복하고 북상하면서 직접적인 교전까지 겪어야 했던 개성주민들에게 무장한 군인을 앞세우고 들어오는 북한정권은 '점령군'과 다르지 않았다.

갑작스러운 북한의 점령에 개성주민들은 상당히 다층적이고 복잡하게 이들의 행보를 살펴보았다. 일제강점기부터 사회주의·공산주의 사상을 접했던 학생과 지식인들은 북한정권을 환영하였고, 일부는 북한의 토지개혁과 민주개혁에 대한 소식을 듣고 새로운 사회에 대한 기대를 가지고 '공포와 기쁨이 뒤섞인 복잡한 마음'으로[7] 지켜보았다. 한편으로는 '모든 게 무섭기만 하고 해서 숨어'있거나,[8] 1950년 9월 28일

---

4) 분단 직후 미소와 남북은 38도선 상의 분쟁을 해결하고, 질서를 유지하기 위해 치안병력을 편성하였다. 당시 개성을 관할하고 있었던 미군과 남한 측에서는 경찰과 정보원들이 포함된 A단 경찰본부 중 2개 초소가 배치되었다. 양영조, 위의 책, 127쪽.

5) 강일국, 「해방이후 초등학교의 교육개혁운동과 반공교육의 전개과정」, 『교육비평』 제12호, 교육비평사, 2003, 204~205쪽.

6) 「세금 감하에 관한 정령을 지지 환영하는 개성시 상공업자, 수공업자, 자유직업자들의 집회에서 한 손응식씨의 보고(요지)」, 『개성신문』, 1956. 10. 13.

7) 「그날의 회상(관훈동 양덕순)」, 『개성신문』, 1956. 6. 26.

서울이 수복되고 10월 초 유엔군의 북진으로 개성이 수복될 때까지 약 100일을 '어쩔수 없는 백일간의 赤 治下 생활은 참담'[9]했고, '식량공급과 기타 생활필수품의 조달이 완전히 절단되고 시장은 텅텅 비어'[10] 도시의 기능이 마비되었다고 술회하기도 했다.

이 같은 개성주민들의 시각과는 상관없이 북한 정권은 개성지역 인물인 김정렬을 개성시장을 새로 지명하고 인민위원회를 조직하는 등 본격적으로 통치하기 시작했다. 각급 경제·사회단체 등을 조직하고, 공장·기업소 담당자도 교체하는 등 인력배치를 새롭게 하였다. 또한 '남겨진' 개성지역 주민들을 대상으로 민주선거, 토지개혁, 노동법령, 농업현물세, 민주주의적인 세금제 등 민주개혁을 실시하였다.[11]

북한 정권의 지배정책에 적응하지 못했던 북한주민들은 1.4후퇴시기에 월남을 선택하였지만, 개성주민들은 적극적으로 월남을 선택하지 않았다. 개성주민들이 피난과 월남에 소극적이었던 이유에 대해 개성출신 월남민은 '개성사람의 특질이 착실하나 과단성이 없고, 알차지만 적극성이 없으며, 야망보다는 안존을 바라는 소극성'에 있다고 보았다.[12] 그러나 개성이 남한지역이었기 때문에 국군에 의해 곧 수복될 것을 기대하거나, 오랫동안 일궈오던 인삼경작지와 자수성가로 마련한 재산을 두고 차마 떠나지 못하거나, 북한 점령시 진행했던 토지개혁으로 땅을 분배받은 주민들은 떠나지 못하고 남았다.[13] 평소 행상으로

8) 「첫 민주선거를 맞이하는 시내 유지들과의 좌담회에서」, 『개성신문』, 1956. 10. 31.
9) 박광현, 「16세 때 겪은 개성 便衣隊와 遊擊隊 참전비화」, 『송도』 발간호, 개성시민회, 1985년.
10) 김영상, 「실화소설) C-RATION(Ⅱ)1932~1958년 김영상 자서전」, 『송도』 167호, 개성시민회, 2015, 136쪽.
11) 조순, 「해방 지구의 과거와 현재」, 『인민』 1954년 10월호, 평양: 민주조선사, 1954, 147~148쪽.
12) 박광현, 앞의 글, 14~15쪽.
13) 「행복한 김현중농민」, 『개성신문』, 1953. 12. 18.

출타가 많았던 청장년층 남자들이 직접적인 교전시기에 잠시 몸을 피한다는 심정으로 월남하였고, 나머지 주민들은 개성에 머무는 것을 선택하였다.[14] 그러나 그 누구도 남북의 분단을 상상하지 못했다. 가족과 생이별로 이어질 것도, 북한정권에서 월남자 가족으로 살아가게 되리라고도 예상하지 못했다. 일부 신념가들을 제외한 개성주민들은 지배 정권과 체제를 선택하였기 때문에 '남은' 것이 아니라 단지 고향이며 삶의 터전인 곳을 떠나지 않기로 한 것이었다.

2.2. 사회주의 인민으로

북한 정권은 한국전쟁 이후 새롭게 편입한 개성, 판문, 개풍, 옹진과 남연백군(지금 황해남도 연안군, 배천군)지역을 '신해방지구'로 명명하였다.[15] 신해방지구는 해방 후 5년간 미군정과 남한의 '반공'적 통치를 받은 곳이기 때문에 봉건사상의 잔재가 남아있고 자본주의적 사상이 농후하다고 평가했다. 또한 정치·경제·사회문화적으로 다른 북한의 지역과는 차이가 있기 때문에[16] 이들을 통치하기 위한 특별한 정책을 실시하였다. 신해방지구에서 진행된 정책은 정치경제적인 배려를 통해 북한정권의 호감도를 높이고, 주민들에 대한 일상적인 통제·감시를 통해 주민들을 일탈을 방지하는 것이었다.[17]

한국전쟁이 끝난 개성은 이전의 개성과는 분명 달라졌다. 개성주민

---

14) 박규희, 「망향의 40년」, 『송도』 발간호, 개성시민회, 1985년.
15) 강상호, 「신해방지구에서 농업협동화를 위한 투쟁과 빛나는 승리」, 『경제연구』 1990년 4권, 평양: 과학백과사전 출판사, 1990, 43쪽.
16) 리택정, 「신해방지구에 대한 정부의 시책을 철저히 리행할 데 대하여」, 『인민』 1954년 1호, 평양: 민주조선사, 1954, 91~92쪽.
17) 신해방지구 정책의 자세한 내용은 박소영, 「북한의 신해방지구 개성에 관한 연구 -지방통제와 지방정체성을 중심으로」, 동국대학교 북한학과 박사논문, 2010 참조.

중 일부는 월남하였고, 북쪽의 많은 주민들이 폭격을 피해 개성지역으로 내려와 있었다. 전쟁 중 다양한 이유로 월북한 사람들도 남한과 가깝고 안전한 개성지역에 머무르고 있었다. 북한정권의 통치가 본격화되면서는 각지의 간부들이 개성에 파견되는 등 주민구성원의 출신지와 구성이 다양해졌다.

북한 정권은 전쟁 중에도 주민관리에 대해 많은 관심을 보였다. 전쟁을 통해 점령한 남한지역에서도 토지개혁과 민주개혁을 실시하면서 공민증 등록사업을 실시하였으며, 전쟁이 휴전선을 교착된 이후인 1951년 7월부터는 북한 지역에서 공민증 검인사업을 진행하였다.[18] 1952년 12월부터는 개성을 비롯한 신해방지구에서도 '공민증 검인등록'사업을 실시하였다.[19] 이미 1947년 미군정과 남한정권 아래 주민등록사업에 참여하고 '등록표'[20]를 받았던 개성주민들은 이 같은 '공민증 검인등록'사업을 통해 북한정권 아래 공민이 '될'것임을 인지하였다.

1953년 7월 휴전이 되면서 국군의 재수복과 남한정부로의 재귀속은 불가능해졌고, 신해방지구에 남아있던 주민들은 북한의 '인민', '공민'으로 살아가게 되었다. 북한 점령 아래 주민들의 경제사회적 기반부터 달라졌다. 개성은 조선시기 이후 개인상공업자와 기업가들이 농업종사자들보다 많은 지역이었다. 일제강점시기였던 1938년 개성지역의 직업별 인구통계에 의하면, 총인구 66,616명 중 상업 종사 인구 21,290명, 공무 및 자유업 종사 인구는 11,364명으로 농업 종사 인구 4,839명에 비해 월등하게 많은 것으로 조사되었다.[21] 해방이후인 1948년도에는

18) 「림시증명서 교부 및 공민증 검인사업 ─ 8월 1일부터 일제이 실시」, 『로동신문』, 1951. 7. 7.
19) 이준희, 「한국전쟁 前後 '신해방지구' 개성의 농촌사회 변화」, 연세대학교 사학과 석사논문, 2015, 45~47쪽.
20) 김영미, 「해방 이후 주민등록제도의 변천과 그 성격 ─ 한국 주민등록증의 역사적 기원」, 『한국사연구』 136호, 한국사연구회, 2007, 292~295쪽.

농업 종사자가 크게 증가하여 13,511명이 되었는데, 이는 해방이후 일
본인 적산 토지를 불하받은 농민과 38선 이북에서 내려온 월남민이 농
업노동자가 되었기 때문이다.[22] 그러나 개성의 대표적인 시장이었던
도교시장 상인 500여명을 포함하여 상업종사자는 22,540명으로 여전히
개성 경제를 주도하고 있었다.[23]

한국전쟁 이후 북한이 개성을 점령한 이후 동요가 심했던 계층이 이
러한 상인계층이었다. 개성지역의 상인들은 어릴 때부터 상점 직원으
로 시작하여 타지에 나가 장사를 하여 자수성가하는 것을 자부심으로
여겼기 때문에 개인소유제를 부정하는 사회주의체제에 호의적이지 않
았다.[24] 따라서 개성지역을 점령한 초기 북한정권은 불신에 가득찬 이
들을 포섭하기 위한 정책을 진행하였다. 우선 개인 인삼업과 상공업을
보장하고 지역의 유지들을 포섭하는 등 기존의 지역질서를 유지하면서
경제적 기반이 없었던 여성이나 무산계층의 지지를 확보하기 위해 개
인에게 토지를 분배하였다.[25] 전쟁 중 파괴된 지역의 문화유산을 복구
하거나 학교를 개교하는 등 주민들의 일상을 회복하도록 지원하기도
했다. 그러나 1955년 이후 본격적인 사회주의 경제체제로의 이행을 위
해 농업 및 상공업협동화 운동을 진행하면서 개인인삼업과 상공업은
더 이상 장려되지 않았다. 김일성은 '개인농민경리 및 개인상공업을 사
회주의적으로 개조할 것'을 강조하였고,[26] 1955년 6월 조선로동당 중

---

21) 「일요란)향토연구 – 주민과 도시시설(김영봉)」, 『개성신문』, 1957. 11. 3.
22) 이준희, 앞의 논문, 12~13쪽.
23) 「일요란)향토연구 – 주민과 도시시설(김영봉)」, 『개성신문』, 1957. 11. 3.
24) 박규희, 앞의 글.
25) 리택정, 앞의 논문, 93~94쪽 ; 박소영, 앞의 논문, 150~155쪽.
26) 김일성, 「모든 힘을 조국의 통일독립과 공화국북반부에서의 사회주의건설을 위
    하여 – 우리 혁명의 성격과 과업에 관한 테제(1955년 4월)」, 『김일성저작집』 9권,
    평양: 조선로동당출판사, 1980, 232~233쪽.

앙위원회에서는 농업협동조합 결성을 위한 집중지도사업을 전개하였다.27)

사회주의 체제 이행을 위한 정책이 집행되면서도 개성지역은 변화속도가 늦은 지역 중 하나였다.28) 1955년 전국 평균 농촌경리의 협동화 비율이 전 농호수에 대해 49%를 차지하고 있을 때에도 개성지역은 15.8%에 불과하였다. 또한 1957년 3월까지 조직된 농업협동조합의 50% 정도는 토지에 대한 사적인 소유는 보장하고 있는 제 2형태를 유지하고 있었다.29) 이는 인삼재배와 판매 등 상업적 농업에 대한 경험이 많고 개인 소유에 대한 집착이 강하여 협동화에 쉽게 익숙해지지 않았기 때문이었다. 그러나 1957년 말에는 중앙당 집중지도 및 다양한 정권차원의 노력이 진행되면서 94%의 농가가 협동조합에 들어가면서 농업협동화가 완성되었다. 인삼을 재배하는 농가들도 1957년 공예작물의 협동경작이 확대되면서 1958년 8월 농업협동화가 완료된 이후에는 국영농장 산하에 있는 인삼농장과 협동경리로 양분되었다.30)

1957년 하반기부터는 개인상공업자를 생산협동조합과 국영기업소로 편입시키기 위한 정책이 본격화되었다. 이를 위해 생산협동조합이나 국영기업소에는 원자재 및 자금, 기술전수에 대한 우선권과 세금혜택을 주는 등 각종 특혜를 주었다. 이에 반해 개인상공업자와 수공업자들의 활동에는 제약을 강화하였다. 1957년 11월 채택한 내각결정 재 104호 '개인 상공업에 대한 지도를 개선할 데 관한 결정'에는 1957년 12월 1일부터 무허가 상행위를 근절하기 위한 허가 갱신 사업과 국정소매가격제를 실시하도록 하였다.31) 이어 1958년 1월 1일부터는 개인기업가

---

27) 김성보, 「전쟁과 농업협동화로 인한 북한 농민생활의 변화」, 『동방학지』 143권, 연세대학교 국학연구원, 2008, 340쪽.
28) 『조선중앙년감』 평양: 조선중앙통신사, 1958, 193쪽.
29) 강상호, 앞의 논문, 45쪽.
30) 이준희, 앞의 논문, 61~62쪽.

및 수공업자 생산품에 대한 검사제와 기업 등록제와 인가제 실시, 고리
대금과 투기행위의 법적 금지, 누진과세제도를 도입하였다.[32]

이 같은 분위기는 개성지역에서도 동일하게 적용되어 개인상공업자
들이 위축되었다. 일제강점기까지의 개성은 '상인의 성지'가 아니라
'규모가 작은 가게방들'만이 있어 '하루의 살림도 걱정하던' 영세한 소
상인의 도시였고, 개인적으로 장사하러 돌아다니는 것에 대한 비난 여
론도 형성되었다.[33] 결국 개성지역의 개인상공업자도 생산협동조합과
소비협동조합으로 흡수되어 협동조합원으로의 삶을 살게 되었다. 많은
시장들이 사라졌고 개성의 대표적인 시장이었던 도교시장의 상점들은
국영상점이 되었다.[34] 개인상공업자가 축소된 자리에는 많은 여성 인
력을 활용할 수 있는 방직공장과 경공업공장이 들어섰다.[35] 점차 경직
되어 가던 사회분위기에서 개성주민들은 적응과 부적응 사이를 오고가
기는 했지만 결국 사회주의 인민으로 재탄생하였다.

3) 월남자의 가족으로 살아가기

한국전쟁 시기 전투와 폭격, 피난으로 인해 엄청난 사상자가 발생하
였으며, 수많은 전쟁고아 및 이산가족을 양산하였다. 특히 개성은 접경
지역으로 주민의 절반정도가 월남자 가족이라 할 만큼 이산가족이 많

---

31) 「공화국 내각에서 개인 상공업에 대한 지도를 개선할 데 관한 결정을 채택」, 『로
   동신문』, 1957. 11. 15.
32) 고승효 저, 양재성 역, 『북한경제의 이해』, 평민사, 1993, 82~88쪽.
33) 「공화국의 품속에서 경공업 지대로 전변된 개성 - 파탄과 령락의 구렁에서 허덕
   이던 소비도시」, 『개성신문』, 1958. 7. 9.
34) 「단장되는 거리」, 『개성신문』, 1956. 4. 18.
35) 박소영, 「사회주의 도시 '개성'의 연속과 변화 연구」, 『역사와 현실』 98권, 한국
   역사연구회, 2015, 370~371쪽.

았다. 해방 전부터 서울로 유학이나 장사를 갔다가 돌아오지 못한 사람, 전쟁을 틈타 장사를 하기 위해 월남한 사람, 북한정권의 사회주의적 정책에 반대하여 월남하거나 국군의 서울 수복이후 남한 측에 부역하거나 국군에 입대한 사람, 그리고 교전과 징집을 피해 잠시 남하하였다가 휴전이 되면서 돌아오지 못한 사람 등 월남 원인도 다양했다. 전쟁이 끝나자 개성에는 이처럼 다양한 이유로 집을 나섰다가 돌아오지 못한, 생사도 알 수 없는 자식과 남편을 기다리는 '이산'가족들로 가득했다.36) 한국전쟁 전후로 당시 약 9만명의 인구 중 약 30%인 3만명의 개성주민들이 월남한 것으로 파악되는데,37) 가족이 모두 월남하지 않은 한 그 이상의 월남자 가족이 있었던 셈이다.

북한정권 아래 월남자의 가족들은 헤어진 가족들에 대한 그리움, 이산의 아픔만을 가지고 살아가지 못했다. 이들은 남한의 영향을 가장 많이 받은 지역 주민이며 월남한 가족을 매개로 '간첩'이 될 가능성이 높다는 이유로 일상적인 차별을 받고 지역사회에서 소외되었다. 한국전쟁 이후 '간첩'은 간신히 안정을 찾은 일상을 위태롭게 하고 언제든지 전쟁을 속개할 수 있는 두려움과 증오의 대상이었다. 따라서 간첩행위는 단순히 상대의 정보 수집 및 사회혼란을 목적으로 한 행위 뿐 아니라, 정권의 정책을 반대하거나 의심하는 모든 행위로 확대되었고, 그 행위를 한 주민들은 '간첩' 혹은 '반혁명분자'로 취급받았다.38) 일반주민들은 대부분의 월남자들이 미군과 국군이 북상했을 때 치안대와 국군에 가입하여 월남한 것으로 인식하고 있었다. 즉 월남자들은 자신 가족의 죽음과 해체에 대한 직접적인 책임이 있으며, 그 원망과 증오를 월남자 가족에 투영한 것이다. 따라서 월남자 가족들에 대한 차별은 광

---

36) 송경록, 『북한 향토사학자가 쓴 개성이야기』, 푸른숲, 2000, 117쪽.
37) 김성찬, 「8.15와 개성」, 『개성』예술춘추사, 1970, 268쪽.
38) 「숨어있는 반혁명분자들을 모조리 적발 진압하자」, 『개성신문』, 1959. 2. 10.

범위하게 이루어졌고, 이들에 대한 적대감 역시 노골적으로 표현되었다.39)

월남자에 대해 북한 당국의 입장은 시기에 따라 조금씩 달라졌다. 한국전쟁 중에는 남한정권에 부역하여 월남한 자들을 '민족반역자'로 규정하여 재산을 몰수하고, 그 가족들도 이에 준하여 엄격하게 대하였다. 이 정책이 추진되면서 북한에 남아있던 월남자 가족들의 경제적 기반이 붕괴되었다. 그러나 월남자 가족이 많았던 개성지역에서 이로 인한 불만이 확산되자 북한정권은 월남자의 출신성분과 월남 이유·목적 등을 구분하여 전화를 피하기 위해 월남하거나 강제로 납치당한 자들의 재산은 다시 반환하도록 하였다.40) 한국전쟁 이후에는 전후복구사업과 사회통합을 위해 지주나 자본가 출신으로 적극적인 반공운동 및 반동단체 참여한 월남자 가족을 제외한 나머지 월남자 가족들에 대한 대대적인 포섭정책을 실시하였다.41) 포섭대상이 된 월남자 가족들은 좌담회와 개별담화를 조직하는 등 교양을 강화하는 대신 재산을 반환해주고 헌법상의 권리를 보장하였다. 그러나 이들에 대한 공식적인 차별은 하지 않는다는 당과 정권의 방침42)에도 불구하고 중앙당의 집중지도사업 및 당증교환사업 등 다양하고 엄격한 통제와 감시가 지속되었다.43) 휴전선 주변의 주민들은 주기적으로 주민교체사업의 대상자가 되어 고향을 떠나기도 했다. 또한 조선로동당 가입, 상급학교의 진학 및 직업선택에 이르기까지 실제적인 차별이 최근까지 지속되고 있다.44)

---

39) 김삼복, 『향토』, 평양: 문화예술출판사, 1988, 132~173쪽.
40) 리택정, 앞의 글, 96쪽.
41) 「해방지구 농민들 속에서의 사상정치선동사업 경험(조선로동당 연안군위원회 위원장 리종탁」, 『개성신문』, 1953. 12. 3.
42) 『북한총람』북한연구소, 1983, 305쪽.
43) 「황남도 당 단체 사업의 개선 강화를 위하여(집중 지도 사업에 착수)」, 『로동신문』, 1957. 4. 18.

가장이 사망하거나 월남한 이후 월남자 가족들의 삶은 쉽지 않았다.
개성은 해방 이전까지 다른 지역에 비해 경제력이 우수했고, 중산층 이
상의 비율이 높았기 때문에 대부분의 여성들은 경제적인 부담을 가지
지 않았다.45) 그러나 북한정권 아래에서 삼포를 비롯한 재산이 몰수
혹은 협동화 대상이 되자 사회적 지위와 생활수준은 하락하였다. 또한
부재한 가장을 대신하여 경제활동을 하고 가정을 이끌어야 했다. 때문
에 많은 여성들은 감시와 차별을 피하고 경제생활을 하기 위해 사회로
진출하였다. 특히 그들은 농업 및 생산협동조합에 적극적으로 가입하
였다. 협동조합에 가입하면 기본적으로 생활이 보장될 뿐만 아니라 '조
합원'이라는 소속감으로 가족이 소외되고 고립되는 것을 일정부분 방
지할 수 있었기 때문이었다.46) 조선후기 이후 일제 강점시기 가내에서
직물을 생산했던 경험을 바탕으로 개성지역에 많이 건설되었던 경공업
공장에 취업하기도 했다.47) 많은 여성들이 생활전선에 나섰지만 이들
의 삶은 전과 같아지지 못했다. 시간이 지나면서 이들에 대한 노골적인
적대감은 희미해졌지만, 자녀들까지 월남자 가족의 낙인은 지속되어
능력에 따른 교육과 취업, 사회생활이 불가능해지면서 대를 이어 사회
주도층으로 성장하지 못했다.

---

44) 정은미, 「'월남자 가족' 출신 탈북자의 사회관계자본의 변화」, 『북한학연구』 제8
    권2호, 동국대 북한학연구소, 2012, 322~335쪽.
45) 이준희, 앞의 논문, 66쪽.
46) 그 결과 개풍군에서는 1955년 800여명이, 1956년에는 5,350여명의 여성이 협동
    조합에 가입하였다고 한다. 「당의 농업정책실천을 결의 - 개풍군 녀맹 열성자 회
    의에서」, 『개성신문』, 1956. 8. 7.
47) 「공화국의 품 속에서 경공업 지대로 전변된 개성」, 『개성신문』, 1958. 7. 9.

3. 떠난 사람들

3.1. 월남민이 되다

월남민은 남북분단과 한국전쟁 전후 38도선 이북에 거주를 두고 있
던 사람들이 여러 가지 정치경제적 이유로 남쪽으로 이주한 사람을 의
미한다.[48] 당시 월남한 북한 주민의 수는 60만명~160만명 정도로 추정
되며, 월남의 이유도 다양하게 나타난다. 한국전쟁 이전에는 북한 토지
개혁과 민주개혁, 북한 정권 수립, 종교탄압, 친일파 숙청 등에 반발하
거나 남북교역 제한, 식량난·생활경제난을 피해 월남했다.[49] 이에 비
해 한국전쟁기 월남한 사람들은 폭격 피해, 원자폭탄 투여에 대한 소
문, 국군의 피난소개, 징용, 남북간 자행된 학살로 인한 생존형 월남민,
즉 '피난'을 위한 비자발적인 월남이 많다.[50] 한국전쟁이 끝난 이후 이
들은 피난지를 떠나 경기북부나 강원도의 파주, 속초, 김포 등 고향과
가까운 지역이나 서울, 부산, 인천 등 대도시에 터전을 잡았다. 서울 해
방촌이나 부산 우암동 등지에는 월남민이 공동체를 만들었고,[51] 파주
지역에는 장단군에서 월남한 6백여명의 월남민이 살면서 면민회가 만
들어지기도 했다.[52]

---

48) 김귀옥, 「해방직후 월남민의 서울 정착: 월남인의 사회·정치적 활동에 대한 접근」,
『전농사론』 9, 서울시립대 국사학과, 2003, 63쪽.

49) 김귀옥, 「정착촌 월남인의 생활경험과 정체성 ─ 속초 아바이 마을과 김제 용지농
원을 중심으로」, 서울대학교 박사논문, 1999, 29~31쪽.

50) 강정구, 「해방 후 월남동기와 계급성에 관한 연구」, 『한국전쟁과 한국사회변동』
풀빛, 1992, 111쪽 ; 김귀옥, 위의 논문(1999), 183~197쪽.

51) 이신철, 「월남민 마을 '해방촌'(용산2가동)연구」, 『서울학연구』 14호, 서울학연구
소, 2000 ; 차철욱, 「부산정착 한국전쟁 피란민의 상흔과 치유」, 『지역과 역사』
36, 부경역사연구소, 2015 등

52) 「京畿道(경기도) 坡州(파주)『越南民(월남민)마을」, 『경향신문』, 1989. 2. 9.

월남은 낯선 주거지에서 새로운 삶을 개척해야 함을 의미했다. 남한 사회에서 월남민들이 성공적으로 정착하고, 적응하는 과정에서 가장 중요한 역할을 했던 것은 학력과 남한 사회에서의 인맥이었다. 일부 지주계급 출신 월남자들은 재산과 학력, 정보력, 인맥을 바탕으로 남한사회에 정착했다.[53] 정치·종교적 이유로 월남한 사람들은 사회단체를 형성하여 자유를 찾아 내려온 '반공투사'로 성공할 수 있었다. 그러나 대다수의 월남민들은 원래 가지고 있던 경제적·사회적 기반을 포기해야 했으며, 피난 중 인명피해 등으로 가족이 해체된 경우도 많았다. 남한에 일가친척이 있었던 일부를 제외하고 국가의 도움을 기대하기도 어려웠다. 이러한 월남민들은 하루하루 생계를 유지하는 것이 가장 중요했다.[54] 월남인은 피난지에서 만난 같은 처지의 월남민들과 새로운 인간관계를 맺으며 서로를 의지하면서 남한에서의 새로운 생활터전을 일구었다. 휴전 이후에도 여전히 해방촌 등 월남민 마을을 떠나지 못한 월남민들은 1960년 이후 남한의 산업화가 진행되면서 저임금 노동자로 편입되었다.[55]

한국전쟁기 월남한 개성주민의 수는 3만명 정도로 추정된다.[56] 대부분 한국전쟁 개전 초기 월남시기를 놓치고 대부분 1.4후퇴를 전후해서 월남이 이루어졌고, 사회주의 체제 및 북한정권 지배에 대한 반발, 폭

---

53) 조은, 「부르디외를 빌려도 될까요? '월남가족'과 '월북가족'의 계급재생산에서 문화자본 읽기」, 『문화와 사회』 통권 11호, 한국문화사회학회, 2011, 80~84쪽.
54) 윤택림, 「분단의 경험과 통일에 대한 인식: 미수복 경기도 실향민의 구술 생애사를 통하여」, 통일인문학논총』 제53집, 건국대 인문학연구원, 2012, 86쪽.
55) 이신철, 앞의 논문, 114쪽.
56) 1985년 당시 국토통일원 장관 손재식은 당해 발간된 개성시민회인 『송도』지의 발간사에서는 개성 출신 월남민을 10만명으로 서술하고 있는데, 이는 3만명의 월남인이 남한에 만난 배우자와 월남2세를 포함한 것으로 판단된다. 손재식, 「개성시민회 회지 발간에 즈음하여(국토통일원 장관 손재식)」, 『송도』발간호, 개성시민회, 1985.

격 등 전화의 피해, 국군 수복 이후 북한 측 부역자·남한 점령 이후 북한 측 부역자들이 보복을 피해 월남한 것으로 분석되고 있다.[57] 월남한 개성주민들은 한국전쟁 이후 새롭게 자리를 잡은 정착 지역의 행정기관에 假호적으로 편입하면서 대한민국의 국민자격을 취득하였다.[58]

이들 역시 토지 등의 부동산이나 유형자산은 고향에 두고 월남하였지만 무형의 자산, 즉 학력과 경제력, 전문성과 출상 경험은 가지고 올 수 있었다. 조선시기 이후 전국을 대상으로 한 상업 활동을 통해 만들어졌던 인맥과 사업능력을 가지고 있었던 개성주민들은 월남 이후 삶의 터전이 바뀐 상황에서도 보다 수월하게 적응할 수 있었다.[59] 월남한 많은 삼포주인들은 고려인삼의 재배를 확대하였다. 1951년 부여에서 시작한 개성의 인삼재배는 전국적으로 확대되어 지역의 주요 특산물로 성장시켰다.[60] 특히 휴전선과 가까운 강화도 주변에 약 3천명의 개성주민들이 자리를 잡고 인삼밭을 일구었으며, 이들 중 일부는 휴전선을 넘어 개성에 있는 가족을 데리고 오기도 했다.[61]

개성주민들의 높은 교육수준도 남한 정착에 많은 도움을 주었다. 개성에는 경제력을 바탕으로 대부분의 아이들이 초등학교나 소학교 등 초급교육을 받았다. 또한 송도보고, 호수돈여고, 개성중학교, 개성여자중학교, 개성상업학교, 정화실업학교, 미림여자중학교 등 고등교육기관을 설치하여 많은 학생들이 수학하고 있었다. 해방 이후 한국전쟁에 이르기까지 인적자원이 부족했던 상황에서 근대교육의 수학은 남북 어디서든 큰 자산이 되었다. 월남한 이후에도 학력과 학교를 중심으로 한 인

---

57) 이준희, 앞의 논문, 51쪽.

58) 김성찬, 「8.15와 개성」, 『開城』 예술춘추사, 1970, 268쪽.

59) 양정필, 「근대 개성상인의 상업적 전통과 자본 축적」, 연세대학교 사학과 박사논문, 2012, 329~331쪽.

60) 현종천, 「蔘業」, 『開城』, 예술춘추사, 1970, 278쪽.

61) 김성찬, 앞의 글, 268쪽.

맥은 개성주민들이 남한정착과정에서 여러 기회를 잡을 수 있게 했다.[62]

또한 개성의 학교는 월남한 개성주민들의 정체성을 유지하는데 중요한 기제로 작용하였다. 한국전쟁이 소강상태로 접어든 1952년 4월 송도고보가 인천시 송학동에 교사를 마련하고 경기도와 강화도에 산재해 있는 개성지역의 피난학생 500명과 교사를 모집하여 피난학교인 '송도 중·고등학교'로 재개교하였다. 개성의 대표적인 여학교였던 호수돈여학교는 1953년 2월 대전에서, 정화여자실업중학교는 1953년 4월 서울 충신동에서 재개교하였다. 이처럼 개성지역의 유력한 학교들이 남한에서 재개교하면서 남한에서 피난생활을 하던 개성주민들은 자연스럽게 학교를 중심으로 결집하게 되었다.

이외에도 월남한 개성주민들은 두고 온 고향을 잊지 못하여 여러 친목모임을 만들었다. '개성인회'는 대표적인 친목조직으로 해방이후 서울에 있는 개성인들의 친목모임이었던 '고려 친목회'를 계승한 조직이었다. 해방 직후인 1947년 김동성과 공성학 등이 주축이 된 고려친목회는 개성지역의 유지들의 모임이었으나 한국전쟁 이후 개성이 북한지역으로 편입되면서 '개성인'이라면 누구나 회원으로 받아 '개성인회'로 변경한 것이다.[63] 이외에도 1958년 5월 10일과 6월 15일에는 당시 창경원과 대구 팔달교에서 개성주민들이 모여 친목 야유회를 진행하는 등 각 지역마다 다양한 이름의 동문회와 친목회가 만들어졌다.[64] 1985년 개성시민회지인 '松都'지의 발간지에는 송도중고등학교와 개성중학교, 호수돈여자중등학교 등 학교 총동문회를 포함하여 전국에 조직되어 있는 20개의 모임이 축하 의사를 밝히고 있다.[65]

---

62) 윤택림, 앞의 논문, 99~100쪽.
63) 우만형 편, 「고려친목회」, 『開城』, 예술춘추사, 1970, 304쪽.
64) 대구 개성친목회 1958년 6월 15일(출처:http://blog.naver.com/PostList.nhn?blogId=songmisinsunfrom=postList&categoryNo=10&parentCategoryNo=10)
65) 『송도』 발간호, 개성시민회, 1985, 75쪽.

위와 같은 지역별, 학교별 친목모임 이외에도 1953년 장단군민회와 1955년 개풍군민회가 설립되어 면민회장과 군민회장을 자체로 선출하고 '개풍군지'와 '장단군지'를 발행했고, 1958년에는 '개성시민회'도 조직되었다.[66] 개성시민회에서는 1985년부터 '松都'지를 발행하기 시작했다.[67] '松都'지 창간호에는 갑작스럽게 고향을 떠난지 30여년이 넘은 실향민들에게 위안을 주고, 월남한 개성주민들의 기억을 기록에 남겨 후세들에게 물려주기 위해 발간되었다고 밝히고 있다.[68] 1970년대를 거치면서 월남 개성주민들의 경제·사회적 안정이 이루어지는 반면 분단이 장기화됨에 따라 잊혀져가는 개성과 개성주민들의 정체성을 환기하고자 한 것이다. 한편 1966년 이후 미수복지구의 명예시장과 군수, 읍·면장 위촉이 법제화 되고, 1991년 3월 개성시와 개풍군, 장단군이 포함된 미수복 경기·강원도민회가 이북도민회 중앙연합회[69]에 참여한 이후 월남민의 세력화에 합류하게 된다.

3.2. 개성상인에서 자본주의적 상인으로

월남 이후 개성주민들이 주로 진출한 분야는 학계와 경제계였다. 개

---

66) 윤택림, 「미수복경기도 실향민들의 역사 만들기 - 『개풍군지』분석을 통환 기억 연구 논의」, 『구술사 연구』 제5권1호, 한국구술사학회, 2014, 137쪽.
67) '松都'지는 2006년까지 격월간으로 발행되다가 2007년 이후 현재까지 계간지로 변환하여 2016년 1월 통권 169권까지 발행되고 있다.
68) 권영대, 「시민회지 발간에 즈음하여」, 『송도』 발간호, 개성시민회, 1985, 5쪽.
69) 이북도민회 중앙연합회는 1970년에 창립하였으며, '실향이북도민의 결속과 민주 역량을 결집하여 민족적 숙원인 통일을 성취하는데 기여하며 이북도민의 권익보호와 복지증진을 도모하고 이북도민의 통합된 의사를 당국과 대내외에 반영'하는 것을 목적으로 하고 있어 월남민들이 하나의 정치세력화되었다고 볼 수 있다. http://www.ibuk5do.go.kr/5do/frt/cmm/selectContents.do?cmsType=CMS005&menu_depth=12&menu_depth2=01&menu_depth3=01(검색일: 2016. 3.26)

성주민들의 높은 교육열과 사회주의에 대한 깊은 반발심을 가지고 있었던 것에 비하면 정치계에서 활동했던 개성주민들의 활약은 아주 두드러지지는 않는다. 한국전쟁 이전 제헌 국회의원이었던 이정근과 제2대 국회의원 김동성 이외 대표적인 정치계 인사로는 이후 서술할 공진항과 함께 의학자이며 국회의원을 역임했던 민관식, 내무부차관을 역임했던 우만형 정도가 알려져 있다. 민관식은 1918년 개성출신 의학자이며, 제 3, 4, 5, 6, 10대 국회의원을 역임하였다. 민관식은 경성 제일공립고등보통학교와 수원농림전문 농학과를 거쳐, 일본 교토 제국대학 농학부 농예화학과를 졸업하였으며, 교토대학 법학박사를 취득하였고, 이후 사회단체에서 활동하기도 했다. 다섯 번에 걸쳐 대한체육회 회장과 명예회장을 지냈고, 대한약사회 회장(7선)등을 지내기도 했다.70) 공진항과 민관식, 우만형 등을 제외하고 주목할 만한 정치계 개성월남민이 없는 것은 조선왕조 이래 정치와 한발 떨어져 거리를 두었던 이유로 추정된다.

이에 비해 학계 및 교육계에서는 상당히 많은 개성출신 월남민이 종사했다. 앞서 서술하였듯이 교육에 대한 중요성을 인식하고 근대적인 고등교육과 유학생활을 경험했던 개성주민들은 이를 기반으로 남한 사회에서 학계와 교육계에 많이 진출한 것이다. 1970년 발행한 『開城』지에는 각 대학에 교수와 박사학위를 받은 개성인이 이미 60여명이 있다고 밝히고 있다.71) 『開城』지에 소개되고 있는 김선근은 개풍에서 출생하였지만 문교부장관과 성균관대 총장과 정신문화연구원의 초대 원장을 역임한 학계의 대표적인 개성인으로 인정받고 있다. 많은 개성출신 월남인들이 송도고보나 호수돈여고 등 이전해 온 중고등학교를 졸업한

---

70) 오마이뉴스. 2006. 1. 16일자, '민관식 전 국회 부의장 별세'
   http://www.ohmynews.com/NWS_Web/view/at_pg.aspx?CNTN_CD=A0000305052
71) 우만형 편, 「개성인의 동태」, 『開城』, 예술춘추사, 1970, 301쪽.

후 대학에 진학하였다. 이처럼 고등교육의 기회가 많았던 개성출신 월
남민은 학벌을 중요시하는 남한사회에서 새로운 유형의 엘리트로 자리
잡을 수 있었다.

개성주민들의 진출이 가장 활발한 분야는 경제분야였다. 1960년대
경제개발기부터 개성출신 사업가들이 두각을 드러냈다. 대표적인 기업
으로 태평양화학, 신도리코, 한국화장품, 한일시멘트, 한국빠이롯트 등
이 있다.[72] 이외에도 1970년 서울 개성인 시민회에서 발행한 책『開城
』에 수록된 개성출신 기업가는 90여명에 이르고 있다.[73]

이렇게 개성출신이 월남 이후 남한사회에서 경제적 안정을 이루게
된 원인에 대해서 개성 월남민은 '고려시기 상위계층의 후손들로 두뇌
가 명확하고 의존심이 없으며 자력·자활 정신과 근검절약의 기풍이 생
활화 되어 있고, 경제관념이 강하여 자본의 형성과 이재의 능력이 우수
한데, 이 기질이 남한사회에 정착하는 기반이 되었다'고 보았다.[74] 월
남이후 조건이 열악한 상황에서도 고려 이후 발전한 특유의 자립의 전
통과 생활양식 등 개성 지역민의 성향이 개인의 성공에 큰 영향을 주
었다는 것이다. 그러나 개성의 역사를 연구하고 있는 양정필은 어려서
부터 밑바닥부터 장사를 배워 자수성가를 자랑스럽게 여기는 풍습과
자연스럽게 타지에서 상업활동을 하던 지방출상의 전통, 개성인끼리의
강한 단결력 등에서 찾았다. 월남 이후에도 삼포를 꾸준히 경영한 것도

---

72) 태평양화학의 서성환 회장은 개성 중경소학교 졸업 이후 16세부터 도매상인 창
　성상회에서 상업을 배우기 시작하여, 해방직후인 1945년 9월 서울에서 태평양화
　학공업사를 창립했으며, 신도리코 우상기 사장은 개성공립상업학교 졸업한 이후
　개성에서 가장 큰 회사였던 송도실업장에서 경리사원으로 일하면서 1960년 사업
　을 시작하였다. 이들은 대부분 일제시기부터 개성에서 상업을 배운 '개성상인'출
　신이었다. 김영한, 『삼성 사장학』, 청년정신, 2004, 47쪽.
73) 우만형 편, 『開城』앞의 책, 302~303쪽.
74) 김성찬, 앞의 글, 264쪽.

자본과 경제력을 축적하는데 중요한 기반으로 작용하였다고 분석하였
다.[75] 결국 개성출신 월남민들은 대다수의 월남민의 경우처럼 경제·사
회적 기반이 전무한 상태에서 시작한 것이 아니라 지방출상으로 이미
남한 내 일정정도의 인맥과 경제적 기반, 인삼경영이라는 전문적 지식
등의 기반이 있었으며, 우수한 경제적 지식·개념을 활용하여 성공적으
로 정착할 수 있었던 것이다.

　개성출신의 월남민들이 남한사회에서 기업가로 승승장구하면서 이
들에 대한 재평가가 이루어졌다. 주로 개성상인의 상업자본 축적을 조
선 후기 전통적인 경제체제가 해체되는 과정에서 나타난 자본주의의
내재적 발전론 혹은 맹아론과 연관시키거나, 개성부기법(開城簿記法),
시변제(時邊制), 차인제(差人制) 등 개성상인이 개발한 근대적인 경영
방법에 대한 연구가 진행되었다.[76]

　2000년대 IMF를 지나면서 금융위기에서 살아남은 기업 중 개성 출
신 경영자들이 많은 것에 착안하여 이들에게 전문적인 경영방침이나
탄탄한 재무구조, 철저한 근검절약 정신, 정경유착의 거부 등 현대 기
업이 가져야 하는 기업가 정신, 경영철학 및 사상이 공통적으로 존재하
고 있었다는 결과를 이끌어내기도 했다.[77]

---

75) 양정필, 앞의 논문(2012), 329~334쪽.
76) 고승희, 「개성상인의 경영사상과 송도치부법의 논리구조」, 『경영사학』 제20집1
　　호, 한국경영사학회, 2005 ; 오성, 「한말~일제 시대 개성의 시변제」, 『한국근현대
　　사연구』 2002년여름호 제21집, 한국근현대사학회, 2002 ; 전성호, 「개성 시변제
　　도 연구-개성상인 회계장부 신영거래분석(1887~1900)」, 『대동문화연구』, 성균
　　관대학교 대동문화연구원, 2011 등.
77) 김성수, 「개성상인정신 발달사 연구」, 『경영사학』 제17집 2호, 한국경영사학회,
　　2002, 34~36쪽.

4. 곡부공씨 사람들의 선택

한국전쟁이 끝나고 남북의 분단은 현실이 되었다. 개성주민들은 남한과 북한에서 달라진 삶에 적응할 수밖에 없었다. 남을 선택했거나 북을 선택했거나 개성 주민들의 삶은 크게 달라졌다. 일제강점시기부터 개성지역의 유력 가문으로 알려진 곡부공씨가 사람들의 삶, 그 중 공응규의 손자인 공진태와 공진항의 삶도 크게 달라졌다.

곡부 공씨가는 일제강점시기 개성 10대 부호 안에 드는 집안이었다.[78] 공씨가의 경제력은 조선후기 공응규가 상업으로 자수성가하고 그 자산을 바탕으로 인삼업에 투자한 것에서 비롯되어 개성 삼업계의 유력가문으로 자리잡았다.[79] 공응규는 장남 공성재와 차남 공성학을 두었는데 가업인 인삼업을 계승한 아들은 차남 공성학이었고, 공성학의 아들이 공진항이다. 장남 공성재는 비록 부친의 가업을 직접 계승하지는 못하였지만 따로 인삼업에 종사하였으며 그의 아들이 공진태이다.[80]

4.1. 공진태 : 변호사에서 인민위원회 대의원으로

공진태를 서술하기 앞서 사실관계를 하나 정리하고자 한다. 현재 북한의 주요인명사전에 '공진태'의 이름이 올라가 있다. 그러나 이 '공진태'는 본 논문의 주요인물인 공진태와는 동명이인으로, 북한 전문경제

---

78) 양정필, 「1930년대 중반 개성자본가의 만주 진출과 농업투자」, 『역사문제연구』 제29호, 역사문제연구소, 2013, 188쪽.

79) 양정필, 「대한제국기 개성지역 삼업(蔘業) 변동과 삼포민의 대응」, 『醫史學』 제18권2호, 대한의사학회, 2009, 150쪽.

80) 『조선인사흥신록』, 조선총독부, 1935, 184쪽. 조선인사흥신록은 일제치하 공로가 많은 유명인사나 유지들을 관리하기 위해 만들어진 홍보책자이다.

관료로서 정무원 부총리까지 역임하고 2010년 사망한 인물이다. 그러나 일부 인터넷 포털에서 개성 변호사 공진태와 북한 경제전문가 공진태를 구분하지 않고 동일인으로 섞는 오류를 범하고 있어 수정이 필요하다.[81]

본 논문에서 주목한 공진태는 1893년 10월 공성재의 아들이자 조선 말기 개성을 대표하는 부호였던 공응규의 손자로 태어났다. 공응규의 장자로 태어난 그의 아버지 공성재가 가업을 계승하지는 못하였으나, 손자의 교육에 투자를 아끼지 않았던 할아버지 공응규의 도움으로 일본 메이지대로 유학했다.[82] 메이지대에서 법학을 전공한 공진태는 1909년 일본 도쿄 유학생 조직인 '대한흥학회'[83]에 입회하고,[84] 개성 출신 도쿄유학생으로 조직된 '송경학우회'의 회원으로 참여하면서 문화운공과 애국계몽운동 등 대중운동을 접하였다. '송경학우회'는 극예술협회의 회원인 고한승 등 개성출신 도쿄 유학생으로 조직된 단체로 회원 간 친목은 물론 틈틈이 연극과 강연 등을 통해 주민들을 계몽하고 고려인으로의 정체성을 유지하고자 노력한 단체였다. 공진태는 이 '송경학우회' 활동에 적극적이었는데, 특히 '기도', '鏡' 등 극 대본을

---

81) 정무원 부총리 공진태는 1925년(혹은 1927년) 평남에서 출생하고 일본의 대학에서 통계학을 전공했다. 해방 후 김일성 대학을 졸업한 이후 1954년 인민경제대학 교수로 임용되었다가 1964년 대외경제총국 국장, 석탄공업성 부상, 대외경제위원회 부위원장, 대외경제위원회 위원장을 역임하였다. 이후 외국과의 경제협력을 담당하였으며 1980년 국가계획위원장 무역담당 부총리가 되었다. 고난의 시기였던 1990년대 중반에는 '세계식량정상회의' 참석 등 북한의 식량난을 해결하기 위한 외교에 앞장섰다. 또한 김정일이 권력을 장악한 1990년대 후반 경제전문가로 활약하면서 남한에도 방문하는 등 북한의 대표적인 개혁개방주의자였다.

82) 양정필, 앞의 논문(2012), 317쪽.

83) '대한흥학회'는 유학생 친목을 위해 설립되어 이후에는 국내에 애국계몽운동에 영향을 준 단체이다. 한국민족문화대백과사전(http://encykorea.aks.ac.kr/Contents/Index?contents_id=E0009889, 검색일 2016. 2. 11)

84) 『대한흥학보』 제8호, 1909. 12. 20일.

창작하기도 하고 직접 출연하기도 했다.[85] 또한 공진태는 일본사회에
서 활발해지고 있는 노동운동을 관심있게 지켜보았는데, 이 경험을 바
탕으로 1920년 9월 사리원 노동조합에 가서 당시 일본의 노동문제에
대한 강연을 하기도 했다.[86]

공진태는 1922년 도쿄에서 제 2차 변호사 시험에 합격한 이후 본격
적인 사회활동을 시작했다.[87] 일본 유학을 마치고 귀국한 이후 그의
활동은 크게 3가지로 구분할 수 있다. 먼저 변호사로서의 활동이다. 공
진태는 변호사 시험 합격이후 경성부 내 변호사 사무소를 개업한 후
박승빈이 총이사로 있었던 '조선변호사협회'에 가입하여 활동하였다.
'조선변호사협회'는 경성 뿐 아니라 각지의 조선인 변호사들의 모임으
로써, 베르사유 강화조약과 1919년 3·1운동을 거치면서 강화된 민족의
식에 기반하여 1921년 창립한 단체이다.[88] 이에 '조선변호사협회'는 조
선인과 일본인의 차별 대우 철폐와 사법당국의 차별 철폐 등을 위한
활동을 진행하기도 했다. 공진태 역시 '조선변호사협회'에 가입하고,
조선인을 위한 변호에 참여하였다. 대표적인 것이 1923년 진해에서 벌
어진 소작쟁의에 대한 변호였는데, 공진태는 1924년 진해 소작쟁의 공
판을 위해 마산까지 출장 변호를 하기도 했다.[89] 또한 1926년 순종이
승하하자 조선인 변호사와 기자 약 40명이 결성한 '경성변호사신문기
자유지연맹'의 회원으로도 활동했다.[90] 경성에서 활동하던 공진태는

---

85) 김남석, 「일제강점기 개성 지역 문화의 거점 '개성좌(開城座)' 연구-1912 창립부
터 1945년까지」, 『영남학』 제26호, 경북대학교 영남문화연구원, 2014, 383쪽.

86) 「沙里院勞働組合主催講演會: 現時의 勞働(孔鎭泰)」, 『동아일보』, 1920. 9. 7.

87) 吉川絢子의 논문에 의하면 공진태의 변호사시험 합격년도는 1923년이며, 당시
제 2차 변호사 시험에는 공진태와 더불어 정항기, 이종태, 서한욱, 이인 등이 합
격하였다. 吉川絢子, 「1920~1941년 경성발행『법정신문(法政新聞)』」, 『法學』 제
53권제3호, 서울대학교, 2012, 624쪽.

88) 「제자 정구영(제34화) 조선변호사회(9)」, 『중앙일보』, 1973. 12. 25.

89) 「진해소작공판 5월 7일 又開-경성에서 변호사출장」, 『동아일보』, 1924. 4. 27.

1930년 개성부내로 변호사사무소를 이전하여 개성에 자리잡았다.

두 번째는 개성지역 신진엘리트로서의 활동이다. 공진태는 1930년 개성부내로 변호사사무소를 이전한 이후 지역사회를 위해 다양한 활동을 전개하였다. 1930년대 개성지역에는 인삼업과 상업을 통해 쌓은 재산을 가지고 근대적 고등교육과 해외유학을 하고 돌아온 신진 지식인들이 활발하게 지역 계몽운동과 문화운동을 진행하고 있었다.[91] 이 같은 활동은 사촌동생인 공진항의 눈에 '이 시대의 지주계급에서 흔히 유행하여 낙천적인 생활'으로 치부되기도 했지만,[92] 그들은 개성의 정체성을 고려에서 찾고, 교육과 문화, 체육행사를 통해 개성지역 주민들의 사회문화적 역량을 강화하고자 했다. 공진태는 개성의 젊은 신진엘리트로 구성된 단체인 '고려청년회'의 이사장으로 이름을 올리고 강연회의 연사로 나서기도 했으며,[93] 1935년부터는 사촌동생 공진항의 권유로 지방신문인 ≪고려시보≫의 간행[94]에도 관여하였다. 특히 공진태는 문화운동에 관심이 많았다. 1935년 개성지역의 대표적인 문화시설이지만, 경영부진으로 흔들리고 있었던 '개성좌'라는 극장을 개성의 젊은 자본가들인 박봉진, 김재삼, 백순성, 이우균과 함께 공동 인수하여 직접 경영하기도 했다.[95]

공진태는 주로 변호사로서 생활하였지만, 공씨 일가가 진행하는 사업에 그 이름을 올리기도 했다. 1927년 2월에 설립된 금융신탁회사인

---

90) 「경성변호사신문기자유지연맹에 관한 건 4」『경성지방법원 검사국 문서 - 검찰사무에 관한 기록 3』1926. 5. 12.

91) 양정필, 「1930년대 개성지역 신진엘리트 연구」, 『역사와 현실』63호, 한국역사연구회, 2007, 195~196쪽.

92) 공진항, 『이상향을 찾아서』, 탁암공진항회수기념문집간행위원회, 1970, 15쪽.

93) 「開城講演會, 十二일 밤에: 余의 人生觀(孔鎭泰), 沈鍾에 對한 考察(高漢承), 西洋文明의 精神(孔鎭恒)」, 『동아일보』, 1933. 3. 12.

94) 양정필, 앞의 논문(2007), 199쪽.

95) 김남석, 앞의 논문, 377쪽.

'開城無盡'에 대주주이자 감사로 활동하였고,[96] 개성상공회의소 의원 선거에 참석하기도 했다. 그러나 공진항이 유럽 유학을 돌아온 후 가업을 정리하는 과정에서 공진태는 공씨 일가의 사업에서는 제외되었다.[97]

공진태가 53세에 해방 되었으며, 1950년 한국전쟁이 일어났을 때는 58세였다. 한국전쟁이 일어나 많은 개성의 삼포주와 지주들이 월남하였을 때 공진태는 개성에 계속 머물렀다. 공진태가 개성에 계속 머물렀던 것은 꾸준히 지역시민활동을 하면서 개성지역에 대한 애착이 강했을 뿐 아니라 일본 유학시절부터 문화계몽운동과 노동운동을 접하면서 사회주의에 대한 거부감이 적었기 때문으로 보인다. 또한 공진태는 개성을 점령한 북한당국이 인민교육제도를 확대시키고 개성지역의 자존심이라 할 수 있는 인삼업을 존중하는 태도 등을 높이 평가하였다.[98] 때문에 공진태는 개성이 북한에 편입된 직후부터 개성삼업조합 부위원장에 취임하는 등 주요 지도층 인사로서 역할을 하였다. 전쟁이 끝난 후인 1956년에는 개성시 인민위원회 선거를 위해 조직된 '지방주권기관 선거협조위원회'회의의 개성시 정당, 사회단체, 사회인사 연석회의에 참석하였고, 개성지역의 유력인사 및 원로모임으로 보이는 한시 동호회의 일원으로 활동하기도 했다.[99]

또한 공진태는 직접적으로 정치에 참여하기도 하였다. 1956년 실시된 '전국 도, 시, 군(구역) 인민회의 대의원'에 개성시 제 32호 선거구에 대의원으로 선출되었다. 당시 공진태의 나이 64세였다. 이때 진행된 대의원 선거에서는 공진태와 최치영과 같은 개성의 대표적인 지방유지

---

96) 『조선인사흥신록』, 앞의 책, 184쪽.

97) 공진항, 위의 책, 16쪽.

98) 「개성시민들이여, 당신들이 선출한 시 인민회의 대의원 후보자들은 조국과 당신들에게 충실한 일군들이다!」, 『개성신문』, 1956. 11. 11.

99) 「한시회」, 『개성신문』, 1956. 11. 9.

들이 포함되어 있었다. 이는 당시 북한 정권이 지방의 세력을 인정하고 적절하게 연대하고 있었음을 유추할 수 있게 한다. 그러나 1959년 대의원 선거에서는 그들의 이름을 찾아볼 수 없다. 그들의 나이가 대체로 60세 이상 고령이었기 때문에 자연스럽게 일선에서 물러났거나 사망했을 수 있으나, 1956년 이후 지속적으로 진행된 중앙당 집중지도사업 등을 통해 다른 지방으로 소개되었거나 숙청당하는 등 정치적으로 몰락했을 가능성도 배제할 수 없다. 공진태 역시 1959년에 진행된 대의원에는 당선되지 못하였으며, 그 이후에는 이름을 찾을 수 없어졌다. 그 이유를 명확히 설명할 수는 없으나 공진태 역시 북한 사회가 사회주의적 개혁을 본격화하면서 다른 지역유지와 함께 정치세력에서 배제되었거나, 그의 친척인 공성학과 공진항의 월남으로 정치력이 훼손되었기 때문일 수 있다. 또한 1956년 이미 그의 나이가 64세로 이후 사망했을 가능성도 있다. 1957년 이후 공식적으로 그의 이름을 찾아볼 수는 없지만 그는 적어도 1956년까지는 개성지역의 유지이자 원로로서 지역을 안정시키고, 북한당국과 개성지역을 연결하는 역할을 하였다.

4.2. 공진항 : 사업가에서 고급관리·반공투사·농업개혁자로

사촌형 공진태보다 7년 늦게 태어난 공진항은 공진태와는 달리 해방 후 대한민국 주프랑스공사와 농림부 장관을 역임하였고, 한국전쟁 이후에는 남한에서 새로운 생활을 살았다. 공진항은 1900년 공성학의 차남으로 태어났다.[100] 공진항의 아버지는 공성학으로 인삼과 상업으로 부를 축적했던 공응규의 삼포와 가업을 물려받아 개성의 새로운 부호

---

[100] 공성학은 세명의 아들을 두었는데 장남은 일찍 사망하고, 삼남 공진오는 독립운동을 위해 의열단과 황포군관학교에 입학한 후 소식이 끊겨 공진항이 가업을 이었다고 한다. 양정필, 위의 논문, 2013, 188쪽.

로 자리잡은 인물이었다. 공성학은 1910년 대한제국이 망하자 개성에서 인삼의 품종개량과 경작방법을 개선하는 등 인삼 재배와 판매를 기업형으로 확장하고, 고려삼업주식회사와 개성전기주식회사, 송고실업장에서 대주주와 중역을 역임했다. 1929년에는 개성양조주식회사를 설립하고, 1934년에는 춘포사, 1936년에는 개성삼업주식회사를 창립하는 등 개성의 대부호로 자리잡았다. 또한 1923년에는 개성정화학교에 후원금을 기부하여 재단이사로 활동하였으며, 1923년 11월 개성군 송도면 협의회의원으로 당선되는 등 사회활동도 활발하게 한 지역유지였다. 1930년대 이후 차남 공진항에게 가업을 물려주어 경영일선에서는 물러났으나, 한국전쟁 이후 월남하여 송도학원이 인천에 정착하자 재개교하는데 큰 역할을 하였다.

공진항은 개성 제일공립보통학교와 서울 보성고등보통학교에서 공부하다가 1920년대 일본 도쿄에서 도시샤중학교와 와세다 대학 영문학과에서 수학하였다. 그러나 도쿄대지진으로 귀국한 후, 영국의 런던대학과 프랑스의 소르본 대학으로 유학을 가서 9년 동안 사회학을 공부하고 1932년 7월 귀국하였다. 귀국 후에는 1933년부터 가업인 인삼업과 개성양조주식회사를 제외한 가업을 정리하여 신용도를 높이고, 만주지역으로 진출하기 위해 준비했다. 공진항은 만주진출을 정체되어 있는 개성사회의 활로를 열고, 일본의 간섭을 최소화하기 위한 방법으로 생각했다.[101] 1935년 만주의 농장지를 답사하고 만주 회덕현에 위치한 오가자(五家子) 농장을 만들어 고려농장으로 키웠고, 1936년에는 개성의 유지 20명을 설득하여 자본금 50만원으로 만몽산업주식회사를 설립하여 북만주와 하얼빈 주위에 농장을 건설하는 등 새로운 농업이상향을 건설하고자 했다. 그의 이러한 행동은 당시 개성주민들에게 커

---

101) 양정필, 위의 논문, 2013, 194쪽.

다란 반향을 일으켰다. 박완서는 그의 소설『미망』에서 공진항의 만주 평야를 개척한 이야기를 묘사하면서 '워낙 통 크게 벌인 사업이라 우리 고장에서 큰 인물났다고 믿고 싶은 소박한 마음들이 미화시킨 애긴지는 몰라도 하여튼 공진항의 성공담은 어디 가나 화젯거리였다'라고 표현할 정도였다.[102]

해방 직후 공진항은 사업 실무에서 떠나 서울에 체류하던 중 1945년 10월 초 미군정고문단의 추천으로 동척의 이사로 위촉받은 것을 계기로 이승만 정권에서 공직생활을 시작하였다.[103] 1949년 7월~1950년 11월까지 초대 주 프랑스 공사가 되어 프랑스 파리에 파견되면서 한국전쟁 이후 자연스럽게 남한에 남게 되었다.

이후 공진항은 1950년 11월에는 제 4대 농림부 장관으로 임명되었고, 1957년에는 1대와 2대 농협중앙회 회장을 역임하였다. 그러나 공진항은 장관과 농협중앙회 회장을 역임하였지만 아주 뛰어난 정치력을 가지고 있지는 않았던 것으로 보인다. 1958년 5월 농림부장관의 지지 아래 농업협동조합중앙회 회장에 당선되었지만 농림부장관의 승인을 오랫동안 받지 못하면서 '특수한 우리나라의 정치정황을 요리하는 솜씨가 서투르다'는 평가를 받기도 했다.[104] 이는 지방출신이면서 오랫동안 외국유학을 하면서 서울에 기반이 충분치 않았기 때문인 것으로 보인다. 그러나 1960년에 실시한 농협중앙회 선거에서는 자유당의 지지를 받으며 재선출되는 등 2년만에 이승만 정권의 유력인사로 자리잡았다.[105] 공진항은 이승만 정권에서 개성과 개성상인을 대표하는 인물로 유명했다. 개성인답게 절약하고 강직한 생활모습을 유지하는 것은 당

---

102) 박완서,『미망』下, 세계사, 2012, 370~372쪽.
103) 공진항, 앞의 책, 79쪽.
104) 「돈아껴 크게 쓰는 개성인 공농업협회장」,『동아일보』, 1958. 6. 5.
105) 「농협중앙회 재선출－자유당의 지지를 받고 있는 현 회장 공진항씨」,『동아일보』, 1960. 1. 23.

시 신문에 실리기도 했다. 106)

또한 공진항은 이승만 정권에서 대표적인 농업인 혹은 영농인으로 자리잡았다. 그는 농촌에서 생활하는 것이 인간으로서 가장 완전한 행복을 누릴 수 있는 방법이라고 생각했다. 또한 다른 나라의 도움을 벗어나 독립적으로 스스로의 행복을 추구해야 하며, 그러기 위해서는 자연환경을 잘 이용하고 생산해야 한다고 강조했다.107) 즉 농촌운동을 통해 독립국가와 국민생활을 향상해야 한다고 인식했다. 공진항은 단지 공직자 혹은 농촌개혁의 이론가로 머무르지 않고, 1950년대 중반에는 정릉에서 1970년대는 양평에 목장을 운영하면서 일제강점기시대부터 추구했던 농촌운동을 실천하였다. 한편 개성의 가업인 인삼업을 계승하여 1961년에는 남한 인삼수출을 전담하기 위해 만들어진 '고려인삼흥업'회사의 사장이 되어 남한의 인삼업 발전 및 인삼수출 확대를 위한 기반을 만들기도 했다.

공진항은 이승만 정권 하에서 대표적인 반공인사였다. 그는 '아세아반공연맹'의 한국지부인 '한국아세아반공연맹' 이사장으로 당시 베트남에서 진행되었던 이사회에 참석하기도 했다.108) 한국전쟁 이후 월남민들은 남한사회의 적응하면서 나타나는 정체성의 혼란과 북한 주민이었다는 사실을 면죄 받기 위해 정부정책에 더 적극적으로 동의하거나 무조건적인 지지를 하는 등 친정부적 입장을 취하는 경우가 종종 있다.109) 그러나 공진항은 이승만 정권 수립이후 주요 정부요인으로 활동하면서 이승만 정권에 대한 지지와 '반공'에 대한 뚜렷한 철학을 가졌다. 이는 그가 1930년까지 약 10여년간 영국과 프랑스에서 유학하면

---

106) 「돈아껴 크게 쓰는 개성인 공농업협회장」, 『동아일보』, 1958. 6. 5.
107) 공진항, 「내가 이상하는 이상농촌」, 『새벽』, 새벽사, 1956, 71~73쪽.
108) 「공진항씨 등을 파견 내월반공(來月反共) 연리개최(聯理開催)」, 『경향신문』, 1956. 8. 30.
109) 김귀옥, 위의 논문(1999), 1999. 342쪽.

서 유럽에서 공산주의 세력의 성장을 관찰할 수 있었기 때문으로 보인
다. 또한 그의 출신이 개성지역의 손꼽히는 자본가이며 지주였기 때문
에 무산계급의 혁명을 강조한 공산주의를 인정하기 어려웠을 것이다.
따라서 그는 공산주의의 근본이 '악'을 악으로 알지 않으며, 목적을 위
해서는 '악'을 '선'으로 인정하는 '비인간주의'라고 보았다. 그러나 그
는 공산주의가 확장하는 원인과 미국과 소련 등 국제정세에 대한 명확
한 자신의 논리가 있었다. 그의 저서 '공산세력조장의 사적고찰과 반공
운동의 지향'에서 공산혁명은 러시아 제정의 실정으로 신흥계급과 확
대되었고 레닌이 무산노동대중을 이용하여 성공하였다고 설명했다. 또
한 미국과 영국이 공산주의 혁명에 성공한 쏘련에 대한 판단미숙으로
제 2차 세계대전에서 군사협정을 맺어 한반도를 분단시키면서 공산세
력이 확장되었다고 보았다.[110] 또한 반공운동은 '양분된 국토를 통일하
며 내정에 우홍하려는 외세를 물리치고 민족자주의 완전독립을 수립'
하는데 기본정신이 있다며,[111] 북한의 공산세력을 완전히 뿌리뽑아야
국가의 통일과 완전독립을 이룰 수 있다고 보았다. 또한 나라가 어지럽
고 백성들이 풍족하지 못하고 불만이 확장되면 공산세력의 확장을 막
을 수 없다고 했다.[112]

　이처럼 공진항은 장기간 유럽과 만주 등 타지에서 유학생활과 사업
을 한 경험과 개성에서 정리하여 가져온 재산, 그리고 이승만 정권에서
의 공직 생활 등을 기반으로 남한사회에서 유력인사로 정착하였고,
1972년 작고할 때까지 대표적인 개성출신 정치인이자 반공인사, 그리
고 농업지도자로 활동할 수 있었다.

---

110) 공진항, 「공산세력조장의 사적고찰과 반공운동의 지향」, 『國會報』, 대한민국국
　　　회, 1957, 144~150쪽.
111) 공진항, 「반공정신」, 『화랑의 혈맥』 1호, 화랑도보급회중앙총본부, 1956, 35~37쪽.
112) 공진항, 위의 글(1957), 150쪽.

5. 결론

분단과 한국전쟁은 60년이 지난 지금까지도 연구 대상이 될 정도로
다양한 분야에 영향을 미쳤다. 전쟁과 분단의 그림자는 일반인의 삶에
도 진하게 드리웠다. 수많은 죽음과 가족이 해체되었고, 그로 인한 슬
픔을 애도 할 여유도 없이, 일부에서는 슬픔을 내색할 수도 없이 상대
를 증오하는 힘으로 일상을 살아야 했다. 전쟁을 경험하지 못한 세대가
더 많아진 지금까지도 그 여파는 남아있을 정도다.

오랜 역사적 경험을 통해 탈정치적인 삶을 지향했던 개성은 지배정
권과 체제가 바뀌는 혼란 속에서 정치적인 곳으로 변했다. 북한정권은
남한의 지배를 받았던 불온하고 불안한 이 지역을 '신해방지구'이자 국
경도시·분계선 도시로 특별히 관리하였다.

개성의 주민들은 계속 고향에 남을 것인지 월남할 것인지 선택해야
했다. 많은 지역유지는 사회주의 정책을 반대하면서 월남하였고, 일부
남아있었던 지역유지들은 북한당국과 지역을 연결하는 역할을 하다가
사회주의 협동화 운동이 본격화되는 1950년대 말부터 도태되었다. 남
아있던 개성주민들은 '신해방지구 정책'에 의해 점차 순응하고 동화되
었고, 일상적인 감시와 통제를 겪으면서 북한의 주민으로, 사회주의 인
민으로 재탄생하였다. 개성을 떠나온 주민들은 낯선 남한에 자리잡아
야 했다. 그러나 높은 교육수준과 출상으로 인한 남한사회의 인맥, 상
업과 인삼업의 전문적 지식을 가지고 있었던 개성주민들은 다른 지역
의 월남민에 비해 수월하게 남한사회에 정착할 수 있었다. 그들은 고향
과 가까운 서울과 경기, 인천, 강화 등지에 월남할 때 가지고 온 인삼
씨앗과 묘목을 심어 새로운 터전을 만들었다. 월남한 개성주민이 두각
을 나타낸 분야는 경제계였다. 1960년대 남한의 경제부흥기에 개성출
신 사업가들이 많이 성공하였으며, '개성상인'은 독립적이고 혁신적인

경영방법을 추구하는 21세기의 개척적인 이미지가 형성되었다.

성장배경이 비슷했던 한 집안의 사람들도 잔류와 월남의 선택으로 인해 전혀 다른 삶을 살았다. 일본 유학 시기 문화계몽운동과 지역·노동운동을 접한 이후 북한체제에 우호적이었던 공진태는 지역의 원로로 북한정권과 지역주민을 연결하는 역할을 하였고, 북한의 지배를 정당화하는 사업에 앞장서야 했다. 이에 비해 남한을 택한 공진항은 이승만 정권의 외교관과 농림부 장관을 지내며 적극적인 반공인사로 활동하였다. 이처럼 상반된 삶을 살아왔던 이들에게 공통점이 생기기도 했다. 바로 '정치활동'이었다. 공진태는 1956년 북한의 인민위원회 선거에 참여하여 개성시 제 32호 선거구에 대의원이 되었고, 공진항 역시 고급관리·반공투사로 정치에 참여하였다.

본 연구는 한국전쟁 이후 아직 풀지 못한 일반인들의 이야기를 찾기 위해 시작되었다. 전쟁은 군사적 충돌에서 시작되지만, 그 끝은 일반 사람들의 일상과 삶의 변화로 이어진다. 한국전쟁 역시 남북 사회와 사람들에게 수많은 변화와 굴절을 가져왔다. 그러나 남과 북에 각각 살 수밖에 없었던 개성주민들과 공진태·공진항도 역시 그럼에도 불구하고 각자의 삶을 지속하였고, 이들의 이야기는 계속 될 것이다.

| 참고문헌 |

○ 북한자료

강상호, 「신해방지구에서 농업협동화를 위한 투쟁과 빛나는 승리」, 『경제연구』
        1990년 4권, 과학백과사전 출판사, 1990.
김삼복, 『향토』, 문화예술출판사, 1988.
김일성, 「모든 힘을 조국의 통일독립과 공화국북반부에서의 사회주의건설을 위하
        여-우리 혁명의 성격과 과업에 관한 테제(1955년 4월)」, 『김일성저작집』
        9권, 조선로동당출판사, 1980.
리택정, 「신해방지구에 대한 정부의 시책을 철저히 리행할 데 대하여」, 『인민』
        1954년 1호, 민주조선사, 1954.
조순, 「해방 지구의 과거와 현재」, 『인민』 1954년 10월호, 민주조선사, 1954.
『조선중앙년감』 평양: 조선중앙통신사, 1958.
『로동신문』, 『개성신문』각호.

○ 남한자료

강일국, 「해방이후 초등학교의 교육개혁운동과 반공교육의 전개과정」, 『교육비평』
        제 12호, 교육비평사, 2003.
강정구, 「해방 후 월남동기와 계급성에 관한 연구」, 『한국전쟁과 한국사회변동』
        풀빛, 1992.
고승효 저, 양재성 역, 『북한경제의 이해』, 평민사, 1993.
공진항, 「반공정신」, 『화랑의 혈맥』 1호, 화랑도보급회중앙총본부, 1956.
공진항, 「공산세력조장의 사적고찰과 반공운동의 지향」, 『國會報』, 대한민국국회,
        1957.
공진항, 「내가 이상하는 이상농촌」, 『새벽』, 새벽사, 1956.

공진항, 『이상향을 찾아서』, 탁암공진항회수기념문집간행위원회, 1970.

김귀옥, 「정착촌 월남인의 생활경험과 정체성-속초 아바이 마을과 김제 용지농원을 중심으로」, 서울대학교 박사논문, 1999.

김귀옥, 「해방직후 월남민의 서울 정착: 월남인의 사회·정치적 활동에 대한 접근」, 『전농사론』 9, 서울시립대 국사학과, 2003.

김남석, 「일제강점기 개성 지역 문화의 거점 '개성좌(開城座)' 연구-1912 창립부터 1945년까지」, 『영남학』 제 26호, 경북대학교 영남문화연구원, 2014.

김성보, 「전쟁과 농업협동화로 인한 북한 농민생활의 변화」, 『동방학지』 143권, 연세대학교 국학연구원, 2008.

김영미, 「해방 이후 주민등록제도의 변천과 그 성격-한국 주민등록증의 역사적 기원」, 『한국사연구』 136호, 한국사연구회, 2007.

박소영, 「북한의 신해방지구 개성에 관한 연구-지방통제와 지방정체성을 중심으로」, 동국대학교 박사논문, 2010.

박소영, 「사회주의 도시 '개성'의 연속과 변화 연구」, 『역사와 현실』 98권, 한국역사연구회, 2015.

박완서, 『미망』下, 세계사, 2012.

송경록, 『북한 향토사학자가 쓴 개성이야기』, 푸른숲, 2000.

양영조, 『한국전쟁 이전 38도선 충돌』, 국방군사연구소, 1999.

양정필, 「근대 개성상인의 상업적 전통과 자본 축적」, 연세대학교 사학과 박사논문, 2012.

양정필, 「1930년대 개성지역 신진엘리트 연구」, 『역사와 현실』 63호, 한국역사연구회, 2007.

우만형 외, 『개성』, 예술춘추사, 1970.

윤택림, 「미수복경기도 실향민들의 역사 만들기-『개풍군지』분석을 통한 기억 연구 논의」, 『구술사 연구』 제 5권 1호, 한국구술사학회, 2014.

윤택림, 「분단의 경험과 통일에 대한 인식: 미수복 경기도 실향민의 구술 생애사를 통하여」, 『통일인문학논총』 제 53집, 건국대 인문학연구원, 2012.

이신철, 「월남민 마을 '해방촌'(용산2가동)연구」, 『서울학연구』 14호, 서울학연구소, 2000.

이준희, 「한국전쟁 前後 '신해방지구'개성의 농촌사회 변화」, 연세대학교 사학과 석사논문, 2015.

정병준, 『한국전쟁-38선 충돌과 전쟁의 형성』, 돌베개, 2006.

정은미, 「'월남자 가족' 출신 탈북자의 사회관계자본의 변화」, 『북한학연구』 제8 권2호, 동국대 북한학연구소, 2012.

조은, 「부르디외를 빌려도 될까요? '월남가족'과 '월북가족'의 계급재생산에서 문화자본 읽기」, 『문화와 사회』 통권 11호, 한국문화사회학회, 2011.

차철욱, 「부산정착 한국전쟁 피란민의 상흔과 치유」, 『지역과 역사』 36호, 부경 역사연구소, 2015.

한모니까, 「'수복지구'와 '신해방지구' 편입 비교-영토점령과 제도 이식을 중심으로」, 『동방학지』 제 170호, 연세대 국학연구소, 2015.

『동아일보』, 『중앙일보』 각호.

해방 직후 일본군의
한반도 점령 실태와 귀환

조건(고려대학교)

해방 직후 일본군의 한반도 점령 실태와 귀환*

조 건**

1. 서론

1945년 8월 15일 정오 일왕의 항복방송 직후부터 9월 9일 미군이 서울에 진주할 때까지의 시기는 우리 민족이 식민지배의 오욕을 딛고 한반도 내에서 온전한 주권을 행사하는 공화국의 기틀을 닦아야 했던 기간이었다. 무엇보다 38도선을 기준으로 한 미국과 소련의 한반도 분할 점령안[1] 해소를 포함하여 남한 내 정치권력의 정상적인 안착과 식민지

---

 * 이 글은 한국학논총 제47권(2017년)에 수록된 논문임
** 고려대 연구교수

 1) 38도선을 경계로 한 분할을 일반인들이 처음 인지한 것은 해방된 지 열흘이 지난 8월 25일 경이었다고 한다.(金基兆 著, 『38線 分割의 歷史-美, 蘇·日間의 戰略對決과 戰時外交 祕史-(1941~1945)』, 동산출판사, 1994, 328~334쪽.)

배의 청산을 위한 첫 단추가 바로 이 시기에 채워져야 했다.

그런데 이 중대한 시기 한반도 내 주요한 정치세력은 그 역할을 제대로 수행할 수 없었다. 정국의 실질적인 주도권이 여전히 식민 당국의 손아귀에 묶여 있었기 때문이었다. 특히 일제 식민통치의 무력적 기반이었던 '조선 주둔 일본군'[2])이 치안권을 움켜쥐고 있었다. 해방 직후에도 우리는 제국주의 일본의 멍에를 벗지 못한 채 절름거리고 있었던 것이다. 요컨대 한 달이 채 안 되는 이 기간은 한국현대사의 중요한 기로였음에도 불구하고 일본군에 의해 구속당한 채 분단이 공고화되고 갈등이 누적된 왜곡의 시간이었다.

물론 해방 직후 한반도 내 정치세력의 갈등과 내분이 단순히 조선주둔군의 강압 때문이었다고 말할 수는 없다. 당시 정치세력 간의 알력은 선행 연구에서 밝히고 있는 바와 같이 이념과 정치 지향을 둘러싸고 복잡다단하게 전개되었다. 건국준비위원회만 해도 이미 미군이 진주하던 시기 실질적으로 와해된 상태였다. 그런데, 이에 대한 기존의 연구는 우리 내부의 알력 관계에만 지나치게 주목했던 측면이 있다. 해방 직후 한반도 내 정치적, 사회적 헤게모니 쟁탈을 설명하는 데 있어 여전히 일본군의 존재는 상수로 존재하고 있었다고 생각한다. 과연 패전한 일본군은 한반도에서 무엇을 하고 있었던 것일까.

해방 직후 일본군의 동향에 대해서는 무장해제를 중심으로 몇몇 연구가 눈에 뗜다.[3]) 이들 연구를 통해 해방 직후 일본군의 주둔 상황과 해체의 일단이 밝혀졌다. 그러나 선행 연구에서는 해방 이후 일본군의

---

2) 해방 직전 한반도에 주둔하고 있던 일본군은 제17방면군과 조선군관구군, 그리고 관동군 예하의 제3군 등으로 구성되어 있었다. 이글에서는 이들을 '조선 주둔 일본군' 또는 '조선 주둔군'으로 부르도록 하겠다.

3) 유지아, 「전후 재조선일본군의 무장해제 과정에서 형성된 한미일관계」, 『한일관계사연구』 28 ; 허호준, 「태평양전쟁과 제주도 주둔 일본군의 무장해제 과정」, 조성윤 편저, 『일제 말기 제주도의 일본군 연구』, 보고사, 2008.

점령이 지속되는 상황과 그 성격에 대하여 면밀히 검토하지 못하였다. 남한지역의 경우 일본군은 최후의 일인이 귀환하는 순간까지 자신들의 안위에 관한 권한을 철저히 보장받고 있었다. 심지어 미군을 배후로 무력을 소유한 채 남한 내 치안유지를 담당하기도 하였다. 어떻게 제2차 세계대전의 패전국 군대가 해방된 식민지민들을 '통치'하는 상황이 지속될 수 있었던 것일까?

이글에서는 기존의 연구 성과 및 새로 발굴된 자료를 이용하여 한반도에 주둔했던 일본군의 해방 직후 활동에 대해 규명하고자 한다. 이를 위해 우선 해방을 전후한 시기 일본군의 한반도 주둔 실태를 간략히 살펴보고, 다음으로 남한지역, 즉 38도선 이남지역을 중심으로 한 치안권 장악 실태와 그 성격에 대하여 고찰하도록 하겠다. 마지막으로 20세기 전반기 한반도를 군사점령했던 일본군의 '안전한' 귀환 상황을 육군과 해군으로 나누어 살펴보겠다.

2. 해방 당시 일본군의 한반도 주둔 실태

한반도에 주둔했던 일본군은 주둔 형태와 활동을 중심으로 크게 여섯 시기로 구분이 가능하다. 제1기는 1875년 운요호사건부터 1903년 한국주차대(韓國駐箚隊) 사령부 편성까지, 제2기는 주차대 편성 때부터 조선주차군 시기까지, 제3기는 조선 주둔군의 상주화(常駐化)가 시작되는 1916년부터 1921년 상주화 완료까지, 제4기는 1921년부터 중일전쟁이 개전되는 1937년까지, 제5기는 1937년부터 1945년 2월 조선 주둔군이 제17방면군(第17方面軍)과 조선군관구사령부(朝鮮軍管區司令部)로 개편되는 때까지, 그리고 제6기는 1945년 2월부터 8월 패전 때까지이다.[4]

패전 직전 조선 주둔 일본군은 '조선군사령부'를 중심으로 한 독자적인 집단군 체제를 벗어나 중앙의 직접 통수를 받는 방면군 체제를 유지하고 있었다. 이것은 전황의 추이에 따른 조선 주둔군의 역할 변화에 따른 것이었다.

1944년 말 레이테 해전에서 패배하고 1945년 초 잇따라 필리핀 방어전에도 실패하자 오키나와를 비롯한 일본 본토 전역은 미군의 직접 공격에 노출되었다. 이에 일본의 전시 최고 통수기관이었던 대본영(大本營)5)에서는 이른바 본토결전을 위해 1945년 1월 20일 「제국육해군작전계획대강(帝國陸海軍作戰計劃大綱)」(이하 작전계획)을 수립하게 되었다.6)

대본영이 수립한 작전계획은 전시 작전부대를 방면군과 군관구로 나누어 '통수(統帥)'와 '군정(軍政)'을 분리한 것이었다.7) 이에 따라 조선 주둔군은 작전을 수행하는 야전부대 성격의 제17방면군과 군사행정을 담당할 조선군관구사령부로 재편되었다. 제17방면군은 조선 내 방위를 담당하는 야전부대였고, 조선군관구사령부는 제17방면군의 작전 활동

---

4) 각각의 시기에 대한 좀 더 구체적인 내용은 조건, 「전시 총동원체제기 조선 주둔 일본군의 한인 통제와 동원」(동국대 박사학위논문, 2015.), 19~22쪽 참조.

5) 대본영은 전시 작전군의 통수권을 일원화하기 위해 설치한 조직이었다. 청일전쟁 이래 전쟁 개전시에만 설치할 수 있도록 규정되어 있었으며 천황을 정점으로 하여 내각 및 육군과 해군의 수뇌부가 모여 있었다. 대본영 설치는 전시 작전을 일원화한다는 측면이 있었는데, 육군과 해군, 그리고 통수와 작전이 분리되어 있던 군 조직 체계의 문제점을 보완하기 위한 것이었다. 한편, 1937년 '지나사변' 때는 '사변'에도 대본영을 설치할 수 있도록 규정을 변경한 바 있다.

6) 「제국육해군작전계획대강」에 따른 대본영의 조치에 대해서는 신주백, 「1945년 한반도에서 일본군의 '본토결전' 준비」(『역사와 현실』 49, 2003.), 19~27쪽에 구체적으로 서술되어 있다.

7) 조선 주둔군은 조선군사령부를 중심으로 예하에 나남을 사령부로 한 제19사단과 경성을 중심으로 한 제20사단을 기간으로 하고 있었다. 조선군사령관은 예하부대의 통수권은 물론 군사행정에 관한 권한을 보유하고 있었다.

을 위해 관구 내 부대들을 통솔하는 한편, 병력의 보충 및 교육훈련, 경리 및 위생 등을 담당하는 부대였던 것이다. 요컨대 조선 주둔군의 조직이 야전부대와 군정부대로 나뉘어 새롭게 개편된 것은 조선이 전장화되었음을 뜻하는 것이었다.

조선군의 재편과 함께 대본영이 계획한 또 다른 조치는 미군의 한반도 상륙에 대비한 작전의 실시였다. '결호작전(決號作戰)'으로 명명된 이 작전에서 제17방면군은 '결7호(決7號)'의 범주에 속하였다. 그리고 작전 이행을 위해 제17방면군 예하에 대대적인 부대 증강이 있었다. 1945년 3월 나남에 제79사단, 제주도에 제96사단이 신설되었고, 4월에는 제주도에 제58군사령부 설치를 비롯하여 고창(高敵)에 제150사단, 이리(裡里)에 제160사단이 만들어 졌다. 5월에도 제주도에 독립혼성 제127여단이 설치되는 한편, 제120사단이 만주 동녕(東寧)으로부터 대구로, 제111사단과 제122사단이 만주에서 제주도로 이동하기도 했다.[8]

1945년 9월 일본의 침략전쟁이 공식적으로 종결되었을 때, 한반도에는 약 25만에서 30만 명의 일본군 병력이 주둔하고 있었다. 이들은 서남 해안과 도서에 상륙을 감행할 미군에 대항하기 위한 방어 부대가 주류를 이루었다. 애초부터 한반도에 주둔했던 제19사단과 제20사단 주력부대는 각각 필리핀·대만 일대와 동부 뉴기니의 전선에 파견되었다가 그곳에서 패전을 맞았다.

〈표 1〉 해방 당시 한반도 주둔 일본군의 주둔 지역 및 규모

부 대 명	사령부 소재지	인원수(명)	비 고
제17방면군사령부/조선군관구사령부	서울	1,299	야전군, 사단, 혼성여단, 혼성

---

8) 본토 결전에 따른 한반도와 제주도의 일본군 부대 증강에 대해서는 조성윤 편저의 『일제 말기 제주도의 일본군 연구』를 참조할 수 있다.

부 대 명	사령부 소재지	인원수(명)	비 고
제120사단	대구	9,013	연대
제110사단	정읍	14,797	
제160사단	이리	13,883	
제320사단	서울	8,923	
독립혼성제126여단	부산	6,349	
독립혼성제39연대	정읍	3,467	
독립혼성제40연대	성환	3,400	
전차제12연대	광주	943	야전군 직할부대
독립야포병제10연대	평양	1,850	
박격포제30대대	서울	856	
박격포제31대대	광주	1,200	
고사포제151연대	부산	2,704	
고사포제152연대	서울	2,003	
독립고사포제42대대	평양	830	
독립고사포제46대대	청진	660	
독립기관포제20중대	대령강	140	
독립기관포제21중대	포항	140	
제12공병대사령부	서울	100	
독립공병제125대대	서울	2,700	
독립공병제128대대	대구		
독립공병제129대대	광주		
전신제4연대	대전	1,170	
제86·87 독립통신작업대	대전	1,500	
제88 독립통신작업대	대구		
제89·90 독립통신작업대	서울		
부산요새사령부	부산	170	요새부대
나진요새사령부	나진	180	
영흥만요새사령부	원산	120	
여수요새사령부	여수	80	
부산요새중포병연대	부산	999	
나진요새포병대	나진	300	

부 대 명	사령부 소재지	인원수(명)	비 고
여수요새중포병연대	여수	320	
나남사관구부대	나남	6,300	
평양사관구부대	평양	6,300	
경성사관구부대	서울	12,077	
대구사관구부대	대구	5,488	
광주사관구부대	광주	5,800	
마산중포병연대 보충대	마산	500	
야전포병제15연대 보충대	회령	495	
독립공병제23연대	수색	395	
조선군관구교육대	평양	70	군관구 사단관구
조선군관구방역부	부산	64	
인천조병창	인천	252	
평양병기보급창	평양	71	
조선육군화물창	대전	238	
부산병참부	부산	462	
부산수송통제부	부산	102	
나진수송통제부	나진	90	
제12야전보충마창고	회령	600	
조선포로수용소	서울	24	
경성육군구금소	서울	15	
나남·함흥·신의주·평양·해주·경성·춘천·청 주·대전·전주·광주·대구·부산	왼쪽 각 지역	1,105	지구사령부 병사부
제12야전수송사령부	대구	40	병참수송 부대
제46병참지구대본부	대전	168	
제62병참지구대본부	대구	190	
독립자동차 제65대대	추풍령	801	
독립자동차 제70대대	대구	795	
독립자동차 제82대대	이리	800	
독립자동차 제299,301중대	부산	359	
독립치중병 제63,64,72,74중대	대전·정읍 ·대구	1,339	

부 대 명	사령부 소재지	인원수(명)	비 고
나진·나남·회령·함흥·원산·평양 1·평양 2·경성·군산·전주·광주·여수·대구·부산 육군병원	왼쪽 각 지역	1,592	군(군마)위생기관
제71병참병원	부산	400	
제16군마방역창	영동	150	
조선군 임시병참병마창	부산	50	
제41경비대대		630	경비대대
제141-160경비대대		11,400	
제10야전근무대본부	대전	17	근무대
건축근무제59중대	대전	507	
제36야전근무대본부	목포	17	
육상근무대 제166·167·168·169·170·171·172중대	목포	3,577	
제37야전근무대본부	부산	17	
육상근무대 제173·174·175·176·177·178·179중대	부산	3,577	
제38야전근무대본부	원산	17	
육상근무대 제180중대	군산	2,044	
육상근무대 제181중대	정읍		
육상근무대 제182중대	원산		
육상근무대 제183중대	경성		
제39야전근무대본부	鏡城	17	
육상근무대 제184·185중대	鏡城	3,066	
육상근무대 제186중대	성진		
육상근무대 제187중대	포항		
육상근무대 제188중대	전주		
육상근무대 제189중대	鏡城		
육상근무대 제210중대	서울	2,500	
육상근무대 제211중대	나진		
육상근무대 제212중대	평양		
육상근무대 제213중대	서울		
육상근무대 제214중대	부산		
수상근무 제77중대	원산	1,533	

부 대 명	사령부 소재지	인원수(명)	비 고
수상근무 제78중대	부산		
수상근무 제79중대	여수		
특설수상근무 제105·106·107·108중대	부산	1,550	특설근무대
특설수상근무 제109중대	서울		
특설수상근무 제109·110중대	부산	620	
특설경비대대(갑) 12개			
특설경비대대(을) 11개			특설경비부대
특설경비중대 5개			
특설경비중대 12개			
소 계		158,317	
제58군사령부 및 예하부대	제주도	74,781	
제5항공군사령부 및 예하부대	서울	43,059	
총 계		276,157	

* 宮田節子 編·解說, 『朝鮮軍槪要史』(不二出版, 1989)의 「附表 第4 朝鮮軍部隊
  一覽表」와 「附表 第3 濟州道部隊一覽表」·「附表 第8 第5航空部隊一覽表」 등의
  내용을 토대로 작성함.
** 제58군사령부 및 예하부대와 제5항공군사령부 및 예하부대는 전체 통계만 기입함.
*** 인원규모는 군속이 포함되어 있으며, 소계 및 총계는 원 자료에 기재된 수치를 단순
    합산한 것으로 실제 규모와는 다소 차이가 있음.

한편 패전 당시 조선 주둔 일본군 사령관이었던 고쓰기 요시오(上月
良夫)는 1946년 '복원(復員)'[9]하여 일왕에게 상주한 문건에서 당시 제
17방면군의 규모를 "지상 2군, 9사단, 5사관구, 2혼성여단과 3요새 및
항공 1군 1사단을 기간"으로 하는 약 23만 명이라고 보고하였다.[10] 또

9) 일본군에서 '動員'에 대응하여 쓰이는 말이다. 즉 전시 동원령에 따라 동원된 병
   사들이 평시가 되어 복원령에 의해 복원되었다고 표현된다. 除隊·退役 등과 혼
   돈하여 쓰이는 경우가 있으나 엄밀하게는 구분된다. 해군에서는 '解員'이라고 불
   렀다. 이글에서는 일반적인 의미에서 귀환으로 번역해 사용하였다.
10) 第17方面軍司令官兼朝鮮軍管區司令官 上月良夫, 「第17方面軍 朝鮮軍の終戰
    狀況上奏文(1945.12.5)」, 防衛省 防衛研究所 陸軍一般-滿洲-朝鮮-16.

한 모리타 요시오(森田芳夫)는 1945년 종전 당시 한반도 주둔 일본군
의 병력을 북한 117,110명, 남한 230,258명으로 합계 347,368명이었다
고 기술하였다.[11] 그러나 모리타는 같은 책에서 1945년 9월 현재 재조
일본인 77만 천 명 중 군인이 27만 천 명이라고 기술하기도 했다.[12] 일
본 측의 기록에 따르면 한반도 주둔 일본군의 최종 인원은 25만 명 내
외였을 것으로 판단된다.

3. 해방 직후 일본군의 치안권 장악과 그 성격

1) 점령 상황 변화에 따른 조선총독부와 일본군의 대응

해방 직전 조선총독부는 송진우(宋鎭禹)와 여운형(呂運亨) 등 유력
인사들과 교섭을 통해 패전 이후 통치 권한을 이양하고 안전을 보장
받으려는 시도를 하고 있었다. 총독부는 패전 이후 자신들에게 닥칠 혼
란과 불안을 미연에 방지하고자 다각적으로 한인들과 접촉을 시도했던
것이다.

1945년 8월 당시 조선총독부 농상국 농상과장에 재직하고 있었던 최
하영(崔夏永)에 따르면, 정무총감 엔도 류사쿠(遠藤柳作)가 8월 11일
경부터 자신을 불러 전쟁의 추이에 대한 의견을 묻는 한편 종전 후 대
처 방안에 관해 논의했다고 한다. 이 와중에 엔도는 최하영에게 "통치
권을 조선인에게 어느 정도 이양한다고 할 때 과연 누구에게 이양하는
것이 좋을까?"라는 질문을 했고, 이에 최하영은 박석윤(朴錫胤)을 통해

---

11) 이 수치는 군속을 포함한 것으로 보인다.
12) 森田芳夫, 『朝鮮終戰の記錄』, 巖南堂書店, 1964, 24~25, 219쪽. 모리타는 27만
    천 명의 일본군 중 22만 천 명이 귀환했다고 한다.

여운형을 설득하는 방안을 간접적으로 제시했다는 것이다.[13]

실제 여운형이 엔도를 만나 이른바 종전 이후 대처에 대한 교섭을 하고 이것이 건국준비위원회 활동으로 이어지고 있음은 주지의 사실이다. 물론 최하영의 기억과는 달리 총독부가 이미 송진우와 한 차례 교섭을 시도했고 이것이 실패하자 대안으로 선택한 것이 여운형이었다는 주장도 널리 알려진 바와 같다.[14]

그러나 1945년 8월 15일 일왕이 항복의 의지를 방송으로 드러냈을 때 총독부 당국은 여전히 불확실의 그늘을 벗어나지 못하고 있었다. 조선총독부는 '해방'이라는 단어가 무엇을 뜻하는지에 관해 외무성에 조회하는 한편 국제법상 어떤 의미를 갖고 있는지 조사했지만 그에 대응한 뚜렷한 방침을 마련하지 못했다고 한다.[15]

미군이 기록한 자료에는 해방 직후 "일본인들은 사실상 여운형과 그의 추종자들에게 정부를 넘겼"고, "조선총독부는 약속을 지켜서 조선인들이 여운형 세력에 의해 지도되는 것을 허락했다"고 쓰여 있다.[16] 총독부는 해방 직후 방침을 확정하지 못하고 우왕좌왕하는 모습을 보였으며 사실상 정권을 여운형을 비롯한 조선인들에게 이양하려 했던 것이다.

이때 조선 내 통치 공백을 메우기 위해 등장한 것은 조선 주둔군이었다. 조선 주둔군은 항복방송 직후 총독부의 방침에 반발하여 '정치운동 취체 요령' 등의 문건을 제작하고 치안권에 대한 직접 통제를 주장하였다.[17] 또한 조선군관구사령부 명의의 '관내 일반 민중에게 고함'이

---

13) 이동화, 「8·15를 전후한 여운형의 정치 활동」, 송건호 외, 『해방전후사의 인식』 1, 한길사, 2004(개정 3판), 412~417쪽.

14) 브루스 커밍스 지음, 김자동 옮김, 『한국전쟁의 기원』, 일월서각, 1986, 108~110쪽.

15) 조건, 「전시 총동원체제기 조선 주둔 일본군의 한인 통제와 동원」, 58~59쪽.

16) 국사편찬위원회 편, 『주한미군사 1(History of the United States Army Forces in Korea: Part 1)』, 2014, 155~156쪽.

라는 포고를 발표하기도 하였다. 포고에서 일본군은 "민심을 교란하고 치안을 해치는 일이 있으면 군은 단호한 조치를 할 것이다"라는 경고를 서슴치 않았다.[18]

나아가 8월 21일자 『경성일보(京城日報)』에 게재된 조선군관구 참모부장의 20일자 담화에는 "유언비어에 미혹됨 없이 침착하게 황국신민의 진자(眞姿)를 현양"하라면서 일반의 자중을 촉구했다는 내용이 담겨있었다.

대륙에서 태평양에서 피아의 전투 행위는 전면적인 중지를 맞이하고 이른바 정식 정전협정은 금후 대일본제국과 연합국의 당국 간에 진행될 것이다. 이 협정이 성립하면 국제 신의에 바탕하여 피아 원활한 실행에 이행할 것이다. 이와 같은 취지에 반하는 무장해제와 같은 것은 결단코 없다. 사태 경과를 통찰하여 군은 총독부와 일체되어 이 사이 계속 필요한 치안 확보에 전력을 경주하고 있다. 유언비어에 현혹되지 말고 철도도 통신의 확보에 계속해서도 역시 인양 희망의 처리에 대해서도 만전의 책을 강구하고 있다. 수송 계획 등은 축차 그 근골부터 공개한다.
침착하게 낙착하여 황국신민의 진정한 자세를 보여야 한다. 바라건데 敢然히 버티고 서서 조선 신질서에 공헌하고 싶다.[19]

귀환과 무장해제는 모두 연합국과 자국 간에 신의에 바탕하여 진행될 것이기 때문에 유언비어에 현혹되지 말 것이며, 자신 역시 "황국신

---

17) 미군 측 자료에는 이러한 상황이 다음과 같이 묘사되어 있다.
"일본 총독부 당국은 예전과 같은 엄격한 질서의 공백에 두려움을 느끼고, 또 일본인의 생명과 재산에 대한 걱정 때문에 자신들의 경찰권을 다시 주장하기로 결정했다. 8월 17일 반격이 시작되었다."(국사편찬위원회 편, 『주한미군사 1』, 159~160쪽.)
18) 宋南憲, 『解放三年史』 I, 까치, 1985, 41쪽.
19) 「인양 등에도 만전책. 신질서에 공헌 요망. 협정 성립까지 무장해제 없다.」, 『京城日報』 1945. 8. 21 1면.

민의 진정한 자세"로 "조선 신질서에 공헌하고 싶다"는 내용이었다. 재 조일본인들이 주 구독층인『경성일보』에 게시된 기사임을 감안하더라 도 조선 주둔군이 한반도 내 치안을 지속할 것이라는 사실을 군 주요 당국자가 밝힌 것임을 의심할 필요는 없다.

같은 날 2면에는 「황군의 치안기대」라는 제목으로 미군의 B24 항공 기가 살포한 삐라의 내용이 소개되었다.[20] B24 1기가 20일 오후 2시경 경성 상공에 삐라를 살포했는데, 그 내용인 즉 "휴전협정이 되어 조약 의 약정이 실시될 때까지는 일본군의 군대가 치안에 임할 것"이라고 기재되어 있으니 삐라에 관한 "유언을 발생시키거나 현혹"되지 말 것 을 강조하는 내용이었다. 삐라의 존재 유무를 가릴 필요도 없이 미군이 일본군에 한반도 치안을 맡긴 것은 사실이었다. 조선 주둔군은 패전국 군대라는 치욕을 감내할 필요도 없이 항복 이전과 마찬가지로 해방된 한인들을 무력으로 통제할 수 있게 되었던 것이다.

해방 이후 독립에 대한 한인들의 기대감은 '경거망동'을 엄벌하겠다 는 조선 주둔군의 통제 아래 여지없이 무너지고 말았다. 그리고 조선 주둔군은 자신들의 이러한 방침을 신문 등을 통해 일반에 널리 공표하 였다. 여기에 그치지 않고 조선 주둔군은 실질적인 치안 유지 권한을 확보하기 위한 조치를 강구하게 된다. 그 주요 방안으로 대두된 것이 바로 대대적인 헌병 병력의 충원이었다.

조선 주둔군은 당시 치안에 필요한 병력을 헌병으로 '變裝'시켜 이 들로 하여금 한인의 해방 후 활동을 제약하고 탄압하고자 했다. 8월 15 일 이후 조선 주둔 일본군의 활동에 대해서는 조선 주둔군 측이 미군 에 제출하기 위해 작성한 「미군에 대한 치안 정황설명(米軍に對する 治安情況說明)」이라는 문건에 자세하게 언급되어 있다.[21] 아래에서는

---

20) 「황군의 치안기대」,『京城日報』1945. 8. 21 2면.
21) 「米軍ニ對スル治安情況說明」, アジア歷史資料センター C13070041200. 이

이 문건에 드러난 조선 주둔군의 활동을 구체적으로 살펴보겠다.

　조선 주둔군은 일왕의 항복 방송 이후 한인들이 독립 만세 시위를 전개한 것을 '오해(誤解)' 때문으로 간주하였다. 일왕의 방송이 곧 식민 지배의 종식과 조선 독립을 가져올 것으로 생각하는 것은 오해의 소산이라는 주장이었다. 따라서 만세 시위 등의 행동은 연합군의 방침과는 거리가 있는 '맹동(盲動)'에 불과하기 때문에 단호하게 통제하겠다는 것이었다.

> 8월 15일 이후 鮮內 각지에 獨立準備委員會 혹은 治安維持會 등이 亂立하여 경찰 관청의 접수 등을 기획 내지 일부 실행에 착수하려 했는데 일본군은 연합 측의 의향이 不明한 사이 이들 민중의 盲動은 불가하다고 하여 단호히 이들의 단속에 힘썼다. 그 결과 점차 평정을 찾아 현재 대체로 小康을 확보하고 있다. 그럼에도 이면적으로는 각종 세력 분야에서 領導權의 획득하려는 책모가 있다.[22]

　조선 주둔군은 자신들이 치안을 유지할 수밖에 없는 이유를 "연합 측의 의향이 불명"하기 때문으로 적고 있었다. 아울러 한인들의 '맹동'과 '책모'를 단속하기 위하여 노력한 끝에 점차 평정을 찾아가고 있다고 언급하였다. 그러나 일본군이 패전 이후 총독부의 혼돈 속에서 빠르게 치안을 확보하려 했던 가장 큰 이유는 자신들의 생명을 지키며 안전하게 귀국하기 위한 시간을 벌기 위해서였다고 판단된다.

　한인들의 독립 만세 시위에 대한 통제와 더불어 조선 주둔군이 파악했던 조선 내 정세는 다음과 같았다.

일반 민중의 동향
정전발표 직후 일부 민중은 민족해방의 환희에 昻奮하여 여러 곳에서 가두시위운

문건은 『在南鮮日本軍部隊槪況報告』 문서군 내에 편철되어 있다.
22) '政治運動', 「米軍ニ對スル治安情況說明」.

동을 벌이고 그 여세를 몰아 관공서, 경찰서, 면사무소 등을 습격하여 읍면장, 경찰관에 대한 살상·폭행·약탈 등을 각지에서 발생시켰다.(피해자는 한인 관공리로써 일본인 피해자는 없음) 또한 사려깊지 못한 대중은 糧穀 기타 생활 필수물자의 약탈 등을 자행했는데 현재는 모두 평정을 찾았다. 그럼에도 無智의 무리는 亂民이 되어 附和雷同의 성향이 있으므로 주의를 요한다.[23]

일본인과 한인과의 관계
상층의 사려있는 자는 양자의 摩擦·相剋이 없기를 애심으로부터 희망하여 그 방침 아래 일반인을 지도하고 있는데, 공산계 기타 과격사상을 가진 사려 깊지 못한 청년 일부는 적극적으로 치안을 攪亂하여 일본인 대 한인 간의 불상사를 야기시키려 기도하는 자가 있어 무지한 민중을 선동하고 있음은 주의를 요해야할 사항이다. 현재까지 양자의 상극에 의해 큰 불상사건은 없었으나 장래 일본군 무장해제 후의 치안유지에는 주의를 요한다.[24]

　조선 주둔군은 해방 직후 "사려 깊지 못한 일부 한인에 의한 동요"가 있었으나 이는 곧 '평정'되었으며 대체로 큰 불상사건은 발생하지 않았다는 점을 기록하고 있다. 그러나 "한인들의 동요"는 결코 일부에 국한되지 않았다. 다음은 조선 주둔군 측이 해방 직후 시위운동 발생 상황을 기록한 것이다.

〈표 2〉 시위운동 발생 일람표

월 일	장 소	사 건 개 요
8.16	경 성	선인 500명(점차 증가) 조선 독립만세를 외침.
8.17	경 성	'소련군 입성 환영'이라고 칭하며 경성역에 집합 민중 4~500명.
8.16	은율군	연맹사무국에 주민 약 50명 침입 폭행함.
8.16	황주읍	주민 약 1,000명 만세를 외치며 경찰서에 투석함.
8.16	연일군	약 1,000명의 민중 만세를 외치며 시위운동을 벌임.
8.16	해 주	약 10~20명의 청소년 만세를 외침.

---

23) '一般民衆ノ動向', 「米軍ニ對スル治安情況說明」.
24) '日本人ト朝鮮人トノ關係', 「米軍ニ對スル治安情況說明」.

8.16	평 양	평양 북방 体馳嶺에서 3천명이 보통교를 건너 화신 앞에서 시위운 동을 전개.
8.16	진남포	소련선 입항이라고 하는 소문을 믿고 동항에 몰려듦. 해산시 만세 를 연호하며 시내에서 시위운동을 전개.
8.16	승호리	조선독립선언의 정보에 열광하여 약 150명으로 대를 나누어 독립 축하운동을 벌임.
8.16	춘 천	1 내지 2백명의 민중이 4개 조로 나누어 가두행진을 벌임.
8.16	통 천	민중 2백명, 시위운동을 벌임.
8.16	김 화	민중 2백명 일본인 집에 투석.
8.16	철 원	민중 2백명 일본인 집에 투석.
8.16	홍천군	경성에서부터 자동차 위에 조선국기를 꼽고 진입함.
8.16	화 천	朝鮮電業 鹿島組 종업원 90명 동요.
8.16	원 산	약 2백명 선인 만세를 외치며 가두행진 전개.
8.16	대전부	집단행동을 전개.
8.18	홍 성	대동진공화국 설정식 거행. 시가 행진.
8.16	양 양	수백명 시위행진을 벌임.
8.15	해주부	부내 시위행진(수천명)
불명	정읍, 신태인	민중대회를 열고 시위행진을 벌임.

* 「米軍ニ對スル治安情況說明」의 '示威運動發生一覽表'를 재구성함.

8월 15일과 16일에 집중하여 파악된 것이지만, 한반도 각지에서 적지 않은 숫자의 사람들이 시위에 참여하고 있었음을 알 수 있다. 특히 8월 16일부터 20일 사이에 있었던 시위운동에 따른 피해상황 조사표를 보면, 경찰서 및 주재소 습격 151건, 경찰관에 대한 폭행 73건, 일본인에 대한 협박·강도·살해 70건, 경□□□파괴 1건, 관아 습격·파괴 39건, 신사 봉안전 방화 54건, 한인 관공리에 대한 폭행·협박 61건, 광산 습격 5건, 공장 습격 2건, 양곡 습격 약탈 12건, 총기 탄약 탈취 26건, 각 □의 상극 1건, 방화·절도 8건 등이 확인된다.[25]

한반도 각지에서 해방이 되었음에도 결코 자유롭게 풀려나지 못한

---

25) '被害狀況一覽表(8.16~8.20)', 「米軍ニ對スル治安情況說明」.

것을 항의하는 시위가 적지 않았음을 알 수 있다. 심지어 분을 참지 못하고 수많은 사람들이 일제 관헌에 대한 직접 행동에 나서고 있었다. 그러나 조선 주둔군은 "직접 피해를 입은 경우는 한인 관공리에 국한되었으며 일본인 관리의 피해는 거의 없었, 이마저도 빠르게 진정되어 질서를 찾아가는 중"이라고 기술하였다.

요컨대 일본군은 해방 직후 한인들의 시위운동과 집단행동을 더 이상 방치할 수 없다고 판단하였고, 치안을 담당할 병력을 대규모로 증강하여 강력한 통제와 탄압을 자행했던 것이다.

2) 일본군의 남한지역 치안유지 실상과 성격

해방 직후 남한은 여운형(呂運亨)의 건국준비위원회를 비롯하여 송진우(宋鎭禹)를 중심으로 한 보수 우익계열 인사들과 사회주의 진영의 조선공산당 등이 해방된 조국의 행정권 이양을 기대하고 있었다. 그러나 이것은 연합국의 의사와는 무관한 일이었다. 미군은 남한 내 정세를 사회주의 혁명의 비등점에 다다른 냄비처럼 인식하고 있었고 이 때문에 사회 불안을 야기할 하등의 요인이 불식되어야 한다고 판단하였다. 해방 직후 일본군이 남한 내 치안권을 맡게 된 데는 미군의 이러한 정세 판단에도 일정부분 이유가 있다. 주목할 점은 미군의 한반도 정세인식에 일본군이 나쁜 영향을 미치고 있었다는 사실이다.[26]

다른 한편 일본군은 패전 후 한반도 내 주요 정치세력이 정국 운영의 주도권을 쥐게 되는 상황을 좌시하지 않았다. 일왕의 '항복방송' 직후 조선건국준비위원회가 결성되고 그 하부 조직으로 건국치안대가 조직되었다.[27] 그리고 조선 내 치안은 이 건국치안대가 맡을 예정이었다.

---

26) 국사편찬위원회 편, 『주한미군사 1』, 172쪽.
27) 李東華, 「夢陽呂運亨의政治活動(下)」, 『창작과비평』 13, 1978, 123~125쪽.

앞에 기술된 인용문에도 8월 15일 이후 조선 내 각지에서 '독립준비위
원회' 혹은 '치안유지회' 등이 '난립'하여 일부 경찰 관청을 접수하기도
했다는 점이 기록되어 있다. 실제 건국치안대는 1945년 8월 16일 활동
을 시작한 이래 얼마 지나지 않아 전국에 162개소의 지부를 거느리는
등 활동 영역을 확대하고 있었다. 그러나 전국적으로 설치되어 가던 지
부의 확장과는 별개로 곳곳에서 조선 주둔군과 마찰을 빚고 있었던 것
도 사실이었다.[28]

　　건국치안대는 설립 당시 장권(張權)을 중심으로 지방 곳곳에 지부를
조직하고 활동하면서 한인들 사이에서 나름의 역할을 하였다. 일본군
에서 이탈한 한인들로 구성된 군사조직인 조선국군준비대 역시 상당
규모의 병력을 유지하면서 치안권 확보에 힘썼다.[29] 그러나　건준을
비롯한 한인 단체들은 자체의 갈등과 내분으로 정상적인 운영이 어려
웠고 영향력 또한 지속되지 못했다. 건준 내 분란이 없었더라도 일본군
이 장악했던 치안권이 건국치안대에 이양되었다거나 또는 일본군에서
그럴 이양할 의향이 있었는지는 의문이다. 즉 건국치안대의 치안력 장
악 정도는 그다지 크지 않았던 것으로 보인다.

　　건준이나 인공 등이 행사한 치안권은 한인 사회 내부의 갈등을 어느
정도 진정시키는 데는 효과를 발휘했지만, 실제 군사적인 권능이나 무

---

28) 서중석,『한국현대민족운동연구』1, 역사비평사, 1991, 201쪽. 창원시 상남면 건
　　국준비위원장이었던 裵正世는 진해 해군경비부에서 벌어지고 있는 물자 유출, 매
　　각 및 소각 등을 막으려다 일본군에 의해 목숨을 잃기도 했다. 그는 패전국민의
　　철수는 인도적으로 대우할 것이나 군수물자 처리는 한국재산으로 귀속시켜야 한
　　다는 주장을 했다고 한다.(디지털창원문화대전 ; http://changwon.grandculture.net/)
29) 기존 연구에서는 건준 및 건준치안대의 8월 당시 치안권 행사에 대해 긍정적으로
　　평가하는 편이다. 대표적으로 브루스 커밍스는 건준(CPKI)과 건국청년치안대,
　　그리고 조선국군준비대(NPA) 등이 상당 수준의 치안권을 확보했다고 평가하였
　　다.(브루스 커밍스 지음, 김자동 옮김,『한국전쟁의 기원』, 111~116쪽.) 이러한
　　인식에 대해서는 다른 연구자들 역시 대부분 공유하는 것이었다.

력적인 위세 면에서 일본군경을 대체하거나 압도할 만한 수준은 못되었다. 아울러 한국인들이 그러한 권한을 갖는 것은 미군이 원하는 바도 아니었을 것이다.

조선 주둔군은 일왕의 패전방송 직후『경성일보』,『매일신보』등 신문사와 경성방송국에 병사들을 보내 일반에 배일적(排日的) 내용이 유포되지 않도록 언론을 통제하였다.[30] 나아가 조선군 보도부장이었던 나가야 쇼사쿠(長屋尙祚)는 8월 18일 직접 방송을 통해 일본군은 엄연히 존재하고 있다는 것과 만일의 경우 단호하게 무력을 사용하겠다고 위협하기도 했다.[31] 패전과 관계없이 조선 주둔군이 한반도 내 영향력을 행사할 것이라는 점을 명확히 하고 있었던 것이다.

특히 나가야는 조선 주둔 일본군 최후의 보도부장으로 해방 직후 한국의 상황을 상세하게 작성한 보고서를 남겼다는 점에서 매우 주목할 만한 인물이었다.[32] 당시 조선총독부에서 작성한 보고서가 대부분 미군의 요청에 의해 작성되었던 반면, 그의 보고서는 군사령관의 명령에 의해 비밀리에 일본으로 운반된 뒤 육군성에 제출되었다.[33]

나가야의 보고서에는 소련과 미군의 진주 및 무장해제 상황, 일본군의 복원 수송 실태, 재조일본인 상황과 대책, 조선 내 경비·치안 상황, 조선민중과 미군정의 동향, 그리고 조선 주둔군 고려 사항 및 최종 의견 등이 수록되었다. 나가야는 이 문건에서, 해방 직후 조선 민중들은

---

30) 문제안 외 공저,『8·15의 기억』, 한길사, 2005, 23~24쪽.

31) 宋南憲,『解放三年史』Ⅰ, 41쪽.

32) 朝鮮軍報道部長 長屋尙作,「朝鮮の狀況報告(1945.11)」, 防衛省 防衛研究所 陸軍一般-文庫-柚-175.

33) 보고서 초입에는 문건을 비밀리에 일본으로 운반하던 상황이 기록되어 있다. 즉 1945년 11월 보고서를 육군성에 제출하라는 명령이 있었고, 이에 따라 보고서를 분책하여 부하 2명과 함께 속옷에 넣어 부산항을 출발 하카다(博多)에 도착했다고 한다.

'난민적(亂民的) 경향'을 보이고 있는데 여기에 '경거망동'한 공산계 분자들이 선동을 부추겨 치안이 어지럽게 되었다고 서술하였다.[34]

조선 주둔군은 해방 직후 한반도의 난민적 상황을 통제하기 위해 대대적인 치안 병력 충원을 감행하였다. 그런데 조선 주둔군이 미군을 대신하여 한반도 내 치안 유지를 위해 마련된 방책은 헌병 병력의 증원과 배치였다. 이는 아이러니하게 1910년 병탄 직후 식민지 한인들을 상대로 시행했던 '헌병경찰제도'의 부활을 연상시킨다. 해방된 한반도에 병탄 직후 무단통치의 대명사였던 헌병들이 다시금 통제의 전면으로 등장했던 것이다.

조선 주둔군이 헌병 증원을 시도한 것은 한인들의 시위운동이 점차 확대되어 기존의 방식대로는 질서를 유지하기 어렵다는 판단 때문이었다.

치안기관의 상황

경찰기관은 15일까지는 일본 내지인 4천명, 한인 1만명 내외였는데, 치안유지를 위해 응소 경찰관을 歸署시키는 것 외 별도 특별경찰관을 증강하여 대체로 옛 상황을 회복하였다. 그런데 16일 경의 폭동 이후는 한인 경찰관의 劣弱性이 폭로됨에 따라 일반인민은 그에 대하여 종래와 같이 강력한 위력을 느끼지 못하였고, 또한 한인 경찰관은 결국 군정 아래에서 자신의 직무를 계속할 수 없다는 걱정을 가지고 있어 직무집행에 전념할 수 없는 정황에 있다.

8월 15일 이후 각지에서 치안 유지에 협력하는 것을 표방하는 단체가 난립했는데, 모두 질서를 잃었던 경험이 없어 치안을 의탁함에 부족하다. 대원 중에는 약탈·폭행을 저질러 치안을 어지럽힌 자가 있는 상황으로 치안 유지는 오로지 강력한 군의 위력에 의해서 확보될 수 있다.(밑줄은 필자)[35]

---

34) 나가야의 보고서는 일본 방위성 방위연구소에 소장되어 있는 필사본 자료이다. 방위연구소 청구번호에 기재된 '柚'는 패전 이후 후생성 원호국에서 근무했던 유노하라 히사미쓰(柚原久光)을 지칭하는 것이다. 유노하라 사료에는 일본군 무장해제, 복원, 그리고 전후 연합국과의 교섭 관련 자료들이 포함되어 있다.(조건, 「朝鮮 狀況 報告(朝鮮の狀況報告)-'조선 주둔 일본군'의 마지막 보고서-」, 『한국학논총』 44, 2015, 482쪽.)

위 기록에 따르면, 패전 당시 한반도 내 경찰병력은 일본인 4천명, 한인 1만 여명으로 구성되어 있었다. 그런데 한인 경찰관들의 경우 해방 이후 자신들의 직무에 전념할 수 없는 처지였다. 얼마 지나지 않아 한인 경찰관들의 80%가 직분에서 이탈하게 되었다.[36] 결국 다른 곳에 동원되었던 경찰관들을 복귀시키고, 특별경찰관을 증강하기에 이르렀다. 아울러 각지의 협력 단체를 통해서도 치안의 안정화에 힘을 기울였다. 그러나 위에 언급되어 있듯 결국 "치안 유지는 오로지 강력한 군의 위력에 의해서 확보"될 수 있었다. 그리고 그 중심에 헌병이 있었다.

패전 당시 조선 주둔 헌병의 병력은 2,585명이었다. 이 정도의 병력으로 한반도 전역의 치안을 유지하기는 불가능했다. 조선 주둔군은 대대적인 헌병 증원에 나섰다. 우선 군 예하 부대 내 다른 병과(兵科) 병력을 헌병으로 전과시켰다. 그리고 일본 본토에서 헌병 병력을 증파하기도 하였다.[37] 또한 늘어난 병력을 통솔하기 위해 헌병대 사령부에 참모 5명을 증편하는 방안도 마련되었다. 이렇게 하여 헌병 병력은 패전 당시의 무려 6배가 넘는 16,000명으로 증강되기에 이르렀다.[38]

병력 증강뿐만 아니라 편제에도 변화를 주었다. 38도선 이남지역의 조선 주둔군 헌병대는 경성·춘천·청주·대전·대구·부산·전주·광주 등 총 8개 지구대로 구분하고 각 지구대 별로 본부와 헌병분대, 기동대(機

---

35) '治安機關ノ狀況', 「米軍ニ對スル治安情況說明」.

36) 브루스 커밍스 지음, 김자동 옮김, 앞 책, 115쪽. 브루스 커밍스는 한인 경찰관들의 이탈로 인한 치안 공백을 건준치안대가 담당하게 되었다고 기술하였다. 그러나 이것은 일본군의 존재를 전혀 고려하지 않은 분석이다.

37) 조선 주둔군 내부에서 전과를 통해 헌병을 충원하는 것과 일본 내에서 헌병 병력을 이동시키는 것은 다른 차원의 문제이다. 실질적인 전쟁 종료 이후 패전국이 귀환이 아닌 다른 목적으로 병력을 파견한다는 것은 상식적으로 납득할 수 없는 행위인 것이다. 당시 일본 내 병력 이동은 미군의 허가 없이 불가능했기 때문이다. 단, 미군 측의 일본군 이동에 관한 문건은 아직 확인하지 못했다.

38) '憲兵ノ增强ニ就テ', 「米軍ニ對スル治安情況說明」.

動隊), 그리고 요지경비대(要地警備隊)를 두었다.[39] 이러한 편성은 관할 지역의 치안을 유지하면서, '소요'가 발생한 곳에 발 빠르게 대처하기 위한 조치였다. 이중 기동대와 요지경비대는 헌병증원을 위해 다른 병과에서 전과시킨 병력으로 충원한 부대였다.

그러나 패전 직후 조선 주둔군의 헌병 증원과 활동은 여러 가지 문제점을 내포하고 있다. 첫째, 해방 이후 식민지에서 패전국의 군사 활동이 정당화될 수 있는지의 문제이다. 조선 주둔군의 패전 직후 행동은 자신들의 안전을 확보하려는 군사적인 대응이었다. 주목할 점은 패전국이 식민지에서 군대를 증원하고 이를 수단으로 해방된 식민지민을 탄압하는 것이 과연 국제법적으로 정당한지에 대해 재고해야 한다는 사실이다. 물론 아시아에서 제2차 세계대전의 공식 종전일은 9월 2일이었다. 아울러 남한에서 미군과 식민 당국 간의 항복조인식은 9월 9일이었다. 그러나 일본군 예하 부대에 이미 8월 16일 전쟁중지명령이 내려진 것을 고려하면 역시 한반도에서 조선 주둔군이 펼쳤던 군사행동은 문제의 소지가 있다.[40]

이러한 측면에서 둘째, 치안 확보를 위해 조선 주둔군의 예하 부대가 아닌 헌병을 증원한 것은 패전국 군대가 직접 식민지민을 억압하는 과정에서 발생할 수 있는 논란을 피하고자 함이 아니었을까 하는 의혹이 있다. 즉, 패전 이후 식민지민을 직접 통제한 것은 작전부대가 아닌, 민

---

39) 각 지구대별 병력은 경성이 5,400명, 춘천 1,000명, 청주 700명, 대전 1,400명, 대구 1,600명, 부산 2,600명, 전주 1,200명, 그리고 광주가 2,000명 등이었다. 지역별로 적게는 3배에서 많게는 10배 가까운 충원이었다('朝鮮憲兵隊編成表', 「米軍ニ對スル治安情況說明」).

40) 일본 정부는 1945년 8월 14일, 포츠담선언의 조항을 수락하는 한편, 정부 및 대본영에 대해 일절의 군대에 대하여 전투행위를 終止하고 무기를 인도할 것임을 미국, 영국, 소련, 중국 등 4개국에 통고하였다(「포츠담 선언 수락을 둘러싼 연합국과 일본정부 사이의 외교 서한」, 『매일신보』 1945. 8. 16).

간인에 대한 감시·통제가 정당하게 규정되어 있는 헌병경찰이었다는 주장을 펼치기 위한 것이 아니었을까 하는 예측이 가능하다.

마지막으로 헌병경찰통치가 종식된 지 25년 만에 일본 헌병의 조선 '통치'가 다시금 재개되었다. 주지하듯 일본은 1919년 3·1독립운동으로 인해 그 통치 방식을 변경하지 않을 수 없었다. 이른바 문화통치, 민족분열통치가 그것으로 이때 식민지배의 중추였던 헌병경찰제도가 폐지되면서 군의 민간에 대한 직접 지배는 후퇴하는 경향을 보인다. 1920년대 이후부터 1930년대 후반까지 조선 주둔군은 식민지민에 대한 감시·통제를 직접 수행하지 않았다. 중일전쟁 이후 조선군사령부 내에 조선 사회 언론과 여론을 통제하기 위한 조직이 신설되었지만[41] 군이 식민지 치안 자체를 모두 떠맡는 형국은 아니었다. 그런데 아이러니하게 1945년 8월 해방 이후에 조선 주둔군에 의한, 그것도 헌병에 의한 직접통치가 다시금 전개되었던 것이다.

한편 앞서 언급했던 나가야의 보고서 중 남한 내 미군의 일시별 진주 상황과 지역별 무장해제 상황을 자세하게 기록한 부분에 눈에 띄는 서술이 있다. 즉 지역별로 미군이 진주하여 무장해제 되기 전까지 일본군 정규 병력의 25% 정도에게 병기를 휴대시키고 이를 통해 해당 지역의 '경비와 치안 유지 및 자위'를 담당케 했다는 것이다.[42] 이는 미군과 일본군의 항복조인식이 있었던 9월 9일 이후에도 일본군이 지역별로 무력을 통한 치안 유지를 담당하고 있었음을 의미한다.

미군 진주 이후에도 일본군의 일부가 자위를 위한 병기 휴대를 용인받았다는 것은 미군 측 자료에서 더욱 구체적으로 확인할 수 있다. 미

---

41) 이에 대해서는 조건, 「중일전쟁기(1937~1940) '조선군사령부 보도부'의 설치와 조직 구성」(『한일민족문제연구』 19, 2010.)을 참고할 수 있다.

42) 朝鮮軍報道部長 長屋尙作, 「朝鮮の狀況報告」. 이러한 사실은 미국측 기록에서도 분명하게 드러나 있다. 미군 진주 이후 일본군의 무장 상황에 대해서는 유지아, 「전후 재조선일본군의 무장해제 과정에서 형성된 한미일 관계」, 183쪽 참조.

군 제24군단이 9월 8일 인천에 상륙한 이후부터 3일간 인천과 서울 지구의 일본군 약 75%가 무장해제 되었다. 일본군은 미군의 명령에 적극 협조했기 때문에 무장해제는 "놀라울 정도로 순조롭게 진행"될 수 있었다. 주목할 점은 나머지 25%의 일본군 병력에게 자체 방어를 위해 소화기를 보유할 수 있도록 일정 기간 동안 묵인했다는 사실이다. 물론 미군 진주 후 10일, 즉 9월 하순 경에는 이 비율을 10% 정도로 제한했지만 일본군의 전면적이고 완벽한 무장해제에 그다지 적극적이지 않았던 모습을 확인할 수 있는 대목이다.43)

심지어 미군 측은 제7사단 병력을 서울 이남지역으로 이동시키면서 제17방면군 사령관 고쓰기에게 "미군이 도착해 인수인계를 하기 전까지 일본군이 책임지고 있는 지역의 철도와 기간시설, 물자와 교도소를 계속 일본군이 경비하도록 하시오"라는 지시를 내렸다고 한다. 그리고 그 이유는 "조선인 무법자들이 일본군의 무기를 입수해서 심각한 문제를 일으키는 사태를 우려했"기 때문이었다.44)

미군이 한반도에 진주한 이후에도 일본군의 일부 병력에게 무장을 유지시킨 채 한반도에서 식민지민을 통제하게 했다는 사실은 해방의 의미를 다시 묻지 않을 수 없게 한다. 미군의 입장에서는 추축국이었던 일본의 군대보다 식민지민이었던 한국민이 더욱 신뢰할 수 없는 존재였던 것일까.

4. 한반도 주둔 일본군의 귀환

미군의 이와 같은 '비호' 아래에서 일본군은 정상적으로 아니 매우

---

43) 국사편찬위원회 편, 『주한미군사 1』, 379~380쪽.
44) 국사편찬위원회 편, 『주한미군사 1』, 381쪽.

비정상적으로 평온하게 귀환할 수 있었다. 이러한 상황을 조선 주둔군 마지막 징병주임참모를 역임한 요시다 도시쿠마(吉田俊隈)는 다음과 같이 적었다.

> 종전 후 재선부대는 8월 하순부터 축차 조선병을 귀향시켰고 중국·남방의 제 지역은 연합국군에 이관했다. 내지부대도 역시 부대마다 잘 처리하여 귀선시켰는데 고래의 종전사에 본 것과 같은 타민족군의 반란 등 불상사건도 발생하지 않고 평온리에 마무리될 수 있었다.
> 물론 일부에서는 종전 후 불안에 쫓긴 무리 중 도망하는 자가 없었던 것은 아니지만 이 역시 내지병도 같은 현상으로 특별히 大書할 사건도 아니어서 退營시켰다.[45]

일본군의 입장에서 보기에도 조선 주둔군의 귀환은 "고래의 종전사에 본"적이 없는 평온한 것이었다. 마지막 조선 주둔군 사령관이었던 고쓰기 역시 일본군의 무장해제가 스스로의 손으로 실시되었고, 미군으로부터 어떠한 보복이나 충돌없이 우호적인 분위기 속에서 무사히 귀환하였다고 보고하였다.[46] 일본군의 귀환에 문제가 되었던 것은 귀환병을 실어 나를 선박과 대한해협에 떠다니고 있던 기뢰였다.

> 일본군을 송환하는 과정에서 선박은 지속적으로 문제가 되었다. 부산은 일본군을 송환하는데 매우 훌륭한 항구였으며 초기에 투입된 두 척의 기선으로 미군이 부산항을 접수하기 전에 30여 회에 걸쳐 부산과 일본을 왕복했다. 하지만 미해군 지휘관들은 미군이 투하한 기뢰 40여 개가 부산항 일대에 남아 있는 점을 불안하게 생각했다.[47]

---

45) 吉田俊隈,「朝鮮人 志願兵·徵兵의 梗槪」,『朝鮮軍關係史料 2/2』, アジア歷史資料センター C13070003800.
46) 第17方面軍司令官兼朝鮮軍管區司令官 上月良夫,「第17方面軍 朝鮮軍の終戰狀況上奏文(1945.12.5)」.
47) 국사편찬위원회 편,『주한미군사 1』, 392쪽.

그렇다면 과연 조선 주둔 일본군의 귀환은 어떻게 추진되었을까. 여기에서는 미군 측이 제작한 『주한미군사 1』와 기존 연구에서 다루지 않았던 일본 방위성 방위연구소와 외무성 외교사료관에 소장된 자료를 바탕으로 일본군의 귀환 상황을 육군과 해군으로 나누어 검토해 보겠다.48)

우선 조선 주둔 일본 육군의 귀환 상황이다. 미군은 9월 23일부터 제40사단 수송장교 중심으로 해당 지역 일본군 당국과 철도 관계자, 미해군 대표, 그리고 관계 인사들과 회의를 통해 귀환을 위한 구체적인 방편을 논의하기 시작했다. 논의 초기 계획은 일본군을 하루 4천 명씩 귀환시킬 계획이었다.49)

1945년 10월 6일자50) 조선군관구사령부 참모장이 육군성 차관에게 보낸 조선 주둔군 복원 계획에 따르면, "군 수송은 9월 27일부터 우선 부산 내 부대를 부산으로부터 1일 평균 약 4,000명씩 수송 중으로 현재는 대구 이남 부대를 차례로 환송 중"이었다고 한다. 10월 7일부터는 "대구 이북 부대의 수송을 개시할 예정"이며 이와는 별도로 미군 함선을 이용 2만 명의 병력을 인천항을 통해 귀환 수송할 계획이라고 밝히고 있다. 아울러 본 계획을 통한 군 전반-북위 38도선 이남 중 제주도 제외-의 수송은 10월 말 완료될 예정이었다.51)

---

48) 일본군과 미군의 귀환 교섭 과정 및 주요 내용은 유지아의 연구에 비교적 상세히 기술되어 있다. 유지아의 글에는 모리타 요시오(森田芳夫)의 『朝鮮終戰の記錄』 등을 토대로 작성된 일본군의 주별 귀환 현황표가 게시되어 있다(유지아, 「전후 재조선일본군의 무장해제 과정에서 형성된 한미일관계」, 187쪽). 여기에는 1945년 9월부터 12월까지 총 17만 6,241명의 귀환 현황이 나타나 있다. 이중 97%인 약 17만 여명이 11월 상순까지 모두 귀환한 것으로 기술되었다. 다만, 귀환 현황은 자료별로 다소 차이를 보인다. 여기에서는 당시 조선 주둔군 당국이 직접 보고한 문건을 토대로 그 실태를 살펴보겠다.

49) 국사편찬위원회 편, 『주한미군사 1』, 394쪽.

50) 10월 5일 11:53 발~10월 6일 05:40 착.

1945년 10월 19일자 조선군관구사령부 참모장이 육군성 차관에게
보낸 보고에는 위 문건이 계획한 수송 현황이 구체적으로 확인된다.[52]
1945년 9월 28일부터 10월 18일까지 미군의 LST를 이용해 귀환한 일
본군의 인원수가 날짜별로 기재되어 있다. 이 문건에는 조선 주둔군의
귀환 수송을 18일자로 일단 완료했으며, 이후 한반도에 잔류한 병력은
제주도에 5만 명, 38선 이남 조선에 만 명, 그리고 이북에 6만 명이라
고 밝혀져 있다.[53]

〈표 3〉 1945년 9월부터 10월까지 조선 주둔 육군 귀환 현황

출 항 항	일시(월일)	인원수(명)	비 고
부 산	9.28	3,674	
	9.29	5,436	
	9.30	1,147	
	10.1	4,842	
	10.2	2,641	
	10.3	5,362	
	10.4	581	
	10.5	4,465	
	10.6	2,355	

51) 「朝參電 第87号(1945.10.6)」 朝鮮軍管區參謀長(大田)−次官·次長(外務省 外
    交史料館 K-0004 「太平洋戰爭終結による在外邦人保護引揚關係 在外各地狀
    況及び善後措置關係 南鮮の狀況(朝鮮全般のものを含む)」).
52) 「朝參電 第375号(1945.10.19)」 朝鮮軍管區參謀長(大田)−陸軍次官(外務省 外
    交史料館 K-0004 「太平洋戰爭終結による在外邦人保護引揚關係 在外各地狀
    況及び善後措置關係 南鮮の狀況(朝鮮全般のものを含む)」).
53) 해방 후 한반도 내 일본인들의 귀환은 38도선을 경계로 나누어진다. 즉 북한은
    소련이 남한은 미군이 관장하게 되었는데, 미군이 진주했던 남한의 경우 미 당국
    과의 교섭을 통해 귀환이 비교적 원활하게 진행된 반면, 북한 지역의 일본인들은
    그렇지 못했다. 더불어 일본군의 경우에도 서울에 있었던 조선 주둔 일본군 사령
    부는 주로 미군과의 교섭을 통한 남한 지역 장병들의 귀환만을 도모할 수 있었다.

		10.7	7,775	
		10.8	2,079	
		10.9	3,427	
		10.10		
		10.11	6,074	
		10.12		
		10.13	591	
		10.14	7,655	
		10.15	2,428	
		10.16	9,070	
		10.17	7,256	
		10.18	4,646	
		계	81,074	실제 합계는 81,504명
	인 천	10.10	10,000	
		10.16	10,000	
		계	20,000	
		총계	101,074	실제는 101,504명

이에 따르면 한반도 내 일본 육군의 귀환 대상 총수는 22만여 명이었고, 이 중 약 10만 천여 명이 10월 중순까지 귀환을 마쳤으며, 북한 내 6만 명을 포함 12만 명이 아직 한반도에 잔류하고 있음이 확인된다. 또한 10월 중순까지 귀환인원 10만 명 중 8만 명은 부산항, 2만 명은 인천항을 통해 귀환했다고 기록하였다.[54]

위의 10월 6일자 문건과 10월 19일자 문건을 비교해 보면 일본군의 귀환 수송이 계획에 따라 큰 차질없이 진행되고 있음을 알 수 있다. 즉 10월 말까지 제주도를 제외한 남한 지역 조선 주둔군의 귀환 수송을

---

54) 『주한미군사 1』에는 인천항을 통한 귀환이 10월 11일 1만 명, 10월 16이 1만 여명 등으로 기록되어 있다.(국사편찬위원회 편, 『주한미군사 1』, 397쪽.) 인천 외 부산항을 이용한 귀환 인원 및 일시도 미군 측 자료와 일본 측 자료에 다소간 차이가 확인된다.

마치겠다는 계획에 따라 10월 18일 현재 1만 여명을 제외한 모든 병력
이 한반도를 떠났고, 인천항을 통한 출항 계획도 차질없이 10월 중순
두 차례에 걸쳐 추진되었다.

제주도 내 일본군의 귀환은 10월 하순부터 11월 중순까지 시행될 계
획이었다. 미 제24군수지원사령부 예하 제749야전포병대대와 제24군수
지원사령부 내 파견대가 10월 22일 제주도에 도착하여 송환절차를 시
작하였다. 10월 23일 두 척의 상륙용 주정이 일본군 1,100명과 1,200명
을 각각 태우고 제주도를 출발 사세보를 향해 떠났다. 이를 계기로 제
주도 주둔 일본군의 귀환이 시작되었으며 11월 12일 마지막 수송선이
떠날 때까지 지속되었다.[55]

한편, 조선 주둔 해군의 귀환 계획은 방위성 방위연구소에 소장되어
있는 『남선해군부대복원관계서류철(南鮮海軍部隊復員關係書類綴)』[56]
을 통해 살펴볼 수 있다. 특히 서류철 내에는 「남선해군부대 복원 군인
군속 귀환 수송계획」이라는 제목의 문건이 편철되어 있는데, 1945년 9
월 27일부터 10월 31일에 걸친 한반도 내 일본 해군의 귀환 계획이 자
세히 기술되어 있다. 해군의 경우에도 남선, 즉 38도선 이남을 기준으
로 하고 있었는데, 해군은 주로 진해경비부를 중심으로 주둔하고 있었
기 때문에 귀환 대상의 대부분은 남한지역에 잔류하고 있었을 것으로
예상할 수 있다.

남한지역 해군부대의 귀환 대상 총원은 8,983명이었다. 이중 장교가
283명, 특무사관과 준사관은 337명, 하사관과 병이 7,863명, 그리고 군
속이 약 500명 포함되어 있었다. 귀환 수송은 고사오(光濟丸)와 류헤이
(龍平丸) 두 척의 배가 사용될 계획이었다.[57]

---

55) 국사편찬위원회 편, 『주한미군사 1』, 398~400쪽.

56) 『南鮮海軍部隊復員關係書類綴(1945.9.26)』(防衛省 防衛研究所 中央-終戰處
理-33). 이 서류철은 『米國第7艦隊に對する報告』라는 문서군에 포함되어 있다.

진해 발항일(發港日) 기준 귀환 수송 인원은 다음과 같다.

〈표 4〉 1945년 9월부터 10월까지 조선 주둔 해군 귀환 수송 계획

선정명	선주구간	진해발항 기일	수송인원		기사
			군인군속	가족 및 일반시민	
고사오마루	진해 - 하카다	9월 28일	500	300	각 항해 마다 수송 여력은 군인 군속의 가족 약 2600명의 수송으로 충당.
		10월 2일	500	300	
		10월 9일	500	300	
		10월 14일	600	200	
		10월 20일	600	200	
		10월 27일	600	200	
류헤이마루	진해 - 하카다	9월 27일	300	0	
		10월 4일	400	250	
		10월 8일	400	250	
		10월 13일	450	200	
		10월 20일	450	200	
		10월 27일	450	200	
계			5750	2600	

위 수송계획을 보면, 고사오와 류헤이 두 선편으로 진해-하카다 항로를 통해 총 8,350명의 인원을 수송할 예정이었다. 그런데 이중 2,600명은 '가족 및 일반시민'이 포함되어 있었다. 육군과 다르게 해군에서는 군인 가족과 일반인의 수송 계획도 마련하고 있었던 것이다.

두 척의 해군 복원수송선에 탑승하지 못한 해군 인원은 9월 27일부터 10월 29일 사이에 매일 약 100명씩 관부연락선(關釜連絡船)을 통해 수송토록 계획하였다. 관부연락선을 이용한 귀환자는 3,233명이었다.[58]

---

57) 고사오마루는 1,115톤으로 수송가능원수가 800명, 류헤이마루는 725톤으로 650명을 수송할 수 있었다.

조선 내 일본 해군의 귀환 계획은 미군과의 협조 속에서 추진되고 있었던 만큼 큰 어려움 없이 시행되었을 것이다.[59) 더욱이 해군은 진해경비부를 중심으로 주둔하면서 한인들과의 접촉이 크지 않았기 때문에 별다른 불상사도 발생하지 않았다. 미군은 일본군의 무사 귀환 상황을 다음과 같이 기술하였다.

> 일본해군 병력들은 전반적으로 별다른 물의를 일으키지 않았다. 제40사단 포병 연대의 작전과는 일본해군이 "매우 훌륭한 군기를 유지하고 있었다"고 기록했다.[60)

일본 해군의 귀환을 담당한 미군 측은 일본군의 군기가 훌륭해서 큰 지장 없이 업무를 추진할 수 있었다고 기록하고 있었다. 단, 구체적인 귀환 실태는 애초의 계획보다는 조금 지연된 채로 추진되었음이 확인된다.

일자별 상황을 세밀하게 알 수는 없지만 일본 해군의 귀환이 시작된 것은 1945년 10월 10일이었다고 한다. 제40사단 포병연대 병력이 일본 해군과 민간인의 귀환 업무를 담당했다. 11월 15일 경에는 진해에 머물고 있던 일본 해군 전원을 부산으로 이동시켰다. 그리고 12월 1일 이전까지 조선 주둔 일본 해군 전체가 귀환하였다.[61) 해군 귀환은 2개월이 채 걸리지 않았으며 민간인을 포함했다는 점이 특징적이었다.

제주도를 포함한 남한 내 일본군 대다수는 1945년 12월 1일 이전 귀환을 완료하였다. 마지막까지 조선에 남았던 일본군은 서울과 부산에

---

58) 이밖에 제주도에 잔류해 있는 해군도 654명 있었다고 한다. 장교 25명, 특무 및 준사관 13명, 하사관 및 병 610명, 군속 6명.

59) 주48)에서 보듯 해군 수송 계획은 미 제7함대에 보고한 문서군 내에 편철되어 있었다.

60) 국사편찬위원회 편, 『주한미군사 1』, 398쪽.

61) 국사편찬위원회 편, 『주한미군사 1』, 398쪽.

체류했던 두 개의 연락부와 소수의 노무부대, 그리고 극소수 낙오병들이었다. 그리고 이들 역시 이듬해 초 귀환하였다. 1946년 2월에는 연락부가 철수했으며, 같은 해 4월 28일에는 노무부대 역시 부산을 떠났다.[62] 이 노무부대를 끝으로 1876년 개항 이래 장장 70년을 한반도에서 침략을 자행하며 주둔했던 일본군의 역사가 막을 내렸다.

5. 결론

해방 당시 한반도에는 약 25만에서 30만에 달하는 일본군이 주둔하고 있었다. 이들은 전황이 악화됨에 따라 한반도 해안에 미군이 직접 상륙할 것을 대비하기 위해 급격히 늘어난 부대들이었다. 결국 8월 15일 해방과 함께 대규모 조선 주둔군은 미군의 무장해제를 기다리는 패잔병이 되었다.

그런데 일왕의 항복방송 직후 사태가 급변하였다. 조선총독부에서는 해방 직전부터 여운형을 중심으로 한 건준에 통치권 이양을 검토하고 있었는데 막상 해방이 되자 조선 주둔군 측에서 '경거망동'하지 말 것을 경고하며 한인들의 독립에 대한 희망과 정치활동을 통제했던 것이다. 더욱이 오키나와에 주둔하고 있던 미군 측에서 자국군의 한반도 진주까지 일본군에 의한 치안유지를 승인하자 해방의 의미는 크게 훼손되고 말았다.

조선 주둔 일본군은 한반도 내 치안유지를 위해 2,500명 정도였던 헌병 병력을 단기간에 16,000명으로 확장하고 이들을 지방에 분산 배치시켰다. 이것은 총독부가 관할하던 경찰 병력으로 더 이상 한인들을 통제

---

62) 국사편찬위원회 편, 『주한미군사 1』, 400쪽.

할 수 없었기 때문이었다. 즉 경찰 병력 중 절반을 차지하던 한인 경찰들이 대부분 이탈하여 경찰 병력의 수급이 원활하지 않았고, 더불어 총독부의 치안권 장악에 대한 의지 역시 불분명하다고 판단했던 것이다.

결국 조선 주둔군은 한인들의 만세 시위를 통제하면서 미군의 진주 때까지 한반도 내 치안권을 장악하였다. 주목할 점은 미군이 진주하여 항복조인을 맺은 이후에도 일본군 중 일부가 지속적으로 무기를 소지하면서 치안을 유지하고 안전한 귀환을 도모했다는 사실이다. 미군 측은 경인지역과 38선 이남지역 무장해제 과정에서 일부 일본군의 무기 소지를 허가하였다.

이렇듯 해방 직후에도 한반도는 여전히 패전국 군대의 손아귀에서 자유롭지 못했다. 미군을 등에 업은 일본군의 한국민에 대한 속박은 해방을 무색케 하는 것이었다. 일본군은 엄연한 패전국 군대였음에도 불구하고 패전 이후 일정 기간 남한 내 치안권을 장악한 채 매우 순조롭게 자국으로의 귀환을 준비할 수 있었다.

조선 주둔군의 귀환은 육군과 해군으로 나뉘어 각각의 여건에 맞게 시행되었다. 육군은 9월 28일부터 본격적인 수송에 들어가 10월 중순까지 남한지역에서만 10만여 명의 귀환을 완료하였다. 나머지는 제주도 및 북한지역에 잔류한 인원이었다. 즉 10월 하순이 되면 남한지역 대부분이 일본군의 손아귀에서 벗어났던 것이다. 해군 역시 9월 28일부터 귀환 수송을 시작하여 10월 27일까지 약 6,000명의 병력을 수송할 계획이었다. 이들이 모두 안전하게 귀환했음은 주지의 사실이다.

그렇다고 일본군의 귀환이 고난의 행군을 통해 많은 피해 속에 진행되었어야 한다고 주장하는 것은 아니다. 다만, 일본인들의 무사 귀환을 위해 한반도의 민중들이 1945년 8월 해방 이후에도 일본군의 군사 점령 아래 놓여 있지 않으면 안 되었던 상황은 그 무엇으로도 납득할 수 없다. 적어도 남한 지역에서 일본군의 귀환은 미군의 지원을 받아 평화

롭고 순조롭게 진행되고 있었던 것이다.

　이는 일제에 의해 노무나 군인·군속, 그리고 군위안부로 끌려갔다가 아무런 도움도 받지 못하고 귀환에 어려움을 겪었던 수많은 한인 강제 동원 피해자들의 처지와는 너무도 다른 모습이었다. 제국주의 일본이 패전 이후 자국군과 자국민의 보호만을 앞세워 침략전쟁의 사선(死線)으로 내몰았던 식민지민을 돌보지 않은 결과였다.

　조선군 보도부장 나가야는 보고서에서 일본에 강제동원되었다가 발이 묶여 있는 한인들의 귀환에 대하여, "재선 일본인의 인양과 재 내지 한인의 귀환은 충분한 조율을 거쳐 그 수와 시기별 안배를 적절하게" 해야 한다고 밝혔다. 그리고 그 이유를 한인들의 귀환이 "일방적으로 조기에 처리되어 버릴 경우 … 조선 재주 일본인의 박해는 생명, 재산 전반에 미칠 것을 고려"해야만 하기 때문이라고 기술하였다.[63] 요컨대 일본인의 원활한 귀환을 위해 일본에 있는 한인들의 귀환 시기 및 규모를 통제해야 한다는 주장이었다. 이렇듯 강제동원되었던 식민지의 인민들은 전쟁이 끝나서도 제국주의 일본의 정책에 철저히 농락당하고 있었다.

　해방 직후 조선 주둔군의 치안권 장악과 그에 따른 점령 상황의 지속은 이러한 모든 상황을 염두에 둔 처사였다고 할 수 있다. 우리 민족에게 해방은 제2차 세계대전의 종전과는 별개로 알려진 것보다 매우 더디게 다가왔던 것이다.

---

63) 朝鮮軍報道部長　長屋尙作, 「朝鮮の狀況報告」.

| 참고문헌 |

『京城日報』,『매일신보』

第17方面軍司令官兼朝鮮軍管區司令官　上月良夫,「第17方面軍　朝鮮軍の終戰狀況
　　　　上奏文(1945.12.5)」, 防衛省 防衛硏究所 陸軍一般-滿洲-朝鮮-16.
朝鮮軍報道部長 長屋尙作,「朝鮮の狀況報告(1945.11)」, 防衛省 防衛硏究所 陸軍
　　　　一般-文庫-柚-175.
「南鮮海軍部隊復員關係書類綴(1945.9.26)」, 防衛省 防衛硏究所 中央-終戰處理-33.
「米軍ニ對スル治安情況說明」, アジア歷史資料センター C13070041200.
吉田俊隈,「朝鮮人 志願兵·徵兵의 梗槪」,『朝鮮軍關係史料 2/2』, アジア歷史資料
　　　　センター C13070003800.
「太平洋戰爭終結による在外邦人保護引揚關係 在外各地狀況及び善後措置關係 南
　　　　鮮の狀況(朝鮮全般のものを含む)」, 外務省 外交史料館 K-0004.

국사편찬위원회,『주한미군사 1(History of the United States Army Forces in
　　　　Korea: Part 1)』, 2014.
宮田節子 編·解說,『朝鮮軍槪要史』, 不二出版, 1989.
森田芳夫,『朝鮮終戰の記錄』, 嚴南堂書店, 1964.

金基兆 著,『38線 分割의 歷史―美, 蘇·日間의 戰略對決과 戰時外交 祕史』, 동산
　　　　출판사, 1994.
문제안 외 공저,『8·15의 기억』, 한길사, 2005.
브루스 커밍스 지음, 김자동 옮김,『한국전쟁의 기원』, 일월서각, 1986.
서중석,『한국현대민족운동연구』1, 역사비평사, 1991.
송건호 외,『해방전후사의 인식』1, 한길사, 2004.
宋南憲,『解放三年史』I, 까치, 1985.

신주백, 「1945년 한반도에서 일본군의 ‘본토결전’ 준비」, 『역사와 현실』 49, 2003.

유지아, 「전후 재조선일본군의 무장해제 과정에서 형성된 한미일관계」, 『한일관계사연구』 28.

李東華, 「夢陽呂運亨의政治活動(下)」, 『창작과비평』 13, 1978.

조건, 「중일전쟁기(1937~1940) ‘조선군사령부 보도부’의 설치와 조직 구성」, 『한일민족문제연구』 19, 2010.

＿＿, 「전시 총동원체제기 조선 주둔 일본군의 한인 통제와 동원」, 동국대 박사학위논문, 2015.

＿＿, 「조선상황보고―조선 주둔 일본군의 마지막 보고서―」, 『한국학논총』 40, 2015.

조성윤 편저, 『일제 말기 제주도의 일본군 연구』, 보고사, 2008.

문화냉전과 귀환자

『귀환자필휴(歸還者必携)』속
포섭의 논리와 착종된 표상

박이진(성균관대학교)

문화냉전과 귀환자*

『귀환자필휴(歸還者必携)』속 포섭의 논리와 착종된 표상

박이진**

1. 일본의 귀환자 언설

2016년 10월, 일본 마이즈루귀환기념관(舞鶴引揚記念館)에서 제출한 시베리아억류자 관련 자료 <마이즈루로의 생환 1945~1956 시베리아억류 등 일본인의 본국으로의 귀환 기록(舞鶴への生還 1945~1956 シベリア抑留等日本人の本國への引き揚げの記録)> 570점이 유네스코 세계기억유산으로 등록되었다. "억류와 귀환이 전후 일본에서는 국민이 전쟁이 없는 평화로운 세계를 희구하는 가운데 커다란 초석이 된 희유의 체험으로서 후세에 계승되어야 할 중요한 전쟁의 기억이다"라는 추

---

* 이 글은 사총 제91권(2017년)에 실린 논문임.
** 성균관대학교

천서(제안서) 내용은 귀환자 문제가 일본에서 어떠한 형태로 역사화되고 또 전유되고 있는지 시사하는 바가 많다. '전후는 끝났다'는 선언[1]과 동시에 일단락된 듯한 귀환자 문제가 현재진행중인 '과업'으로서, 더구나 미래의 세계평화를 내세워 그 의미가 더욱 확대되고 있는 것이다.

마이즈루는 항구도시로서 1945년 10월부터 부산(한국)에서 최초의 귀환선이 입항하기 시작해 1958년 9월 최후의 입항까지 13년에 걸쳐 약66만 명의 귀환자를 받아들였다. 그중 소련 점령지구 억류자의 70퍼센트에 가까운 약46만 명이 마이즈루로 송환되었다. 따라서 하카타(博多)나 사세보(佐世保)와 같은 여타의 귀환항 중에서도 이곳은 일본인의 전쟁과 귀환을 기념하는 '기억의 명소'처럼 기능하고 있다.[2] 이러한 귀환기념관의 메타히스토리(Meta-history, Hayden White)는 지금까지 귀환을 둘러싼 논의가 패전 이후 귀환하기까지의 이동에 주된 관심이 맞춰지면서 귀환경험을 증언하고 고증하는 형태의 체험들이 귀환자 연구의 중심을 차지해 온 연구 경향과도 관련이 있다. 실제 마이즈루귀환기념관 관내의 전시물이 만주개척 이민을 역사적 전사로 보여주고 있는 것에서도 알 수 있듯이, 만주이민사 연구의 맥락에서 진행된 아라라기 신조(蘭信三)나 쓰카세 스스무(塚瀬進), 야마모토 유조(山本有造) 등의 논의, 그리고 세계사적인 인구이동으로 귀환을 해석하는 가토 기요후미(加藤聖文)의 작업 역시 이동으로서의 귀환체험에 초점을 두고 있다.[3] 또한 전쟁경험을 귀환서사와 관련시켜 논의하는 나리타 류이치

---

1) 한도 가즈토시(半藤一利 2009:536)에 따르면 1972년에 오키나와의 반환과 일본 내의 경제적 안정으로 전후가 종결되었다고 하는데, 이러한 전후 종결 선언은 1956년 경제백서에서도 발표된 바 있다.
2) 기념관 인사말에도 '전후 부흥의 고향(戰後復興のふるさと)'으로 마이즈루를 소개하고 있다. http://m-hikiage-museum.jp/about-us.html(2017.5.8) 참조.
3) 蘭信三, 『「滿州移民」の歷史社會學』, 行路社, 1994 ; 『日本帝國をめぐる人口移動の國際社會學·序說』, 不二出版, 2008 ; 『中國殘留日本人という經驗-「滿

(成田龍一)의 연구도 피난이라는 이동 과정에서 겪은 전쟁체험담에 중점을 두고 있다.4) 실제 대대적인 인구이동의 실태로도 이야기되는 제2차 세계대전 이후의 귀환사업은 모두 본토로의 '복귀', '송환'을 기점으로 완결된다고 보았기 때문이다.

그러나 근래 해외 귀환자들이 본인의 정착 경험을 비롯해 전후 일본 사회에서의 소외경험 등을 밝히면서 '귀환 이후'의 그들의 삶이 조명되고 있다. 식민지에서 일본인들이 다양한 체험을 했음에도 불구하고 왜 귀환과정에서의 고통스런 기억만 남게 되었는지를 밝히고 있는 것(아사노 도요미 淺野豊美)을 시작으로 지방 귀환원호국(引揚援護局) 연구사 속에서 귀환 이후 그들의 갱생의 길을 단편적으로 소개하고 있는 연구가 이를 본격적으로 다루고 있다.5) 특히 영미권 연구자 중에서는

洲」と日本を問い續けて』, 勉誠出版, 2009 ;『帝國以後の人の移動』, 勉誠出版, 2013.

塚瀬進,『滿洲國「民族協和」の實像』, 吉川弘文館, 1998 ;『滿洲の日本人』, 吉川弘文館, 2004.

今井良一,「『滿州』農業移民の経営と生活」,『土地制度史學』第173号, 2001 ;「『滿洲』農業開拓民と北海道農法」,『農業史研究』第48号, 2014.

山本有造外,『「滿洲」記憶と歴史』, 京都大學學術出版會, 2007.

加藤聖文,『「大日本帝國」崩壊-東アジアの1945年』, 中公新書, 2009 ;「引揚げ'という歴史の問い方」(上・下)『彦根論叢』348~349, 2004.

4) 成田龍一,『「故郷」という物語』, 吉川弘文館, 1998 ;『「戦争経驗」の戦後史ー語られた体驗/証言/記憶』, 岩波書店, 2010.

5) 淺野豊美,『記憶としてのパールハーバー』, ミネルヴァ書房, 2004.

田中宏巳,『復員・引揚げの研究一奇跡の生還と再生への道』, 新人物往來社, 2010.

高杉志緒,『日本に引揚げた人々一博多港引揚者・援護者聞書』, 図書出版のぶ工房, 2011.

藤井和子,「引揚者をめぐる排除と包攝一戦後日本における「もう一つの『他者』問題」,『關西學院大學先端社會研究所紀要』第11号, 2012.

島村恭則編,『引揚者の戦後』, 新曜社, 2013.

Park Yi-Jin, The Postwar Experience of Repatriates: The Crack in Postwar

귀환자들의 전후 일본에서의 위상(이미지)을 가장 심도 있게 다루고 있는 Lori Watt의 연구 역시 '귀환자들의 전후(戰後) 삶'에 대한 재인식의 관점에서 읽을 수 있기도 하다.[6] 이런 관점에서 볼 때, 귀환자들이 처음 일본에 상륙해 시간을 보냈던 수용소 내에서의 혹은 귀환선 내에서의 일정을 포함해 당시 그들을 교육하기 위해 사용되었던 (매체)자료들이 어떠한 내용을 담아내고 있었는가를 살펴보는 작업은 중요한 의미를 갖는 반면, 지금까지 한 번도 연구되지 않았다. 이러한 자료에 주목하는 이유는 일차적으로 여기에 그들의 '재국민화' 양상을 이해할 수 있는 단서들이 구체적으로 담겨져 있기 때문이다. 이는 나아가 일본의 전후 재건기에 강한 모토가 되었던 단일민족 신화 속에 귀환자들이 흡수/동화되어가는 과정을 구체적으로 살펴볼 수 있다는 점에서도 의의가 클 것이다. 뿐만 아니라 패전 직후 귀환자 문제는 제국 식민지주의나 전쟁에서의 패전이라는 문제를 소거하면서 냉전의 격화를 반영하며 어떤 의미에서는 '열전'의 장으로서 의미를 갖고 기능해왔음을 이 자료들은 환기시켜준다.[7] 즉 아시아적 냉전의 성립과 관련해 이 자료들은 연구 가치를 함의하고 있다. 결론적으로 말해서 본고에서 구체적으로 살펴볼 『귀환자필휴(きかんしゃひっけい : あたらしきしゅっぱつへ歸還者必携 : 新しき出發へ)』는 1940년대 중반에 형성되어 차츰 격화되어 가던 미소 냉전의 '기제'로서 성격이 강하며, 나아가 문화냉전

Japan`s Reconstruction, Sungkyun journal of East Asian studies Vol.14 No.1, 2014.

6) Lori Watt, When Empire Comes Home: Repatriation and Reintegration in Postwar Japan, Harvard East Asian Monographs, November 17, 2010.

7) 아시아의 냉전과 귀환자 문제를 연결하고 있는 연구로 마쓰다 히로시의 공동연구(增田弘編, 『大日本帝國の崩壞と引揚·復員』, 慶應義塾大學出版會, 2012)가 있다. 여기서는 일본제국 하의 동북아시아 지역의 질서가 세계대전의 결과 어떻게 붕괴되고, 이후 어떤 형태로 재편성되었는가를 '잔류일본인', 즉 미귀환자들의 이동을 국제정세 속에서 분석한다.

이라는 문맥에서 생각해 볼 요소도 포함되어 있다.

일본 내의 귀환에 관한 언설은 민족수난사의 서술방식이 전형을 띠게 되면서 종전사에 대한 재인식, 즉 전전-전후의 연속/비연속에 관한 제국-식민사 연구 영역에서 주로 의미화 되어 왔다. 이에 대해 마루카와 데쓰시(丸川哲史)가 냉전 붕괴 이후 '우리 안에 내재하는 냉전'을 화두로 삼아 포로·귀환서사의 자장을 냉전문화 속에서 이해해야 한다는 주장을 펼치기도 했다.[8] 이는 일본 내의 귀환 연구가 민족수난사라는 이면에 감추어져 왔던 인식토대에 대해 다시금 주목하자는 입장으로 이해할 수 있다. 그리고 마루카와의 말처럼 귀환의 메타히스토리는 애초부터 반소/반공 언설과 연동되어 특수화된 문화냉전에 그 기원이 있음을 『귀환자필휴』는 잘 보여준다.

아울러 이 책자가 전시되어 있는 총무성위탁 평화기원전시자료관(總務省委託 平和祈念展示資料館)[9]의 관내 분위기부터도 그러한 특수화를 방증한다. 일본의 귀환서사가 갖고 있는 가장 큰 특징이 '소련의 침공'으로부터 모든 이야기가 시작된다는 점[10]을 비롯해서 전시관 출발지점에는 '억류 군인'의 분포도와 냉전관련 연표가 놓여있다. 필자가

---

8) 마루카와 데쓰시, 장세진 옮김, 「포로/귀환의 자장」, 『냉전문화론』, 너머북스, 2010, 233~265쪽.

9) 이 기념관은 병사, 강제억류 및 해외 귀환 관계자의 노고에 관한 자료를 상설전시해서 국민의 이해를 심화시킨다는 목적으로 2000년 11월에 개관했다. 개관 이후 전쟁을 체험하지 않은 세대가 전쟁을 알기 쉽도록 전시 및 관외 활동이나 웹사이트를 통해 다양한 활동을 하고 있다. 전국의 다양한 층에게 호응을 받고 있는 곳으로 학생들의 귀환 관련 비디오제작 콘테스트 등도 매해 열린다. 귀환자와 일반인의 만남 등도 정기적으로 개최하고 있으며 증언록으로서 대량의 귀환수기를 수집해 교육용 등으로 발간하는 작업도 진행 중이다. http://www.heiwakinen.jp/syozou/index.html 참조.

10) 박이진, 「귀환체험담의 '비극' 재현 담론 속 '반전평화주의'」, 『일본사상』, 25, 2013, 79~104쪽.

견학해본 결과 마이즈루를 비롯한 다른 귀환기념관과 마찬가지로 "당신은 전쟁이 끝난 후에도 힘든 고통을 겪은 사람들이 있는 것을 알고 있나요?"처럼 귀환자들의 '전후(戰後)' 상황에 초점을 맞추어 전쟁의 비극을 설명하는 현대 일본의 왜곡된 과거사인식 및 전쟁관의 전형을 보이고 있었다. 귀환의 역사는 늘 그 시작 지점에 소련의 불가침조약 위반과 그로인한 징병, 극한의 전쟁터, 그리고 '적군' 소련군의 이미지 대비가 놓여있는 것이다.

이러한 귀환 언설에 대해 한국을 비롯해 일본 내에서도 침략전쟁과 식민지주의에 대한 반성의 결여를 많이 지적하고 또 의식하고 있지만, 실재 이러한 언설이 어느 시점에서 어떠한 기제를 통해 탄생했으며 또 이후 어떻게 재생산되어 왔는가에 대한 구체적인 분석이나 제시는 부족했다. 제국일본이 자행해 온 침략전쟁과 식민주의에 대한 단죄와 반성이라는 문맥이 공산진영과 자유진영의 양 진영의 대결이라는 새로운 시대적 문맥으로 대체되는 가운데 귀환자들의 위치나 이미지가 어떻게 부여되어 왔는지 『귀환자필휴』와 같은 자료를 통해 살펴볼 필요가 있는 것이다. 결론에서 후술하겠지만 전후 일본의 민주적 재건과 그 속에서 각자가 얻게 된 민주적 권리, 복리라는 일견 객관적 기술도 실은 『일본신문(日本新聞)』과 같은 공산진영을 옹호하는 그룹의 불철저한 민주개혁에 대한 비판의 소리에 대항한 서술이었다. 본고에서는 이러한 당시 문맥의 전체적인 조명에 앞서 『귀환자필휴』가 어떠한 방식으로 당시 귀환자들에게 접근하고 있는지 그 내용을 구체적으로 제시하고, 이를 문화냉전 속 재국민화라는 방향성에서 고찰해 보기로 한다.

2. 신생(新生) 일본의 국민으로

<자료화면> 평화기원전시자료관 해외귀환자코너
http://www.heiwakinen.jp/goriyou/pdf/pamphlet_ippan_07-08.pdf

평화기원전시자료관의 해외귀환자코너에는 위의 <자료화면>처럼 '외지에서의 생활(만주로 건너간 일본인)', '소련 참전으로 인한 혼란'이 라는 역사적 배경을 비롯해 귀환사업의 의미, 선박, 귀환 당시 지급된 식기, 아이들 옷, 명찰, 가방, 귀환증명서, 『귀환자필휴』라는 책자가 소 개, 전시되고 있다.

이중 본고에서 다룰 『귀환자필휴』(『歸還者必携 : 新しき出發へ』)는 1949년 6월 1일, 문부성(文部省)이 비매품으로 발행한 소책자이다. '새 로운 출발을 향해'라는 부제목이 달려있기도 한 이 책자는 "해외에서 온 귀환자 혹은 복원병사를 위해" 전후에 새롭게 성립된 법률, 제도를 해설해 놓고 있다. 책자의 구성은 <표 1>의 <목차>와 같다.

〈표 1〉『귀환자필휴』 표지와 목차

〈목 차〉
● 복원자(復員者) 제군에게(내각총리대신 인사) : ◎ 소련지구 일본인 귀환의 경과 ◎ 귀환상황 일람
● 일본국헌법
● 민법(발췌) : ◎ 귀환자의 공민권 ◎ 공민생활을 위한 마음가짐
● 교육기본법 : ◎ 취학안내 ◎ 직업보도(補導) 안내
● 생활보호법(발췌) : ◎ 생활원호기관 안내
● 농지조사법(발췌) : ◎ 농지개혁 시행이후 현황
● 노동기준법(발췌) : ◎ 취직안내 ◎ 연합군 측에 억류 중에 받은 재해에 관한 보상에 대해서 ◎ 주요 생활용품 공정가격표 ◎ 주소성명란

목차에서 알 수 있듯이 이 책자는 당시 내각총리대신 요시다 시게루 (吉田茂)의 인사말을 포함해서 1946년에 시행된 일본국헌법(전문수록) 과 생활보호법(발췌수록), 1947년에 개정된 민법(발췌수록), 교육기본 법(전문수록), 노동기준법(발췌수록), 그리고 1948년 농지조정법(발췌수 록)을 소개하고 있다. 굵직굵직한 법제도와 관련된 소개만이 아니라 1949년 4월 14일 기준 일본 내 생활용품 공정 가격표나 생활보호기관 의 소재지, 무료 의료시술 및 상담가능 내용, 그리고 정부가 이후 계획 하고 있는 농지개혁을 포함한 매수·매도 현황, 산업별 남녀 취직분포 및 다양한 직업군 등도 기재되어 있다. 완벽하다고는 할 수 없을지 모 르나 '전후' 일본의 '낯선' 환경에 정착하는 데에 필요한 기본적 취득정 보로서는 일견 충분해 보인다.

실제 귀환 이후 일본의 땅을 처음 밟게 된 귀환자들의 인상은 '교과 서에서만 보던 일본'이라는 말처럼 낯설기도 했다. 또 귀환항에 도착해 위생 점검과 같은 목적으로 귀환항 내 수용소에 며칠씩 머물며 '전후 (새로운)일본'에 대한 적응시간을 보냈다. 이는 여러 귀환수기 외에도 귀환선이나 수용소, 또는 이송철도 등에 배포되어 열람하고 상영되었던 신문, 잡지, 영화와 같은 매체의 사례를 통해서도 알 수 있다. 이중에는

≪고향땅(ふるさとの土)≫, ≪전후의 일본(戰後の日本)≫, ≪어린이의
회(子供議會)≫ 등과 같은 문화영화를 비롯해 CIE(Civil Information and
Education Section) 영화도 포함되어 있다. 일본 국민에게 미디어를 이
용해 민주주의를 교육시킨다는 취지의 CIE 자체 제작 자료가 1945년
9월 22일 이후 전국적으로 확산되었음은 주지의 사실이다.[11] 이러한
영상(영화)을 일본에 상륙한 제1일을 제외하고 매일 밤 오후 6시에서
10시까지 다양하게 편성해 한두 편씩 상영하며 소위 귀환자들이 '일본
에의 적응기간'으로서의 시간을 보내도록 한 것이다.[12]

　1949년에 문부성에서 귀환자를 위해 배포한 책자는 <표 2>의 내용
에서 확인할 수 있는데, 그중 『귀환자필휴』만이 『해외귀환관계 사료집
성·국내편』(海外引揚關係史料集成·國內編, 全16卷, ゆまに書房, 加藤聖
文 編集) 제15권 『국내귀환관계 제사료(國內引揚關係諸史料)』(2002.1)에
수록되어 있기도 하다.

---

11) 이는 1946년 일본국헌법(신헌법) 공포 이후 헌법정신의 국민적 확산을 위해 「새
　　로운 헌법이야기(あらたしい憲法のはなし)」를 학교 도덕책에, 「새로운 헌법
　　밝은 생활(新しい憲法 明るい生活)」을 각 지역과 가정에 배포해서 '잘 보존하
　　고 서로 간에 돌려보도록' 조처한 것과 맥락을 같이 하기도 한다. 이 책들은 1947
　　년 5월 3일부터 실시된 일본국헌법에 관한 해설로써, 신제중학교 1학년 사회과
　　교과목으로 발행됐다. 「憲法」, 「民主主義とは」, 「國際平和主義」, 「主權在民主
　　義」, 「天皇陛下」, 「戰爭の放棄」, 「基本的人權」, 「國會」, 「政党」, 「內閣」, 「司法」,
　　「財政」, 「地方自治」, 「改正」, 「最高法規」 이렇게 15개의 장으로 구성되어 있다.
　　1952년 4월 이후 발간되지 않았다.
12) 문화영화로는 『新憲法の成立』, 『子供議會』, 富士山の飛魚』, 『大相撲』, 『新し
　　き出發』, 『戰後の日本』, 『ふるさとの土』가 CIE영화로는 『一九四八年フラッ
　　シユ』, 『國際連合憲章』, 『世界ニユース』, 『國連祭』, 이와 함께 극영화 『いつ
　　の日か花咲かん』, 『花咲く家族, ある夜の殿様』(이 세편을 주로 상영하고 수
　　시로 대여해서 다른 영화도 상영)를 방영한 것을 확인할 수 있다.(第7回國會(常
　　會) 答弁書第六号, 參議院議員 中野重治君提出 「引揚相談費その他に關する
　　質問」に對する答弁書, http://www.sangiin.go.jp/japanese/joho1/kousei/syuisyo/
　　007/touh/t007006.htm)

〈표 2〉 1949년 12월 23일까지 문부성이 배포한 '귀환자용' 인쇄물

인쇄물명	인쇄부수	배포부수
民主主義のはなし(민주주의 이야기)	300,000	89,471
民主的政治と非民主的政治(민주적 정치와 비민주적 정치)	400,000	89,471
歸還者必携(귀환자필휴)	200,000	89,471
引揚のいきさつと現況(귀환의 경과와 현황)	53,000	53,000
戰後の日本 (新聞)(전후의 일본 / 신문)	100,000	89,471

인쇄 책자 중 실제 발행연도나 실물을 확인할 수 있는 것은 1949년 (6월1일) 간행 『귀환자필휴』인데, 나머지 책자의 발행연도도 배포부수를 통해 추측해 볼 수 있다. <표 2>의 내용은 1949년 12월 23일, 제7회 국회(상회) 답변서 제6호, 참의원의원 나카노 시게하루(中野重治) 제출 <귀환자 상담 외에 관한 질문>에 대한 답변서(각주12의 출처참조)를 토대로 필자가 작성한 것이다. 이 답변서는 1949년 12월 12일 기준 현재까지 마이즈루귀환원호국(舞鶴引揚援護局)에서 상영하는 뉴스, 영화 등의 제목, 상영 회수, 경비, 그리고 배포한 책자, 신문, 잡지 등의 구입 수와 배포장소, 배포부수를 비롯해 원호청과 문부성에서 귀환자를 위해 인쇄한 인쇄물 등을 묻는 질문서에 대한 답변이다.

1949년 5월 20일자 타스통신의 발표내용에 따르면 '일본인포로 95,000명을 11월까지 송환하겠다'는 뜻을 전달하고 있는데, 이후 1950년 6월 기준으로 합산된 1949년 5월 1일 당시 잔류자수가 95,000명으로 일치하는 것을 볼 때 89,471이라는 수치는 당시 소련 점령지구에 억류되어 있던 일본인 포로수에 가장 근사한 수치라 할 수 있다. 즉 귀환원호청이나 문부성이 해외 귀환자에게 배포한 책자들의 독자층이 주로 일본인포로들이었다고 그 대상을 축소할 수도 있는 것이다. 아울러 89,471이라는 배포부수를 공통으로 갖고 있는 다른 책자들도 『귀환자 필휴』와 비슷한 시기에 제작되었으리라 미루어 볼 수 있다.

당시 내각총리대신이었던 요시다 시게루의 '복원자(復員者) 제군에게'라는 인사말은 귀환자에게 전후 일본이 어떻게 변화하고 있는지, 그리고 현재 어떠한 상황에 처해 있는지 이야기한다. 이 내용을 통해서도 이 책자의 주된 성격을 짐작해 볼 수 있다.

1945년 8월 14일, 종전의 조서(大詔)가 반포(渙発)된 이후 벌써 4년의 세월이 경과했습니다. 우리나라는 그간에 커다란 변화를 겪어 왔습니다. 종전 다음해에 신헌법이 공포되어서 새롭게 주권재민이라는 근본이 현실화된 것을 시작으로 이에 기초한 민법의 개정이나 농지개혁 등이 단행되고 거국적으로 봉건주의와 군국주의를 불식하고 평화 일본, 문화국가 일본을 건설하는 노력이 거듭되어 왔습니다. 그리고 형태상으로는 일단 민주주의 태세를 갖추어 왔습니다. 그렇지만 그 내용이라고 할 만한 국가경제의 자립은 인플레이션과 세출(歳出) 팽창으로 인해 완수하지 못한 채 오늘에 이르렀습니다. 지금까지의 일본은 소위 남의 손에 이끌려서 걸어 온 어린 아이와 비슷했던 것입니다. 인플레이션과 세출팽창 등 국가경제의 불안정은 곧 각자의 생활 불안이 되어서 오늘까지 국민 모두 어려운 경제생활을 이어 온 것입니다.
(중략) 따라서 정부의 의도는 일본이 스스로 독립할 수 있도록 경제자립의 실행에 주력하려 노력할 결심입니다. 이리하여 우리나라는 어려운 물질적 생활에서 해방되어 빛나는 앞길의 광명을 인정하고 평화로운 즐거운 행복한 국민생활을 맞이할 수가 있는 것입니다. 제군이 헤아리기 어려운 인고의 체험을 갖고 돌아와 누구보다도 가장 평화를 절실히 원하고 밝은 갱생의 길과 평화로운 조국의 재건에 분기할 것임은 신생(新生) 일본에게 있어 더할 나위 없이 든든한 바입니다.(『귀환자필휴』 1~3쪽. 밑줄 강조는 필자, 이하 동일)

1949년 당시 이 책자의 목차(표1 참조)를 참고해 보면 알 수 있듯이, 1946년 신헌법 공포 이후 민법, 선거법과 같은 행정상의 개정은 물론 축일, 교육, 생활보호, 농지, 노동 등과 같은 민생관련 제도가 대부분 개정되어 실시되고 있었다. 그 한계성은 차치하고서라도 요시다 시게루의 말대로 형태상 민주주의 태세를 갖춘 것이다. 그리고 요시다가 '그렇지만 그 내용이라고 할 만한 국가경제의 자립'은 미국에게 의존하

고 있는 미완의 상태라고 하고 있듯이 '어려운 물질적 생활에서 해방'
되는 것이 곧 '조국의 재건'을 위해 가장 당면한 과제임이 강조되고 있
다. 이는 귀환자들이 과거 '일본을 위해 외지(外地)에 나가 진력을 다
한' 애국하는 국민이었듯이 귀환을 해서도 '신생(新生) 일본에게 더할
나위 없이 든든한' 일꾼이 되어야 한다는, 곧 귀환자들에게 일거에 '국
민으로서의 자격'을 부여하는 형태로도 해석할 수 있다.

   과거 대일본제국헌법에 의해 일본인들이 제국의 '신민(臣民)'으로 살
아오며 특권의식을 배양해 왔다는 것은 많은 비판을 받아왔다. 즉 국민
의 개념이 신민이라는 의미영역으로 전파되고 여러 전쟁을 통해 내면
화되면서 신민의식을 갖고 살았던 일본인들에게[13] 어떻게 보면 천황을
위해서가 아니라 '일본을 위해' 조국 재건에 힘쓰라는 요시다 시게루의
격려는 당시 귀환사업이 갖는 의미를 정확히 짚어내는 문맥이라고도
볼 수 있다. 제국의 신민에서 일본이라는 개별 국민국가 국민으로의 재
편을 나타내는 귀환은 제국해체와 함께 국민국가 질서강화와도 긴밀한
관계를 갖는 것이다.

   또한 요시다 시게루의 인사말에 붙여 소개되고 있는 것이 '소련지구
일본인 귀환의 경과'인데, 이 부분에서도 당시 귀환사업이 전후일본 내
에서 어떠한 인식층위에서 선전되고 있었는지 알 수 있다. "종전 당시
재외일본인 수는 6,613,909명으로 추정되며 이중 중국이나 남방에 있
던 6,144,868명이 연합군최고사령관의 명령에 의해 순조롭게 송환되었
지만 당시 소련지구에서는 한 명도 귀국하지 못했다"는 말로 시작하는
이 붙임말은 실제 귀환원호청(引揚援護廳)의 기록과 비교했을 때 귀환
자 수치의 집계가 정확한 실증자료에 바탕한 것은 아니다.

   나머지 469,041명 중 408,729명은 소련 통치지구에, 또 60,312명은 중국공산군 지

---

13) 박삼헌, 『천황 그리고 국민과 신민사이』, 알에이치코리아, 2016. 참조.

배하의 만주 각지에 억류되어 있다. 연합군사령부의 노력 끝에 1946년 12월에 매월 360,000명을 송환할 수 있도록 배를 제공했지만 소련 측이 좀처럼 요구에 응하지 않는다. 6개월여를 소련 측과 교섭해서 드디어 매월 50,000명씩 송환하기로 동의했다. 1947년 6월 이래 매월 50,000명 송환은 실제로는 지켜지지 않고 있다. 따라서 송환을 서두르기 위해 1948년 가을 총사령부 대표와 대일이사회 의장을 맡은 W.J. 시볼트가 월160,00명[원문-그대로-필자] 송환을 제안하고 총사령부는 신속히 일본에 있는 자재를 이용해 배와 연료 외에 송환에 필요한 준비를 갖추었다. 하지만 소련 측의 의지가 없는데다가 1947년 12월에서 1948년 4월까지는 겨울의 악천후와 결빙으로 인해 항해가 불가능해져 일시 송환을 중단하기로 한다고 통보 받았다. 총사령부에서는 그렇다면 기후나 결빙의 걱정이 없는 소련 항구가 그밖에 더 있기 때문에 배를 그쪽으로 선회해도 좋다고 판단해 쇄빙선도 보내려 했지만 소련 측은 역시 이를 수락하지 않고 억류된 사람들은 극한(極寒)의 타향에서 다시금 겨울을 보내게 되었다.

약속한 1948년 4월에 소련에서 1개월을 더 연장한다는 통고가 오고 5월 3일부터 귀환이 개시되었지만 이도 평균 50,000명에 달하지 않는 불안한 상황이 계속되고 12월 11일이 되어 다시 다음해 봄까지 중단한다는 통고가 왔다.(『귀환자필휴』3~5쪽)

『귀환원호의 기록(引揚援護の記錄)』(引揚援護廳)을 참조해 보면 1949년 4월을 전후한 3월에서 5월은 실제 귀환이 0명으로, 소련 점령지역으로부터의 귀환에 상당한 어려움이 있었다고 볼 수 있다. 그러나 의외로 소련 점령지역에서는 실제 꾸준한 송환이 이루어졌다. 1946년 12월에 28,421명을 시작으로 1947년에는 매월 공급선박 적재인원수에 조금 못 미치는 인원이 귀환을 했다. 1948년에도 1~4월을 제외하고 매월 4만 명 이상(최하 37,214명)이 귀환해 1949년 4월을 기준으로 총 1,009,931명 중 900,000만 명 정도가 귀환을 완료했다.[14] 즉 당시 1949년 4월 7일을 기준으로 미귀환자는 94,973명이었던 것이다. 이는 앞서 소개한 타스통신 내용에 등장하는 일본인 포로수 95,000명에 근사한

---

14) 引揚援護廳 『引揚援護の記錄』 60, 73쪽.

수치이기도 하다. 인용의 내용을 확인해 봐도 알 수 있듯이 소련이 '좀
처럼 요구에 응하지 않고' '의지가 없는데다' '수락하지 않고' 있다며
마치 소련 점령지역으로부터는 전혀 귀환이 이루어지고 있지 않은 듯
한 문맥은 과장된 수치의 오류처럼 소련에 대한 적대감을 노골적으로
나타낸다.[15]

특히 시베리아 억류자들이 현지 혹은 귀환선박 내에서 민주화교육을
받아 사상적으로 공산주의(마르크스레닌주의)에 경도된 사람들로 보고
되기도 한다.[16] 이러한 흐름을 고려한다면 이 책자의 발간 목적이 반
소여론, 반공교육에 특화되어 있다고 볼 수도 있다. 일본 정부나 국가
는 억류자들을 위해 상당히 노력을 함에도 불구하고 소련 측이 호응해
주지 않아 귀환이 늦어지고 있다고 호소하는 형태로 그 의도를 읽을
수 있는 것이다. 그리고 이는 현재 귀환기념관 등을 돌아봐도 귀환의
수난사가 반공을 위한 기제처럼 전시되어 있는 인상과도 관련시켜 이
해할 수 있다. 전후 일본 내에서 시베리아 억류자로 대표되는 소련 점
령지역으로부터의 일본인 귀환과 미귀환을 둘러싼 담론이 패전 이후
민족수난사, 전쟁피해 역사로서의 귀환사업의 이미지를 주도하게 되는
상황을 엿볼 수 있기 때문이다.

---

15) '소련지구 일본인 귀환의 경과'와 함께 구체적인 수치를 기재하고 있는 표 「재외
일본인 귀환상황(1949년 4월 7일 현재)」과 「소련 및 소련관리지구로부터의 귀환
상황(1949년 4월 7일 현재)」 역시 마찬가지이다. 호주, 중국, 대련, 타이완, 하와
이, 홍콩, 조선(38도선이남, 이북), 일본해제도, 네덜란드령 동인도(蘭印), 뉴질랜
드, 북인도지나, 태평양지역, 필리핀제도, 류큐, 동남아시아에서의 귀환은 '복원완
료'로 표기하고 사할린과 쿠릴열도(84,136명), 만주(60,312명), 시베리아(324,593
명)를 '미귀환'으로 분류하고 있으며, 소련지구 잔여자 합계를 408,729명으로 특
기하고 있다.

16) 1949년 2월 2일에 GHQ 내부에서 소련의 일본인 귀환자들의 공산주의 교화 보고
서를 작성하고 2월 11일에 '전전(戰前)'에 발생했던 '조르게사건(Richard Sorge事
件)'을 재거론하며 소련의 공작을 선전한다.

3. '전후(戰後)'의 시공간과 국민의 축일

이 책자의 구성에서 흥미로운 점은 맨 첫 페이지에 수록되어 있는 '국민의 축일(國民の祝日)'이다.

〈그림 1〉『귀환자필휴』 첫 페이지

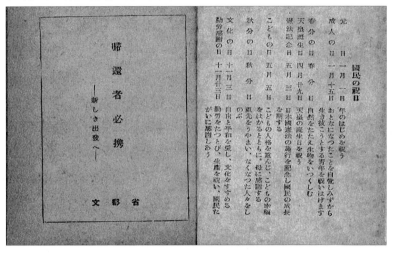

1949년 당시 일본에서는 총9개의 축일을 지정해 두고 있었고, 그 내용은 『귀환자필휴』에서 소개하고 있는 그대로이다.[17] 축일의 종류와 그 의미도 해설해 놓고 있는 것을 볼 수 있는데, '국민의 축일'은 관련 법률 제1조 정의에서 보면 "자유와 평화를 추구해야 할 일본국민이 아

---

17) 한해 전인 1948년부터 추분, 문화의 날, 근로감사의 날이 축일(3일)로 지정되고, 다른 축일들은 '국민의 축일에 관한 법률(「國民の祝日に關する法律」)'이 제정된 1948년 7월 20일부터 시행, 이후 1965년 개정 전까지 유지된다. 이 법률의 시행으로 이전의 '휴일에 관한 건(「休日ニ關スル件」, 1927年勅令 第25號)'은 폐지되었다.

름다운 풍습을 배양해 나가고 보다 좋은 사회, 보다 풍요로운 생활을 구축해 가기 위해 국민 모두가 축하하고 감사하고 또 기념하는 날"이라고 규정해 놓고 있다.

일본의 경축일(祝·祭日)관련 법은 1873년(메이지6년, 1월 4일)에 태정관포고(太政官布告) 제1호(「年中祭日祝日ノ休暇日ヲ定ム」)가 시행된 이래 몇 번의 개정을 거치게 된다. 다이쇼천황(大正天皇) 즉위 후 개정된 규정은 조선에서도 동일하게 적용되었으며, 각종 학교의 휴업일도 이에 맞춰 변경되었다. 물론 통감부시기에는 일부 경축일이 대한제국에 도입되긴 하였으나 법적 근거가 없이 통감부의 주도로 일부 계층에서만 실시되었다. 강제병합 이후 조선의 국가기념일로 공식화되면서 각종 관공서는 물론 학교, 신문사 등에서도 이를 합법적으로 기념할 수 있게 된다.[18]

『귀환자필휴』의 배포 대상을 소련 점령지구에서 돌아온 귀환자로 특정할 수 없듯이 이른바 '외지(外地)'에서 진행된 국가기념일 행사 등을 여기서 모두 아울러 그 성격을 특정할 수는 없다. 하지만 일찍이 일본과 동일한 '천황중심의 시간관념'이 적어도 조선에까지 확장될 수 있었음은 제국의 시간이라고 할 수 있는 '제국적인 시간관념의 전파'[19]를 가름해 볼 수 있다는 점에서 의미가 있을 것이다. 그렇다면 해외 귀환자들이 전후 일본으로 귀환해 그 적응을 위해 안내받은 책자 속 첫 페이지가 이렇듯 새로 재편된 국가기념일로부터 시작되고 있음은 이 책자가 귀환자들에게 요구하는 바와도 일치한다. 제국적인 시간관념과의 단절 혹은 탈피를 요구하는 것으로서 이 책자의 부제목인 '새로운 출

---

18) 『조선총독부관보』 1912년 9월 9일 칙령19호, 『毎日申報』 1912년 9월 18일 '휴업일 공시' 참조.

19) 조누리, 「1910년대 日帝의 祝·祭日 시행과 그 의미」, 이화여자대학교사학과석사논문, 2015, 19~24쪽. 이 논문에 따르면 학교에서도 祝·祭日에 대한 교육이 의무적으로 실시되었고, 이는 제국의 충량한 신민을 육성하려는 목적과 부합되기도 했다.

발'은 새로운 시간관념을 기반으로 확보되는 전후 일본에서의 삶(생활)을 위한 출발이다. 그리고 그러한 삶의 영위에 반드시 필요하다고 여겨지는 '기준'을 이 책자는 제시하고 있는 것이다.

〈표 3〉 국민의 축일(國民の祝日)

元日(원일)	1월 1일	새해의 시작을 축하한다.
成人の日(성인의 날)	1월 15일	어른이 된 것을 자각하고 스스로 꿋꿋하게 살아갈 청년을 축하하고 격려한다.
春分の日(춘분)	춘분	자연을 칭송하고 생물을 아낀다.
天皇誕生日(천황탄신일)	4월 29일	천황의 탄생일을 축하한다.
憲法記念日(헌법기념일)	5월 3일	일본국헌법의 시행을 기념하고 국민의 성장을 기약한다.
こどもの日(어린이날)	5월 5일	어린이의 인격을 존중하고 어린이의 행복을 바람과 동시에 어머니께 감사한다.
秋分の日(추분)	추분	조상을 공경하고 고인이 된 사람들을 기린다.
文化の日(문화의 날)	11월 3일	자유와 평화를 사랑하고 문화를 향상시킨다.
勤勞感謝の日(근로감사의 날)	11월 23일	근로를 소중하게 여기고 생산을 축하하고 국민 서로에게 감사한다.

자세한 내용을 좀 더 살펴보면 '국민의 축일'에서 기념하는 날짜를 기준으로 볼 때 새롭게 등장한 축일은 '성인의 날'과 '헌법기념일' 정도이고 대체로 기존 기념일과 동일한 날짜를 축일로 삼고 있다. 그러나 주목해 볼 점은 이들 축일의 의미가 새롭게 부여되었다는 것이다. 이해를 돕기 위해 제국시기 조선에서 실시되었던 해당 일에 따른 기념일을 정리해 보면 <표 4>와 같다.

사방배(四方拜), 춘(추)계황령제(春(秋)季皇靈祭), 천장절(天長節), 명치절(明治節), 신상제(神嘗祭)와 같은 명칭부터가 일본의 역사에서 유래하거나 일본의 풍습과 관련을 갖고 있는 것들로, 특히 천황이나 신사에서 진행하던 황실 제사를 기념하는 날이 그 의미에서도 중요하게 다뤄지고 있다.

〈표 4〉 조선의 소학교(일본인학교포함) 연중행사 중에서[20]

四方拜 (사방배)	1월 1일	사방절(四方節)이라고도 했고, 헤이안(平安)시대 이후 황실에서 진행한 신년초 의식
春季皇靈祭 (춘계황령제)	3월 21일 (춘분)	역대 천황이나 중요한 황족의 영혼을 기리는 궁중제사로 대제(大祭), 즉 신사에서 진행
天長節 (천장절)	4월 29일	쇼와천황(昭和天皇) 탄생일 (대대로 천황의 치세나 장수를 기원하는 날의 명칭)
端午の節句 (단오절)*	5월 5일	남자 아이의 건강한 성장을 기원하는 날
秋季皇靈祭 (추계황령제)	9월 23일 (추분)	역대 천황이나 중요한 황족의 영혼을 기리는 궁중제사로 대제(大祭), 즉 신사에서 진행
明治節 (명치절)	11월 3일	메이지천황(明治天皇)의 위업을 영원히 기리기 위한 메이지천황 탄생일
神嘗祭 (신상제)	11월 23일	오곡풍요를 감사하기 위해 그 해 첫 수확을 아마테라스오오미카미(天照大御神)에게 봉납하는 제(祭). 궁중제사로 신사에서 진행하던 대제(大祭)에 해당

*표기가 된 端午の節句(단오절)는 연중행사에 포함되어 있지 않고, 필자가 가필한 것임.

두 표의 내용을 비교해 볼 때, 무엇보다 '문화의 날'이라고 해서 '자유와 평화를 사랑하고 문화를 향상시키는' 날은 메이지천황의 위업을 기리기 위한 탄생일의 변주임을 알 수 있다. 또 일견 민주주의사회의 노동 가치를 기리는 날처럼 보이는 '근로감사의 날'이 아마테라스오오미카미(天照大御神)라는 일본건국 신화의 시조격에 해당하는 신에게 감사하는 날과 맥락을 같이 하고 있음에 주의가 가지 않을 수 없다. 공식적으로 신화와 황실과는 단절된 의미와 명칭으로 전후 일본의 축일이 재편되어 가는 과정을 알 수 있는 것이다.

---

20) 차은정, 「재조귀환자의 "후루사토"(故鄕)와 기억의 정치학—패전 후 귀국일본인에 대한 민족지적 연구」 서울대학교인류학과박사논문, 2014, 141~143쪽.

4. 민주화된 주체의 권리들

상징천황제나 국민주권, 그리고 전쟁방기의 명시(제2장 제9조)를 통해 '전쟁을 하지 않는다'는 선언을 담고 있는 일본국헌법은 일본 내에서 벌어진 '전전과 전후'의 변화 가운데 가장 큰 개혁일 것이다. 1946년 11월 3일 일본국헌법 공포 이후 헌법정신의 확산을 미군점령군이 주도하고 있었듯이(각주10참조) 『귀환자필휴』에도 가장 먼저 소개되고 있는데, 총11장 103조에 달하는 전문(全文)을 어떠한 누락 없이 수록해 놓고 있다. 일본국헌법에 이어서 소개되고 있는 민법을 비롯한 교육기본법, 생활보호법, 노동기준법 등이 모두 '헌법정신'에 기초한다는 명분이 기재되어 있기 때문에 전문을 수록하는 것은 어쩌면 당연할지 모른다.

그리고 이어지는 내용은 법률제222호로 개정, 발표된 민법이다. 민법은 제1편 총칙(總則)·제2편 (물권(物權)·제3편 채권(債權)·제4편 친족(親族)·제5편 상속(相續) 이렇게 5편 총1044조로 구성되어 있다. 원래 전전부터 호주권의 폐해가 지적되면서 1925년 '친족법 개정요강', '상속법 개정요강'이 제기되기도 했다. 형식적인 가족제도를 완화해 사회도덕에 넘기고, 여자의 지위향상이나 남녀평등, 호주권의 제한을 두는 개정론이 거론되어 온 것이다. 그것이 1947년 12월 22일에 제4편·제5편을 중심으로 일본국헌법의 기본원리에 맞춰 개정된다.

『귀환자필휴』에는 민법의 취지를 설명하고 '재판소'를 '가사심판소'로 고치고, '호주'를 삭제했다는 내용을 먼저 강조해 설명한다. 그리고 이전과 비교해 제14조에서 제18조까지가 삭제되었고, 삭제된 내용을 참고하라는 의미에서 '구민법 제14조~제18조'를 병기해 놓고 있다. 삭제된 내용은 부녀(여성)의 호주권 예속에 관한 내용이다. 그리고 제4편(親族725~881조)·제5편(相續882~1044조) 중에서 특정 부분을 발췌해 소개한다. 개혁과 관련해 주요한 내용만 소개해 보면 다음과 같다.

제1예 혼인의 요건

제731조 : 남자는 만18세, 여자는 만16세 이하는 혼인 불가능하다.

(중략)

제770조 : 부부 한쪽은 다음의 경우에 한해 이혼 소송을 제기할 수 있다.

배우자의 부정한 행위 / 배우자로부터 악의로 유기됨 / 배우자의 생사를 3년 이상 확인할 수 없을 때 / 배우자가 심한 정신병에 걸려 회복이 불가할 때 / 배우자를 계속하기 어려운 중대한 사유가 있을 때

제792조 : 성년이 된 자는 양자가 될 수 있다.

제798조 : 미성년자를 양자로 삼기 위해서는 가사재판소의 허가를 얻어야 한다. 다만 본인 또는 배우자의 직계비속을 양자로 할 경우는 제외한다.

(중략)

제818조 : 성년이 되지 않은 아이는 부모의 친권에 따른다. 아이가 양자일 때는 의부모의 친권에 따른다. 친권은 부모의 혼인 중에는 부모가 공동으로 행사한다. 다만 부모 한쪽이 친권을 행사할 수 없을 때는 다른 한쪽이 행사한다.

제820조 : 친권을 행사하는 자는 아이의 감호(監護) 및 교육을 할 권리를 갖고 의무를 진다.

(중략)

제900조 : 동순위의 상속인이 몇 명 있을 때는 그 상속권은 다음 규정에 따른다.

1. 직계비속 및 배우자가 상속인일 때는 직계비속 상속분은 3분의 2로 하고 배우자 상속분은 3분의 1로 한다.

2. 배우자 및 직계존속이 상속인일 때는 배우자 상속분 및 직계존속 상속분은 각각 2분의 1로 한다.

3. 배우자 및 형제자매가 상속인일 때는 배우자 상속분은 3분의 2, 형제자매의 상속분은 3분의 1로 한다.

(하략)

(『귀환자필휴』, 39~42쪽)

일견 당시 귀환자들에게 중요한 문제는 소유권이나 재산권과 같은 부분에 있어서의 권리조항에 따른 식민지 내 재산권 복구 및 피해보상이었을 테고, 이를 해결할 민법상의 법조항이 소개되는 게 더 합리적으

로 보인다. 하지만 주요하게 발췌되어 있는 내용은 가족 구성을 위한 요건, 즉 혼인가능 나이나 성립조건, 혼인과 입양(양자) 혹은 반대로 이혼과 파양, 그리고 친권, 부양의무, 상속과 관련된 조항이다. 이에(家)와 호주(戶主)의 폐지, 가독상속(家督相續) 폐지와 균등상속(均分相續) 확립, 혼인·친족관계·상속 등에서의 여성의 지위향상 등이 개정의 주요 내용이므로 '전전'에 비해 보다 '민주'화 된 가족법 관련 사항을 선전하기 위한 조치일 수 있다.

하지만 이는 보다 큰 의미에서 가족에 대한 개념의 변화가 무엇보다 중요한 개혁이기 때문이라고 생각해 볼 수 있다. 특히 호주권의 행사를 보장했던 본적지법(호적법주의)과 호주제의 폐지로 부모의 공동친권이나 균등상속이 가능해 지면서 여성의 친권, 상속권이 보장되었다. 그리고 이전까지 여성이 기존의 남편의 본적(家)으로 들어가면서 성립되는 혼인형태에서 혼인에 의해 새로운 가족이 형성되는 형태로 바뀌고 있는데,21) 이러한 조항은 보편적인 여성 지위향상이라는 관점과 함께 귀환자들에게는 좀 더 특별한 의미를 갖게 된다. 예를 들어 가족을 구성하고 유지하는 데 있어 여성의 권한 향상으로 보이는 조항들 중 이혼 소송에 관한 권리가 커졌다는 점은 이렇게도 해석이 가능하기 때문이다.

제국시기 신민은 일본 국적을 공통으로 가지게 되었지만 이법영역으로 구분되는 지역에서는 각각의 호적법(령)에 따라 본적을 기입했다. 곧 내지호적(일본적, 사할린아이누)과 외지호적(대만호적, 조선호적, 사할린본토인호적)의 구분이 실질적인 차별의 기준이 되었다. 본적지법에 따라 일본인 남성은 대체로 외지로 분가해 나갈 수 없었지만(양자나 데릴사위 형태로는 외지호적으로 변경가능), 일본인 여성의 경우는 남편의 본적으로 입적해 들어가는 형태였기 때문에 외지호적을 갖고

---

21) 中川淳, 「日本家族法の歩んだ道一敗戦後の立法を中心に」, 『立命館法學』 292号, 2003, 228쪽.

있을 수 있었다. 일본 패전으로 신변상의 위협 등의 이유로 귀환한 외지호적의 일본인 여성, 그리고 그 2세들은 실질적으로 강화조약이 발휘(1952년)되기 이전까지 법적으로 외지인이었다. 따라서 구제도에 의해서는 남편이나 친족의 동의가 없이는 어떠한 법적 행위를 제기할 권한도 없었는데(재산도 소유권은 있으나 감독권이 없던) 새로운 가족법에 따라 독립적으로 이혼을 제기하고 친권 및 재산권을 행사, 나아가 새로운 가족을 구성할 수도 있는 권한을 갖게 된 것이다. 외지호적을 버리고 일본적을 취득하기 위한 합법적 방법으로서의 이혼, 재혼, 입양, 파양, 그리고 그 결과 얻어낼 수 있는 아이의 부양권 취득 등이 갖는 의미는 일반의 국민들보다 홀로 아이들만을 데리고 귀환한 여성 귀환자에게 생활 정착을 위해 절실한 문제였을 것이다.

그리고 이어지는 내용은 '귀환자의 공민권(公民權)' 설명이다. 귀환자는 귀환과 동시에 공민으로서의 권리와 의무가 발생하게 되는데, 원래 "일반인은 일정한 토지에 6개월 이상 거주하지 않으면 선거권을 가질 수 없지만" "귀환자들은 정착지에서 복원서류를 제출한 그 날부터 제한 없이 선거권을 가질 수 있다"며 다소 '선전적'으로 내용이 시작된다. 공민권은 "신헌법 제3장에 규정되어 있는 가장 기본적인 인격권"의 일례로 설명되면서 '선거'과 같은 참여를 통해 그 외의 "계약권이나 물권도 완전히 취득할 수 있다"고 강조한다. 또한 생활이 곤란하고 가재(家財)나 의료를 구입하기 어려운 사람, 특히 일정한도 내의 응급주방용품이나 의료의 무상배급이 필요한 사람은 이를 받을 수 있고, 취직알선에 관해서는 직업보도시설에서의 무료 기술교육도 실시되고 있으며 생업자금 대출이나 공공직업 안정소를 통한 적극적인 취직알선도 가능하다며 '긴급구호대책에 따른 보조' 내용을 덧붙이고 있다. 이 모든 것이 "빨리 갱생할 수 있도록" 주어진 '권리'로써 "그 의미가 아주 크다"는 것이다.

그리고 '공민생활을 위한 마음가짐'이 10가지 명기되어 있다. 사람은

혼자 살 수 없으며 주로 자치단체인 정촌(町村)을 중심으로 한 공동체 생활 내에서의 자세가 설명되고 있다. 자치단체의 특색은 "모두의 의견, 모두의 비용으로 모두가 이끌어가는 것"에 있고 "우리의 목소리는 선거를 통해서 정촌의 정치에 반영"되므로 스스로를 정촌의 주인공으로 여기라는 자주, 주체성을 공민생활의 기본으로 전제한다. 따라서 "당국자의 처사가 나쁠 경우 수속을 밟아 우리가 이를 멈출 수 있다", "정촌의 정치나 공동생활에 무관심한 사람은 공민의 자격이 없다"며 집회나 토론회, 협의회 등의 모임에 자주 출석하고 당당하게 발언하라고 강조한다. 심지어 "문벌이나 권세를 행세해 공비를 낭비하거나 사복을 채우거나 완력이나 금권력으로 방만하게 행동하는 비민주적인 보스가 만연하는 것은 모두가 자신의 책임을 잊고 있기 때문이다. 모두가 반성하고 감시해서 필요가 있으면 법률적 수단에 호소"하라는 당부는 과거 '전전'의 군국주의적이고 전체주의적 잔해를 의식한 설명으로 보이기도 한다. 아울러 전체적으로 납세의 의미를 지키고 남을 험담하는 등의 낡은 부락정신을 버리고 공공물을 애호해서 "향토에 민주적 사회의 꽃이 피면" 일본국이 번창하고 "외국의 신뢰를 얻어 국제적 지위도 높아진다"며 (미국적)민주주의, 자유, 자주, 주체성 특히 '선거'를 강조함으로써 풀뿌리 민주주의의 보급을 의도하고 있기도 하다.[22]

5. 재국민화 속 포섭의 논리

이 장에서는 교육기본법, 생활보호법, 농지조정법, 노동기준법과 같

---

[22] 하지만 이러한 권리의 행사 범위가 헌법에서 보장하고 있는 국회(중의원, 참의원 등)가 아니라 '정촌의회'에 한정되고 있어 의문이 들기도 한다. 이 부분에 관해서는 향후 더 조사가 필요하리라 본다.

은 귀환자들의 실질적인 생활과 관련된 제도가 어떻게 소개되고 있는
지 살펴보겠다.

먼저 교육기본법은 "일본국헌법 정신에 입각해 교육의 목적으로 명
시하고"라는 말처럼, 이 법안이 민주적이고 문화적인 국가 건설을 위한
세계 평화와 인류 복지에 공헌하는 인간의 육성을 취지로 한 법률임을
설명하고 있다. 법률제25호로써 1947년 3월 31일에 공포, 실시된 이 기
본법은 이전까지 교육헌장처럼 암송되던 '교육칙어'(敎育勅語, 1890년)
의 폐지결의를 전제로 만들어졌다. 따라서 "인종, 신조, 성별, 사회적
신분, 경제적 지위 혹은 가문에 의해 교육상 차별받지 않는다"는 제3조
'교육의 기회균등' 조문이나 9년간의 의무교육(제4조), 남녀공학(제5조)
등에 관한 내용이 당시 교육기본법의 특성으로 특기되고 있다. 또한
'학교' 단위의 정규교육만을 인정(제6조)하고 가정교육이나 근로 장소
에서의 교육을 장려하는 차원에서 이를 '사회교육'으로써 실시할 것(제
7조)은 물론이고, 공민다움을 육성할 정치 교양을 교육할 의무(제8조)
를 지정해 놓고 있기도 하다. 그리고 여기에 <귀환 학생의 전입학>과
관련된 내용을 덧붙이고 있다.

<귀환 학생의 전입학>은 먼저 해외 귀환 학생의 대학, 고등전문학교,
교원양성제학교로의 전교가 이미 1948년 9월까지 7차에 걸쳐 약1만1
천7백 여명의 학생이 전입학을 완료했다고 전한다. 그리고 전교의 취
급을 하는 학교 및 학년은 "전국 관공사립 대학, 대학예과(제3학년), 고
등학교(제3학년), 전문학교(제2학년 이상) 및 교원양성제학교(본과제2
학년 이상)"로 한정하고, 전입학의 수험자격을 종전 당시 "외국 또는
구외지의 대학재학자와 대학예과, 고등학교, 전문학교, 전문학교와 동
등한 입학자격의 대학, 교원양성 제학교의 제2학년 이상의 재학자"로
지정하고 있다. 이는 '전전'의 고등(대학)교육에 해당하는 학생들만을
대상으로 한 조치로써 "원칙적으로 동종 동레벨(定度)의 학교 간"의 전

교만을 허용하고23), 또 해외에서 재학하던 학년보다 "하급 학년으로의
지원"을 인정했다. 아울러 학제개혁과 관련해 '신제고등학교의 정시제
탄생'을 소개하고 신제중학교를 비롯해 신제고등학교대학의 경우 통신
교육이 가능함을 설명한다. 소학교, 중학교까지 의무교육이 적용되면서
'전전'의 초등교육 대상자는 신교육제도와 충돌 없이 흡수 가능하기 때
문에 고등교육에 재학 중이던 학생에 대한 처우 결정이 중요시 되면서
귀환자들 중 대학교육으로의 편입을 중점으로 설명한 것으로 이해된
다. 그리고 의무교육 확대로 인해 이전에 이미 졸업을 해서 혜택을 받
지 못하는 이들을 위해 보조조치24)로써 통신교육을 권장하고 있다.
　하지만 신교육제도의 소개보다 여기서 중요시되고 있는 부분은 정규
과정 이외의 대체학습 내용이다. 실제 분량상으로도 법안의 4배에 해
당하는 지면을 할애하고 있기도 한데, <직업보도 안내>를 통해 당시
직업의 종류를 상당히 자세히 소개하고 있다. 좀 더 뒤에 실려 있는 노
동기준법에 덧붙여 소개되고 있는 <귀환자 취업 소개상황>과 관련해
살펴볼 때 귀환자들이 해외에서의 오랜 생활로 일본 내 상황에 익숙하
지 않음을 고려하고 있어 보인다. 전후 일본으로의 빠른 적응을 위해
학교개방강좌로서 전문강좌, 학기학교, 문화강좌를 비롯해 공민관이 시
행하는 각종 교양강좌25), 그리고 당시 "일본에서 어른의 교양시설로서
는 가장 대중성이 있고 보급되어 있는 것"이라며 사회학급을 다뤄놓고
있다. 이는 경제적 빈곤으로 인해 학교에 등록이 되어 있어도 실제 수
업을 받기 어려운 학생들을 위한 처우라고도 생각할 수 있다. 이 책자
에서 같이 소개되고 있는 노동기준법에 만16세 이하의 고용을 불법으

23) 사정에 따라 이종학교로의 전교도 인정한다고 명기되어 있기도 하다.
24) 中學校通信教育 規定 47年度 文部省法令25號.
25) 각종 문화교양강좌, 강습회, 연구회 등을 개최해 일반교양의 문제, 시사문제 등을
　　다룬다.

로 명기하면서 그 이유를 "의무교육 과정 또는 이와 동등 이상의 과정
을 수료한 자에 대해서만 고용할 수 있다"(제6장 여자 및 연소자 제56
조 최저연령)고 규정하고 있기 때문이다. 또한 행정관청의 허가 하에서
는 만12세 이상의 아동도 수학시간 외에 고용이 가능한데, 의무교육의
확대로 인한 빈곤층 아이들의 경제활동에 있어서의 역작용을 보완하는
형태로써 허가제로 학기학교나 전문강좌를 권하고 있는 것을 볼 때, 최
빈곤층에 속할 확률이 높은 귀환 학생들의 편의를 돕는 제도로 작용했
을 거라 생각한다. 아울러 의무교육 대상자 이외에게는 앞서의 <귀환
자의 공민권>에서도 강조되듯이 각종 문화교양강좌가 개설되어 시사
문제나 일반적 교양 교육 등을 통해 일본의 역사와 같은 지식을 습득
할 기회를 선전하고 있다. 실제 식민지 내지인 교육방침을 참고해 보면
'전전'에 점차 일본을 모르는 아동들이 늘어남에 따라 천황에 대한 충
군애국 교육, 특히 황민화 교육을 포함해 일본정신에 관한 교육이 강화
되었다고 하는데, 과거 그러한 교육의 영향력을 소거하기 위한 재교육
의 의도로도 파악된다.

생활보호법은 1946년 9월 9일에 제정(법률제17호)되었고, 『귀환자필
휴』에는 제1장 총칙, 제2장 보호기관, 제4장 보호 종류, 정도 및 방법,
제5장 보호비에 해당하는 내용이 발췌되어 실려 있다. 앞서 <귀환자의
공민권>에서도 "생활보호법에 기초해 최저생활 보장이나 국립병원, 국
립요양소에서는 매우 저렴하게 혹은 무료로 진료를 받을 수 있다"는
내용을 설명하고 있는데, 당시 무차별평등의 원칙, 국가책임의 원칙,
최저생활보장의 원칙에 따라 국가가 직접 책임을 지는 형태로 진행했
던 공적 부조제도로써는 획기적이었다고 평가된다.[26] 단순히 비용에

---

26) 이혜원, 「일본의 생활보호제도 형성과정-1945년~1950년」, 『한국사회복지학』 33
호, 1997, 315쪽. 또한 일본에서도 당시 GHQ의 개혁 중 가장 두드러진 업적으로
평가된다(日本社會事業大學 救貧制度研究會, 『日本の救貧制度』, 経草書房,

의한 재정원조만이 아니라 국가가 법률상의 사무를 진다는 내용인데, 실시기관은 지방 공공단체 및 시정촌장(市丁村長)이었다(제2장 제4조). 실질적으로는 민생위원이 보조기관으로 규정되어 있어(제2장 제5조) 공사분리의 원칙에 위반된다는 한계를 지닌 불완전한 것으로 보이기도 한다. 또한 국가의 부조의무를 인정하는 반면 국민이 생활보호를 청구할 권리를 인정하고 있지 않고, 대상자를 일본에 거주하는 사람으로 지정했지만 노동의 능력이 있는 자, 그리고 부양능력이 있는 자는 보호의 대상에서 제외했다(제1장 제2조, 제3조). 제4장 '보호 종류, 정도 및 방법'에서 생활부조, 의료, 조산, 생업부조, 장례부조에 관해 소개하고 있다고는 해도 당시 '노동력이 있고', '부양능력이 있다'고 판단되는 귀환자들이 실질적으로 적용받기 힘든 제도임을 금방 알 수 있다. 더구나 "당사자나 부부, 혹은 부모 외 직계존속, 자식 외 직계비속이 시정촌에 1년 이상 지속적으로 체류"를 해야 시정촌장이 빈곤층으로 판단해서 보조해 주도록 되어 있어(제5장) 직접 귀환자가 생활보호를 청구할 권리도 인정되고 있지 않다.[27]

농지조정법은 1948년 4월 2일 공포된 법률제67호로 제1조~제9조, 제14조 3, 제14조 6-8을 발췌해 놓고 있는데, 마지막에 덧붙이고 있는 <농지개혁 시행 이후 현황>에서 농지개혁에 관한 상황을 잘 요약해 전달하며 이해를 돕고 있다.

정부는 재벌 해체 및 농지 해방을 시행, 소작지의 해방 및 소작료 금납이 1945년 가을 의회에서 결정되었다. 토지개혁이 시행된 오늘날 기천의 영세농이 스스로 경영할 수 있는 토지를 소유하고 있다.

1976, 343~375쪽).

27) 상담이 가능하도록 귀환원호청을 중심으로 정부기관을 비롯해 지방기관 및 민간단체 등에서 귀환자와 복원자의 상담이 가능하다는 것과 함께 「각 기관의 소재지와 상담가능 대상 소개」를 제공하고 있다.

일본의 소작농세대 비율은 1947년 8월 1일 현재 27%였는데 1949년 1월 1일에는 겨
우 6%까지 감소했다. 동시에 소작하는 토지의 총면적은 1944년에 46%였는데 1949
년 3월에 12%로 줄고 그 외의 토지는 <u>전부 자작지로서 농민의 소유가</u> 되었다.
이상은 농지에 대한 해방이고 그후 목야(牧野)도 해방의 대상이 되어 해방용지
범위가 확대되었다. 이에 따른 <u>재촌 지주는 1세대당 1町步(홋카이도는 4町步)로
하고 그 이상의 토지는 국가가 매입해서 소작인에게 연부상환(年賦償還)으로 팔
수 있다는 방법을</u> 취하고 있다. 그 분재는 민주적으로 선거에서 뽑힌 농지위원이
시행하도록 하고 현재 진행 중이다. (『귀환자필휴』, 87~88쪽)

한 마디로 자작지의 증가를 강조하고 있는 것으로 이와 함께 해방용
지의 매수, 매도 현황도 자세히 실고 있다. 하지만 지주 보유면적의 제
한(1정보[3000평], 홋카이도 4정보)과 자작지의 확대(3정보, 홋카이도
12정보)로 상당히 높은 수준의 민주적 농지해방을 이루었다고 보이지
만, 영세지를 그대로 소유 이전함으로써 농민경영이 한층 영세화되고
이러한 상태에서의 자작농(독립자영농민)의 창설은 농민의 궁핍을 더
욱 가중시키게도 된다.[28] 농지조정법은 귀환자나 복원자의 대부분이
'전전'에 농업종사 비율이 높았고, 또 '전후'에는 전후개척(戰後開拓) 사
업에도 많이 동원되었기 때문에 이 분야에 대한 관심도가 비교적 컸음
을 상세한 수치가 상징적으로 반영하고 있어 보인다.

끝으로 노동기준법은 1947년 4월 5일(실제는 7일)에 공포된 법률제
49호를 발췌해 실고 있는데, (노동자의)균등대우(제3조), 남녀동일 임금
원칙(제4조), 강제노동 금지(제5조), 중간착취 배제(제6조), 배상예정 금
지(제16조), 가불금 상쇄 금지(제17조), 해고예고(제20조) 등과 같이 평
등원칙과 '봉건적 잔재의 일소'[29]를 위한 조항들이 소개되고 있다. 또

---

28) 葛建廷, 「日本の農地改革―その意義と限界」, 『創価大學大學院紀要』 31, 2009,
141~160쪽.
29) 김대훈, 『일본의 노동법제사에 관한 연구』, 고려대학교 노동대학원 노동법학과
석사논문, 2007, 73쪽.

한 산전산후 휴가나 육가휴직, 생리휴가나 귀향여비 지급, 요양보상,
휴업이나 장애보상, 유족보상 등 각종 보상 내용에 관한 보장과 제재를
전달하고 있다.

하지만 이러한 민주화되고 근대화된 '노동자의 생존권 보호'를 위한
법률보다 귀환자들에게 더 관심이 있어 보이는 것은 노동기준법과 같
이 실려 있는 <취업안내>와 <연합군 측에게 억류 중에 받은 재해에 관
한 보상에 관해서> 일 것이다.

우선 <취업안내>에서는 1948년을 기준으로 한 일반의 직업소개 상
황을 전달하고 있다. "구인 4,635,385 소개 2,754,230 취직 963,283으로
취직비율은 3할5푼을 나타내는데" 그나마도 "최근 실업자 점증인 상황
이기에 정부도 예의 그 타개 노력을 하고 있고 실업보험 등도 이미 실
시되고 있다. 또 상당한 보상을 지출해서 각 도도부현(都道府縣)에 실
업응급대책을 마련해 놓고 있다"고 한다. 그리고 다음으로 복원자, 상
이군인, 귀환자의 취직상황을 게시하는데(<표 5>), 일반의 취직비율이
35%라고 제시된 것과 비교하면 복원병 및 귀환자의 총 취직비율은
50%정도로 일반보다 높은 수치라 할 수 있다.[30]

또한 <연합군 측에게 억류 중에 받은 재해에 관한 보상에 관해서>가
비교적 간략히 명문화 되어 있다.[31] 그러나 여기서 다시 생각해 볼 것

---

30) 취직에 관해서는 각 도도부현(都道府縣) 귀환자상담소(계), 공공직업안정소에 가
   서 상담을 받도록 권하며 각 상담소를 상세히 실어 놓고 있다. 또한 1949.1 기준
   노동성통계조사국 고용통계과 조사에 의한 「산업별취직구수입수표」도 제시하며
   경험자, 미경험자 별 남녀 취직수를 소개한다. 취직수가 많은 순서대로 소개하면
   건설공업(16,508)→광업(8,297)→운유/통신업(8,199)→가스전기/수도업(1,352)→
   상업(956)→금속업(591)→자유업(331)→공무 및 단체(279)→대인서비스업(244)
   의 순서이다. (『귀환자필휴』, 113~115쪽)
31) 1. 종전 후 강제노동에 종사 중 입은 재해를 '공무'에 의한 傷病으로 인정하고 이
   傷病에 의한 질환을 입은 元군인에게 상병연금(傷病恩給)을 적용한다. 2. 미복원
   자금여법 개정에 의한 재해보상 : 미복원 중에 자기 책임으로 볼 수 없는 사유에

은 이러한 항목이 노동기준법과 함께 편성되어 있는 이유이다. 즉 1946
년 9월 노동관계조정법을 시작으로 지금 소개되고 있는 1947년 4월 노
동기준법과 동시에 노동자재해보상보험법이 생겨났다.

〈표 5〉 복원군인군속, 상이군인, 귀환자 취업소개 상황

1946년 1월~12월	복원군인군속	구직	433,953	취직	230,990
	상이군인	구직	4,219	취직	1,728
	귀환자	구직	176,797	취직	82,661
1947년 1월~12월	복원군인군속	구직	165,358	취직	92,451
	상이군인	구직	2,844	취직	766
	귀환자	구직	144,274	취직	77,167

또 역시 1947년 11월, 12월에는 직업안정법과 실업보험법이 제정되
면서 전전(戰前)의 공장법(工場法) 수준의 노동법이 전후(戰後)에는 새
로운 노동법들로 일거에 정비되었다. 물론 여기에는 실업대책이 중요
하게 작용했고 이에 1949년 5월에는 긴급실업자대책법을 제정해 국가
및 지방공공단체 등이 직접 국고를 사용하기도 한다. 취업안내와 연합
군에게 억류 중 받은 재해에 관한 보상은 노동자재해보상보험법과 직
업안정법과 관련이 있기에 소개하고 있다고 이해할 수 있다. 하지만 실
업보험법을 비롯한 긴급실업자대책과 같은 실질적인 실업구제 안내가
귀환자들에게 더 현실적으로 절실했을 것임에도 불구하고 전혀 언급이

의한 傷病을 입은 자는 복원 후 다음의 보상을 받을 수 있다. (1) 그 傷病에 대해
요양을 받을 것(복원 후 2년간) (2)미복원 중에 사망한 경우 또는 복원 후 요양
중에 사망한 경우에는 유골이장비(1천5백엔)를 유족에게 지급한다. (3)불구가 된
자(1에 의한 傷病恩給을 받는 자는 제외)에 대해 그 장해의 정도에 따라 장해일
시금(160엔-1만9천엔)을 지급한다. 3. 특별미귀환자급여법 제정에 따른 재해보상 :
元군인군속 이외의 일반인으로서 소련에 억류 중이었던 자가 입은 재해에 대해
서도 2와 마찬가지로 보상의 길을 마련한다(『귀환자필휴』, 116쪽).

되고 있지 않다. 즉 귀환자들은 형태상으로는 평등해 보이지만 실질적인 면에서는 차등대우를 받는 '불완전한 국민'이었음을 알 수 있다.

6. 냉전의 표상, 귀환자

1946년 12월(19일) 미소협정으로 귀환사업이 본격화되었지만 1947년 트루먼교서(3월), 마셜플랜(6월) 등으로 미소대립 국면이 표면화되면서 냉전이 개시되었고, 실제 소련 점령지역 내의 귀환 또한 순조롭지 못했다. 그리고 시베리아 억류자에 관한 내용이 1948년부터 논점화되기 시작한다. 이러한 흐름 가운데 1947년 4월(26일)에는 GHQ가 미귀환자를 100만 이상으로 과장해 보도하면서 해외동포귀환촉진전국협의회 47개 단체가 결성되고(7월 10일), 곧 국회에서 특별위원회를 열어 해외동포귀환촉진 결의를 채택(8월 15일)해 비협조적인 소련 측을 비판하는 여론이 이미 일본 내에 팽배하게 된다.[32] 점차 귀환을 둘러싼 정치적 대립이 격화되면서 GHQ 내부에서 소련의 일본인 귀환자에 대한 공산주의 교화 보고서가 작성(1949년 2월 2일)되며 반소여론이 들끓기도 한다. '진상을 알 수 없는 귀환자(眞相知らぬ引揚者)'라는 제목의 신문기사는 "귀환자들이 서로 팔짱을 끼고 약4분의 3이 공산당 노래를 불렀다"고 전하며 '공산주의자 귀환자'의 이미지를 고착화시키기도 한다.[33]

미소 냉전격화를 감안한 GHQ의 의도된 점령정책과 관련해 봤을 때 『귀환자필휴』는 앞서 요시다 시게루의 연설에서 소련 점령지구 내 미

---

32) 富田武, 『シベリア抑留者たちの戦後—冷戦下の世論と運動 1945~56年』, 人文書院, 2013, 71~101쪽.

33) 『毎日新聞』 1949.6.25.

귀환자에 관한 수치가 과장되고 있음을 볼 수 있던 것처럼, 소련에 대한 미국의 여론몰이 속에서 발간되었다. 이후 교토역(京都驛)에서 열린 '귀환자환영대회 개최'(1949년 7월 4일)를 공산주의 집회로 오인해 경찰이 강제해산시키고 정부가 '귀환자질서유지에 관한 정령'을 8월(11일)에 공포하게 된다.[34]

따라서 1949년 당시 미군점령군(GHQ)의 '레드 퍼지'나 당시 불거졌던 귀환자연합 시위운동 같은 사태를 고려할 때 『귀환자필휴』가 소련 점령지역, 특히 시베리아 귀환자(억류자)를 대상으로 한정해 기획된 것이라고 봐야 한다는 지적도 있을 수 있다. 이 책자의 발행부수 등을 감안할 때 당시 일본인포로 귀환수와 그 수치가 근사하기 때문이기도 한데, 그렇다면 사상적으로 공산주의화된 귀환자들을 교화하기 위한 대항논리로서의 민주주의 교육에 이 책자는 더욱 역점을 두었을 것이다. 그러나 1940년대 후반, 일반인들을 대상으로 비슷한 목적으로 제작, 배포된 『민주주의(民主主義)』와 같은 자료는 신헌법 정신에 입각한 민주주의에 대한 그야말로 원리적인 역사나 개념, 의의 등을 교육하고 있다. 『귀환자필휴』는 이와 비교할 때 '과도하게 선전'되는 신일본의 '개혁'을 담아내고 있다고 평가할 수 있다. 이는 단순한 반소, 반공 이데올로기로서의 '민주화 교육'을 통한 귀환자들의 교화라는 목적보다는 생활과 문화 영역에서 실질적 체재 우위성을 실감하게 만들며 냉전체제의 새로운 주체로 탈바꿈되는 국민만들기(cold warrior)의 성격이 더 강하게 작용한 것이 아닌가 싶다. 더구나 그 대상이 일반의 일본인이 아니라 해외 귀환자, 특히 소련 점령지역에서 온 귀환자라는 점은 이러한 방향성에 힘을 실어주는 요인의 하나일 수 있다. 『귀환자필휴』를 비롯해 당시 파생되고 있던 귀환사업 관련 제반의 언설 등이 '문화냉전'의

---

34) 富田武, 같은 책, 71~101쪽.

형태로 1940년대 후반의 착종된 냉전체제를 보여주기 때문이다.

　'문화냉전'이란 미소 양국이 정치, 경제, 군사뿐 아니라 문화, 예술, 교육, 오락, 라이프스타일까지 포함해서 헤게모니 확립을 위해 전개한 문화, 정보, 미디어 전략 전반을 뜻한다.[35] 국무성이 크게 관여했던 문화정책은 냉전의 일각을 차지하고 있었다. 마셜플랜과 동시에 모던 디자인과 대량소비를 위한 대량생산품, 또는 그것을 가능케 하는 물류서비스까지 수출되거나 재즈 뮤지션이 동서 냉전의 전선(前線)으로 파견되었거나 했던 것은 2000년대 이후 잇달아 밝혀지고 있다. 일본의 문화가 문화냉전과 문화헤게모니의 교섭에 참여하는 지점으로서의 가와바타 야스나리의 노벨상 수상이 고찰되기도 한다(오치 히로미 2014: 139~157). Christina Klein은 냉전기 국가정책이 언어, 이미지, 이야기의 공유를 통한 문화 메커니즘과 손잡고 있음을 지적하면서, 특히 냉전기에 미국이 냉전 전략에 맞춰 아시아 표상을 재창조하려 했던 과정을 '냉전 오리엔탈리즘'으로 논하고 있다.[36] 당시 귀환사업은 GHQ의 주도로 이루어졌고 『귀환자필휴』의 요시다 시게루의 연설에서처럼 일본 정부는 대일이사회의 W. J. Sebald의 보고를 그대로 전용했다. 미디어의 경우도 마찬가지다. 1949년 12월 이후 한 동안 정설처럼 이야기되고 있던 소련 점령지구 '37만명 미귀환자설'이 실제로는 GHQ의 총계 조작과 이를 오인한 미디어 보도에 의해 유포된 것이기도 하다. GHQ에서는 1945년에서 1948년까지의 귀환자 사망률을 집계하며 37만 여 명에 대해서는 '설명을 할 수 없다'고 말한 것을 미디어가 미귀환자로 전용해 사용한 것이다. 미디어의 냉전 레토릭 실현 양상이라고도 할 수

---

35) 貴志俊彥·土屋由香編, 『文化冷戰の時代 : アメリカとアジア』, 國際書院, 2009, 參照.

36) Christina Klein, Cold War Orientalism : Asia in the Middlebrow Imagination, 1945~1961 University of California Press. 2003.

있다.

그리고『귀환자필휴』간행 이후, 소련 점령지역 내 수용소에서 발간
되던 『일본신문(日本新聞)』에 1949년 10월에 「귀환자독본(歸還者讀
本)」이라는 제목의 글이 연재된다. '귀환자독본'이라는 표제어는『귀환
자필휴』를 의식한 용어로 읽히기도 하는데, 이글은 주로 일본인들이
귀환하게 되면 즉각 일본공산당에 입당해 긴밀한 활동을 하도록 권고
하고 있다. 그중에 「제1, 일본은 어떻게 변했을까(第一, 日本はどんな
に変わったか)」, 「제2, 새로운 생활 건설을 향해(第二, 新しい生活の
建設へ)」, 「제3, 귀환자가 꼭 알아두어야 할 것(第三, 歸還者の知って
おくべきこと)」이라는 내용에서는 일본 인민의 생활이 어렵고 산업부
흥은 진척되고 있지 못하며 민주화는커녕 파시즘과 군국주의가 부활중
이라고 전한다. 주거도 임시숙박소에 살고 취직도 못한다면서 1948년
귀환자의 60%이상이 구직중이라고도 선전한다.[37] 이 신문의 내용이『귀
환자필휴』의 반동으로서 작성되었다고 단정할 수 없지만, 내용상 정치
교육을 위해 스탈린의 말을 전하거나[38] 특집기사를 통해 캠페인적인
사설을 소개하며 선동적 색채가 강했던 이 신문이 당시 위와 같은 성
격의 글을 실은 것은 특기될 만한 일이기도 하다.[39] 이는 당시 귀환자
정책이 냉전의 기류 속에서 이미 이념갈등의 장으로 기능하고 있었음
을 보여주는 동시에 일본 내 GHQ나 정부 측이 귀환자들을 어떻게 전
용시켜 인식했는지 보여주는 '귀환자에 대한 착종된 표상'을 함의하고
있기도 하다.

착종된 귀환자에 대한 표상은 제국일본이 자행해 온 침략전쟁과 식

---

37) 富田武 같은 책, 48쪽에서 재인용
38) 도쿠다 규이치(德田球一), 노사카 산조(野坂參三) 등의 글도 많이 인용했다.
39) 富田武 같은 책, 44~46쪽. 1947년 귀환사업 재개 이후 일본의 빈곤이나 반동화
　　를 전하고 있기도 하지만 주로 일본공산당 활동에 관해서이다.

민주의에 대한 단죄와 반성이라는 문맥이 공산진영과 자유진영 양 진영의 대결이라는 새로운 시대적 문맥으로 대체되면서 자연스럽게 과거전쟁의 당사자가 아닌 신체제 전쟁, 즉 냉전의 희생물로서의 귀환자 이미지를 만들어내고 있는 것을 가리킨다. 과거 제국일본과의 단절을 유도하며 새로운 체제, 특히 민주주의와 근대화를 강조하며 '전후' 일본에 신속히 적응하여 '신일본의 재건을 위한 일꾼'으로써의 '국민상'을 요구하고 있는 정부의 시각(노선)이 이를 잘 보여준다. 국민의 축일로 시작되는 (전후)신일본 시공간으로의 재편이 상징적이지 않을 수 없고, 이에(家), 호주제의 철폐를 통한 가족 개념의 변화를 역설하는 방법이 인상적이다. 이전까지 법적으로 어떠한 행위도 제기할 수 없던 여성의 권한을 독자적으로 이혼을 제기할 수 있고 또 친권이나 재산권의 행사도 가능하도록 개선한 것은 여성 귀환자들의 독립적인 생활 정착이 과거 식민지생활의 청산에 직결되는 문제이기도 했기 때문이다. 또한 실제 민법 구성에는 포함되어 있지 않은 공민권에 관한 내용을 강조하며 일본 재건에 필요한 주체적 국민으로서의 모습을 비교적 상세히 묘사하는 것도 보다 투철한 민주주의 정신에 입각한 국민만들기를 연상시킨다.

또한 교육기본법이나 생활보호법, 농지조정법, 노동기준법과 관련해 특기되고 있는 내용들은 기본적으로 헌법정신에 기초해 제정된 법안들이기 때문에 민주주의를 강화하는 사안이기도 하지만 '전전'에 비해 근대적인 성격이 더 강조된 형태라고도 볼 수 있다. 교육의 기회균등이나 최저생활보장의 원칙, 재벌 해체와 농지 해방을 통한 소작지 증가, 생존권 보장과 평등원칙에 따른 근로환경 규제가 그럴 것이다. 여기에 귀환자들을 위한 배려로서 덧붙여져 소개되고 있는 사항들은 그 한계와 취약한 부분이 있음에도 불구하고 기초적인 생활기반을 국가차원에서 보장해 준다는 전제 위에서 볼 때 귀환자들의 평화로운 복원을 유도하고 있다. 다시 말해서 당시 혼란을 야기할 만한 부분, 강화이전까지 유지되는 외지 호적법으로 인한 국적취득의 혼란이나 재산소유권 문제, 재해보상에 있어서의 군인과 일반인의 차등대우 등을 애매하게 처리함으로써 재국민화하는 포섭의 논리가 작용하고 있다. 이는 민족적 과제로서의 신생국가 건설과 국민통합 과정에서 국가 안전을 위협하는 불안요소를 축소하고 이를 통해 더 철저한 통제가 이루어져 체제의 안전을 도모하는 원리가 작용된 것이기도 하다.

일본의 '전전에서 전후'로의 재편은 그 내용상 군국주의적인 것의 민주주의화라는 방향성을 띠고 있다. 물론 그 변화가 변주(개정)냐 변질(혁신)이냐와 같은 '정도'의 차이를 함의하고 있고, 그로 인해 전전과 전후의 연속이냐 단절이냐는 형태의 비판적 연구들이 전후개혁을 중심으로 한 일본의 점령기연구사나 탈식민지주의를 문제 삼는 제국(식민지) 연구사의 큰 줄기 속에 존재한다. 이러한 맥락에서 본다면 제국과 식민지주의라는 '전전의 구제도'와 직접적으로 접촉하며 살던 해외 귀환자들을 민주화되고 근대화된 국민국가 '신(新)일본'의 국민으로 '개혁'시킨다는 명제가 당시 일본 정부의 귀환자들을 대하는 일차적인 태도였을 것이다. 본고에서 살펴본 『귀환자필휴』도 이러한 방향성을 보여주고 있다. 하지만 이 과정은 단순하게 제국의 신민에서 열도의 전후 일본 국민으로 재편되는 것을 뜻하지 않았다. 귀환자들은 마치 냉전의 전사(cold warrior)로서 (미국식)자유 민주주의를 실현할 근대화된 주체로 포섭되길 요구받았음을 『귀환자필휴』는 보여준다. 이러한 귀환자들에 대한 착종된 표상이 전후재건기 일본의 '재국민화' 양상의 저변을 이루고 있었음을 확인할 수 있는 것이다.

| 참고문헌 |

引揚援護廳, 『引揚援護の記錄』

『每日申報』, 1912.9.18.

『每日新聞』, 1949.6.25.

文部省, 『歸還者必携：新しき出發へ』 1949.

http://www.heiwakinen.jp/goriyou/pdf/pamphlet_ippan_07-08.pdf(검색일 2017.3.31)

第7回國會(常會) 答弁書第六号, 參議院議員 中野重治君提出 <引揚相談費その他に 關する質問>に對する答弁書 http://www.sangiin.go.jp/japanese/joho1/kou sei/syuisyo/007/touh/t007006.htm (검색일2017.3.31.)

김대훈, 『일본의 노동법제사에 관한 연구』, 고려대학교노동대학원노동법학과석사 논문, 2007.

마루카와 데쓰시, 장세진 옮김, 『냉전문화론』, 너머북스, 2010.

박삼헌, 『천황 그리고 국민과 신민사이』, 알에이치코리아, 2016.

박이진, 「귀환체험담의 '비극' 재현 담론 속 '반전평화주의'」, 『일본사상』, 25, 2013.

오치 히로미 외, 『일본 표상의 지정학』이경희 번역, 한양대학교출판부, 2014.

이혜원, 「일본의 생활보호제도 형성과정-1945년~1950년」, 『한국사회복지학』 33, 1997.

조누리, 「1910년대 日帝의 祝·祭日 시행과 그 의미」 이화여자대학교사학과석사 논문, 2015.

차은정, 「재조귀환자의 "후루사토"(故鄕)와 기억의 정치학-패전 후 귀국일본인 에 대한 민족지적 연구」, 서울대학교 인류학과 박사논문, 2014.

淺野豊美, 『記憶としてのパールハーバー』, ミネルヴァ書房, 2004.

蘭信三, 『「滿州移民」の歷史社會學』, 行路社, 1994.

_____, 『日本帝國をめぐる人口移動の國際社會學·序說』, 不二出版, 2008.

_____, 『中國殘留日本人という経驗ー「滿洲」と日本を問い續けて』, 勉誠出版, 2009.

_____, 『帝國以後の人の移動』, 勉誠出版, 2013.

今井良一, 「『滿州』農業移民の経営と生活」, 『土地制度史學』第173号, 2001.

_____, 「『滿洲』農業開拓民と北海道農法」, 『農業史研究』第48号, 2014.

加藤聖文, 「'引揚げ'という歷史の問い方」(上·下)『彦根論叢』, 2004.

_____, 『「大日本帝國」崩壞·東アジアの1945年』, 中公新書, 2009.

葛建廷, 「日本の農地改革ーその意義と限界」, 『創価大學大學院紀要』31, 2009.

貴志俊彦·土屋由香編, 『文化冷戰の時代 : アメリカとアジア』, 國際書院, 2009.

島村恭則編, 『引揚者の戰後』, 新曜社, 2013.

高杉志緒, 『日本に引揚げた人々ー博多港引揚者·援護者聞書』, 図書出版のぶ工房, 2011.

田中宏巳, 『復員·引揚げの研究ー奇跡の生還と再生への道』, 新人物往來社, 2010.

塚瀬進, 『滿洲國「民族協和」の實像』, 吉川弘文館, 1998

_____, 『滿洲の日本人』, 吉川弘文館, 2004.

中川淳, 「日本家族法の歩んだ道ー敗戰後の立法を中心に」, 『立命館法學』292号, 2003.

成田龍一, 『「故郷」という物語』, 吉川弘文館, 1998.

_____, 『「戰爭経驗」の戰後史ー語られた体驗/証言/記憶』, 岩波書店, 2010.

日本社會事業大學救貧制度研究會, 『日本の救貧制度』, 経草書房, 1976.

半藤一利, 『昭和史 戰後篇1945~1989』, 平凡社, 2009.

藤井和子, 「引揚者をめぐる排除と包攝ー戰後日本における「もう一つの『他者』問題」, 『關西學院大學先端社會研究所紀要』, 第11号, 2012.

富田武, 『シベリア抑留者たちの戰後ー冷戰下の世論と運動 1945~56年』, 人文書院, 2013.

山本有造外, 『「滿洲」記憶と歷史』, 京都大學學術出版會, 2007.

増田弘編, 『大日本帝國の崩壞と引揚·復員』, 慶應義塾大學出版會, 2012.

Christina Klein, Cold War Orientalism : Asia in the Middlebrow Imagination,

1945~1961 University of California Press. 2003.

Lori Watt, When Empire Comes Home: Repatriation and Reintegration in Postwar Japan, Harvard East Asian Monographs, November 17, 2010.

Park Yi-Jin, The Postwar Experience of Repatriates: The Crack in Postwar Japan`s Reconstruction, Sungkyun journal of East Asian studies Vol.14 No.1, 2014.

전후 일본의 황국사관 재편과 이시모다 쇼

최종길(동아대학교)

전후 일본의 황국사관 재편과 이시모다 쇼*

최종길**

1. 서론

1945년 8월 15일, 천황은 라디오 방송을 통해 연합국의 포츠담 선언을 수락한다는 연설을 하였다. 이 연설은 길게는 메이지 유신 이후 침략과 전쟁으로 점철된 일본 근대사의 종결, 짧게는 1931년 만주사변을 시작으로 확대일로에 있던 전쟁을 마감하는 선언이었다. 이 시점을 계기로 근대 일본의 골간을 이루던 많은 부분이 단절을 겪을 수밖에 없는 상황에 직면하였다. 특히 황국사관은 대일본제국헌법, 국가의 모든 통치 권력을 총괄하는 천황의 법적 제도적 지위, 천황을 대하는 국민들

* 이 논문은 동국대학교 일본학연구소에서 발행하는 『일본학』 제37집(2013년 11월 30일 발행)에 게재된 논문 「이시모다 쇼(石母田正)의 민족 담론」과 성균관대학교 인문학연구원에서 발행하는 『인문연구』 제66집(2017년 8월 15일 발행)에 게재된 논문 「전후 일본의 황국사관 재편과 지식인」을 통합하여 수정한 것이다.
** 동아대학교 산학협력단 선임연구원

의 마음가짐을 정한 교육칙어, 군인칙유 등 메이지 유신 이후 근대일본
의 거의 모든 국가지배 시스템의 사상적 기초를 이루고 있었다. 따라서
황국사관은 명확하게 폐기하지 않으면 안 되는 첫 번째 대상이었다. 이
러한 이유로 전후 역사학의 가장 중요한 과제는 황국사관의 극복이었다.

그러나 문제는 그리 간단하지는 않았다. 황국사관은 전전 일본의 국
가지배 시스템을 지탱한 사상적 근원이기도 하지만 또 다른 한편으로
근대 국가의 가장 중요한 기능인 국민 창출을 위한 이데올로기적 토대
이기도 하였다. 그리고 이러한 국민 만들기 즉 내면에서부터 스스로 자
랑스러운 역사와 문화적 전통을 가진 일본인이라는 자의식을 가진 국
민 창출의 과제는 패전 직후에도 지속되었다. 이러한 이유로 황국사관
이 제시한 사유방식은 전전과 전후를 통해 단절과 연속의 내용을 동시
에 가지게 되었다.

일반적으로 일본에서 사용하는 '황국(皇國)'이란 용어는 초대천황이
라고 하는 신화적인 인물인 진무(神武天皇)천황에서부터 현재의 125대
천황에 이르기까지 만세일계의 천황이 통치하는 일본을 지칭한다. 따라
서 황국사관이란 천황을 중심으로 하여 일본의 역사를 파악하려는 사상
적 경향이라고 할 수 있다. 그러나 하세가와 료이치(長谷川亮一)는 이러
한 상식적인 용어 사용에는 많은 문제가 있다고 다음과 같이 지적한다.

사학사의 문맥에서 이 단어(황국사관-인용자)는 보통 일본중세사 연구자인 히라
이즈미 키요시(平泉澄)와 그 주변의 역사관을 지칭하는 것으로 사용된다. 또한
역사교육사 분야에서는 일반적으로 국정 국사교과서의 역사관을 지칭하는 경우
가 많다. 뿐만 아니라 일반적으로 이 단어가 사용되는 경우는 국학자나 신도가
등의 역사관을 지칭하거나 『신도정통기(神道正統記)』나 『대일본사(大日本史)』 등
의 역사관을 지칭하기도 하며 혹은 막연히 천황 중심적이든가 일본중심적인 역사
관을 지칭하는 경우도 있다. 즉 무엇을 '황국사관'이라고 정의하는가는 실은 매우
애매하다.[1)]

이러한 문제의식을 가진 하세가와는 1931년 만주사변 이후 전쟁 확
대 과정에서 문부성이 국민을 통합하고 전쟁에 동원하기 위하여 적극
적으로 사용한 황국사관이란 용어에 천착한 연구를 진행하였다. 이 경
우의 황국사관이란 "대일본제국의 '정사(正史)' 또는 정통적 역사관 -
즉 국가가 '정통'인 것으로 인정한 역사관 - 의 문제"[2]를 지칭한다. 하
세가와에 의하면, 1940년대 전반부터 문부성이 『국사개설(國史槪說)』,
『대동아사개설(大東亞史槪說)』 등의 역사서에서 황국사관이란 단어를
적극적으로 사용하면서 이 용어가 일반화되었다고 한다. 이처럼 1940
년대 전반에 문부성에서 사용한 황국사관이란 용어는 국체(國体)의 본
의를 철저히 체현하고 황국신민으로서의 생명의 근원은 천황을 중심으
로 한 일본의 역사와 전통에 있다는 것을 체득한 세계관이라고 할 수
있다. 따라서 황국사관이란 자의적으로 정한 '황국발전의 생명원리'라는
기준에 의거하여 선정한 사실을 바탕으로 체득된 역사관을 의미한다.[3]

콘노 노부유키(昆野伸幸) 역시 황국사관이란 용어가 가진 애매함을
비판적으로 고찰한 연구를 진행하였다. 그는 미·영 등 강대국을 상대
로 한 장기전을 수행하면서 천황에 대한 절대적인 충성과 전쟁에 대한
대의를 일원적인 논리에 의해 설명하기 위하여 1937년에 편찬된 『국체
의 본의(國体の本義)』와 1943년에 편찬된 『국사개설』에서 제시한 용
어가 황국사관이라는 사실을 논증하였다.[4]

박진우는 2가지 측면에서 이들의 연구에 주목한다. 첫째는 막연하게
황국사관의 내실이 무엇인지 명확한 인식이나 구체적인 설명 없이 비
판하는 수준을 넘어서 1940년대 전반에 진행된 '황국사관'의 전개는

---

1) 長谷川亮一, 『「皇國史觀」という問題』, 白澤社, 2008, 1~2쪽.
2) 앞의 책, 43쪽.
3) 앞의 책, 184쪽.
4) 昆野伸幸, 『近代日本の國体論—<皇國史觀」再考』, ぺりかん社, 2008.

문부성이 당시의 역사관을 통일하기 위해 제창한 시도라는 사실을 명확히 한 점, 둘째는 히라이즈미를 마치 황국사관을 대표하는 것처럼 보는 종래의 통설을 부정한 점, 즉 당시 황국사관의 일원화에 중요한 역할을 한 것은 문부성 교학과와『국사개설』의 편찬회 의원이었던 오누마 히로오(小沼洋夫)와 같은 문부성 내부의 공인된 이데올로그였다는 사실을 명확히 한 점을 박진우는 긍정적으로 평가한다.5) 이러한 연구에 기초하여 박진우는 황국사관의 구체적인 내용을 다음과 같이 요약한다. 황국사관은 첫째로 황조신(皇祖神)의 천양무궁의 신칙(神勅)정신을 근거로 만세일계의 천황에 의한 통치를 정당화하는 역사관, 둘째로 만세일계의 천황=국체의 영원성과 불변성을 강조하는 역사관, 셋째로 팔굉일우(八紘一宇)=세계지배의 사명을 강조하여 이민족에 대한 지배와 통합을 정당화하는 역사관, 넷째로 이러한 사상 신념을 정당화하기 위하여 신대(神代)에 기초한 신화와 역사의 일체성을 제시한다.6) 즉 황국사관은 신화와 역사적 사실을 일체화하여 설명하는 역사관으로 천양무궁의 신칙에 의거하여 천황 통치의 절대성과 불변성을 핵심으로 하고 나아가 일본의 세계지배를 정당화하는 것으로 1930년대 후반부터 패전에 이르기까지 국민 통합과 동원을 위한 이데올로기로 창출된 것이라고 할 수 있다.7)

　이러한 선행연구에는 한 가지 문제가 존재한다. 위의 선행연구들은

---

5) 박진우,「전후일본의 역사인식과 '황국사관'」,『황국사관의 통시대적 연구』, 동북아역사재단, 2009, 255~256쪽.

6) 앞의 논문, 260쪽. 한편 나가하라 케이지(永原慶二)는 문부성의 교과서 검정에 반대하여 1983년에『황국사관(皇國史觀)』(岩波書店)을 집필하였다. 여기서 나가하라는 황국사관의 특징을 1. 자국의 역사를 미화함, 2. 전쟁책임을 숨김, 3. 민중들의 정치 사회적 행위에 대한 서술을 억제함, 4.역사교육의 목적을 진리학습이나 과학적 사고의 육성이 아니라 지배집단의 가치관을 주입하는 교화에 둔 점이라고 요약한다(永原慶二,『皇國史觀』, 岩波書店, 1983).

7) 앞의 논문, 263쪽.

대체적으로 황국사관의 문제를 전쟁이 심화되어 가는 시기에 불거진 것으로 결론 내린다. 따라서 전후에 이루어진 황국사관 비판 역시 많은 부분 전쟁책임의 문제와 연결된 형태로 논한다. 하세가와 역시 그의 저서 결론 부분에서 '역사학의 전쟁책임'이란 항목을 설정하고 "역사학 혹은 역사가의 전쟁책임이란 무거운 문제에 대하여 언급하지 않으면 안 된다"[8]고 하였다. 이러한 역사인식은 동아시아 각국과 관련된 일본의 역사적인 책임을 1931년 이후의 전쟁책임으로 왜소화 시킨다. 과연 황국사관의 여러 가지 문제는 1931년부터 시작된 전쟁과의 관련성에 한정된 것일까. 메이지 유신 이후에 제정된 제국헌법, 군인칙유, 교육 칙어 등과는 전혀 관계없는 것일까. 근대국가 일본이 의식적으로 수행한 국민/신민 만들기와는 관계없는 것일까.

일본에서 통상적으로 논의되는 '전쟁책임'론에는 좌우를 막론하고 1931 만주사변을 시작으로 하는 15년 전쟁 시기에 일어난 강제동원, 징집 등의 문제에 한정하여 논하는 경향이 강하다. 여기에는 류큐 합병이나 홋카이도 편입 나아가 대만과 조선의 식민지화 과정에서 발생한 다양한 문제는 포함되지 않는 경우가 일반적이다.[9] 특히 츠루미 슌스케(鶴見俊輔)를 비롯하여 일군의 학자들이 공동으로 집필한 『공동연구 전향(共同硏究 轉向)』은 좌우파를 막론하고 거의 모든 전쟁협력자에 대하여 다루고 있지만 기본적으로는 좌파들이 왜 전쟁에 협력하게 되었는지에 대하여 추적한 연구라 할 수 있다. 즉 일본에서 가장 철저하게 일본의 식민지 지배와 전쟁책임을 추궁한 진보적 지식인들조차도 전쟁책임의 범위를 1931~45년 사이로 한정하고 있으며 나아가 이러한

---

8) 長谷川亮一, 『「皇國史觀」という問題』, 321쪽.

9) 물론 그렇다고 해서 일본의 진보적 인사들이 1931년 이전에 발생한 문제에 대하여 침묵하고 있다고 주장하는 것은 아니다. 주장하고 싶은 것은 일본에서 좌파든 우파든 '전쟁책임'이라고 했을 때 이 용어가 포괄하고 있는 범주는 대체적으로 1931년에서 1945년 사이의 매우 한정적이라는 점이다.

전쟁협력 문제를 식민지 지배에 관한 반성적 인식으로까지 확대하지 못하였다.[10]

따라서 본 논문은 위와 같은 문제의식에서 황국사관의 문제가 전후 일본의 새로운 국민 만들기와 어떻게 연속되고 있는지를 중심으로 고찰하고자 한다. 즉 황국사관 비판을 통해 전후의 새로운 변혁 주체로서의 국민 만들기를 지향한 진보적 역사교육은 오히려 체제비판이나 변혁의 움직임까지도 흡수해버리는 국민통합의 기제(機制)였음을 고찰한다.

2. 패전과 역사교육의 재편

1) 전후의 황국사관 비판과 국사편수원

패전과 더불어 일본의 역사학계는 새로운 움직임을 시작하였다. 전전에 활동을 중지할 수밖에 없었던 역사학연구회(歷研)는 패전 이후 45년 11월 11일에 도야마 시게키(遠山茂樹), 다카하시 신이치(高橋磌一) 등의 노력으로 '국사교육 재검토 좌담회'를 개최하여 황국사관 비판을 통한 새로운 역사운동의 서막을 열었다. 이어서 46년 1월 27일에 재건대회를 개최한 이후 3월 10일에 총회를 통해 활동개시를 선언하였다. 이후 6월 6일에 기관지 『역사학연구』를 복간하기로 결정하였다. 역사학연구회는 역사학과 역사교육의 분리에 반대하며 과학적 진리를 존중하고 인민과 학문연구의 결합을 강조하였다.

---

10) 필자는 전후 좌파들의 인식은 내부로 향한 시각이 강한 나머지 외부 즉 자신들이 식민지로 지배한 지역에까지 확대하여 사고하지 못한 결과라고 판단한다. 구체적으로는 「이시모다 쇼(石母田正)의 민족 담론」, 『일본학』 37집, 2013 ; 「전학련과 진보적 지식인의 한반도 인식」, 『일본역사연구』 35집, 2012을 참조할 것.

1945년 11월 1일 교토(京都)에서 교토제국대학 출신자들이 중심이 되어 대학의 틀에 구애받지 않는 자유로운 연구조직을 추구하여 일본사연구회를 창립하였으며 46년 5월에는 기관지 『일본사연구』를 창간하였다. 46년 1월 12에는 진보적인 자연과학자, 사회학자, 인문학자들이 중심이 되어 '민주주의 과학자협회'(民科)가 결성되었다. 민과는 산하에 다양한 부회를 두었는데 와타나베 요시미치(渡部義通), 이시모다 쇼(石母田正) 등이 중심이 된 역사부회는 46년 10월에 기관지 『역사평론』을 창간하였다. 창립 당시의 민과는 일본공산당의 영향력이 그리 크지 않았으나 50년대에 들어서면서 일본공산당의 전략 전술론이 민과에 직접적으로 영향을 미치게 되었다. 특히 1952년에 민과의 서기국원이었던 이시모다 쇼는 일본공산당의 정치노선에 입각한 '국민적 과학의 창조'를 제창하였다.

이러한 역사연구 단체에 모인 연구자들은 출신대학, 전공, 역사를 대하는 입장 역시 마르크스주의, 근대주의, 실증주의 등 다양하였다. 그럼에도 불구하고 이들은 전쟁이란 상황 하에서 강화된 황국사관에 대해서는 강한 비판의식을 공유하고 있었다. 특히 여기에 모인 젊은 연구자들은 강좌파 마르크스주의에 강하게 영향을 받고 있었다. 이러한 움직임 속에서 1946년 12월 23일 일본사연구회 제1회 연례회의 좌담회에서 후지타니 토시오(藤谷俊雄)는 전전의 황국사관을 다음과 같이 비판하였다.

근본적으로 일본의 역사를 매우 신비적으로 생각하는 사고가 전시 중에 횡행한 것은 여러분들도 잘 알고 계시리라 생각합니다. 혹은 2600년 설, 혹은 팔굉일우 설과 같은 것이 매우 요란스럽게 채용되어 소학교의 교과서 혹은 중등학교의 교과서에 유행하였습니다. …… 이른바 황국사관이 실시되었을 뿐만 아니라 더욱 극단적인 군국주의 사관 혹은 나아가 영·미 타도 사관이라고 할 수 있는 것이 이 교과서의 기조였습니다.[11]

이처럼 전전의 황국사관을 비판한 후지타니는 보다 직접적으로 "전시 중에 '황국사관'이라는 괴상한 역사관이 국사교육에 강제되었다"[12]고 비판하였다. 이러한 비판에서 알 수 있듯이 전전에 일본역사의 정수이며 천황을 중심으로 한 동아시아 해방의 사상적 원천이라고 하던 황국사관이 이제는 군국주의와 대외침략의 이데올로기였다고 공공연하게 부정되었다. 이러한 주장을 시작으로 전후의 역사학계는 전시 하에서 실시된 역사학과 역사교육에 대한 비판을 개시하였다. 이러한 비판은 학문과 교육 분야에 거치지 않고 이러한 작업을 실질적으로 수행하였던 사람들에 대한 비판으로 이어졌다. 이노우네 키요시(井上淸)는 1946년 6월에『역사학연구』복간호에서 전전의 황국사관 주창자로 히라이즈미 키요시, 야마다 요시오(山田孝雄), 토쿠토미 소호(德富蘇峰) 등을 직접 언급하면서 "군벌관료의 확성기가 되어 국체호지의 강제를 위해 대일본 황국은 신국이라고 강조하며, 황국은 세계를 지배하는-팔굉일우-신명을 가진다고 하여, 오로지 인민을 천황제 군벌·관료의 노예로 만들고 침략전쟁에 동원하기 위하여 과학의 편린까지도 역사학에서 지워버린 가장 노골적인 범죄인"[13]이라고 신랄하게 비판하였다.

이러한 황국사관 비판에 직면한 히라이즈미 키요시는 패전 직후 도쿄(東京)대학의 연구실을 비우고 자진해서 사임하였다. 1946년부터 공직과 교직에 있던 전쟁관련자들에 대한 추방이 시작되면서 황국사관 관련자들에게도 공직추방령이 적용되었다. 교토제국대학의 교수였던 니시다 나오지로(西田直二郞), 도쿄제국대학 교수 히고 카즈오(肥後和

---

11) 座談,「民衆は歷史家に何を望むか」,『日本史研究』第三号, 1946, 72~73쪽. 長谷川亮一,『「皇國史觀」という問題』, 20쪽에서 재인용.

12) 藤谷俊雄,「歷史敎育と歷史觀」,『日本史研究』第五号, 1947, 54쪽. 長谷川亮一,『「皇國史觀」という問題』, 44쪽에서 재인용.

13) 井上淸,「時評」,『歷史學研究』第一二二号, 1946, 34쪽. 長谷川亮一,『「皇國史觀」という問題』, 21쪽에서 재인용.

男), 이타자와 타케오(板澤武雄) 등이 추방되었다.

그러나 1949년부터 점차 심화되기 시작한 한반도의 위기 상황 아래서 일본내 공산주의자에 대한 탄압이 강화되었다. 마침내 1950년 한반도에서 전쟁이 일어나자 극히 일부의 인사를 제외하고 대부분의 공직 추방자들은 다시 이전의 현장으로 복귀하였다. 이러한 가운데 황국사관 비판에 대한 우파 지식인들의 반격이 시작된다. 이러한 움직임은 전전의 황국사관 관련자들을 중심으로 전후에 새롭게 설치된 국사편수원을 통해 시작된다.

전황이 막바지로 치닫고 있던 1945년 4월 스즈키 칸따로(鈴木卷貫太郞) 내각이 출범하였다. 스즈키 내각의 문부대신이었던 오오타 코조(太田耕造)는 동년 4월 19일에 국체의 본의를 철저히 하고 국운융성의 기초를 더욱 공고히 하기 위하여 국사를 편수하는 기관을 설치할 것을 요구하였다. 법제국은 전쟁종결을 논의하고 있던 8월 1일에 오오타의 요구에 대한 답신을 제출하였고 이 답신에 근거하여 같은 날 각의에서 국사편수를 위한 기관 설치를 결정하였다. 공교롭게도 전전에 이루어진 이 결정은 전쟁이 종결된 바로 다음날인 8월 16일에 제정되고 17일자로 공포 시행된 칙령 제476호 '국사편수원관제' 및 칙령 제477호 '문부성관제외2칙령중개정등'으로 현실화되었다. 그리고 이 법령에 의해 국사편수원이 설치되었다. 초대원장에 취임한 인물은 국수주의적 국어학자이자 일본사 전공자이며『국체의 본의』를 집필한 야마다 요시오였다. 이노우에 키요시가 전후에 황국사관의 주창자라고 직접 이름을 언급하면서 비판한 바로 그 사람이었다. 국사편수원은 패전 직전에 설치를 결정하고 패전 직후에 바로 설치된 기묘한 기관이었다. 더욱이 이 기관의 수장이 된 인물은 전전에 황국사관을 주창하던 학자였다. 패전이라는 급변하는 상황 속에서 이루어진 기묘한 국가정책의 연속이었다. 물론 이러한 아이러니는 얼마 지나지 않아 국사편수원의 폐지로 귀결되지만, 전전과 전후의 단절과 연속이 우연과 필연 속에서 이어지고 있음을 보여주는 귀한 사례 가운데 하나이다. 이러한 사실에 대하여 하세가와는 다음과 같이 평가한다.

> 언뜻 보면 이것은 항복이라는 사태의 급변에도 불구하고 이것을 무시하고 이전의 계획을 그대로 진행시킨 듯이 보인다. 확실히 각의결정 시점에서는 아직 항복이 결정되지 않았다. 그러나 이미 이 시점에서 일본의 패배가 시간문제였던 것은 정부수뇌부에게는 명확했다. …… 원래 국사편수조사회의 총회는 한번밖에 열리지 않았으며 정식으로 어떠한 작업방침도 결정되지 않았기 때문에 곧 바로 편수사업을 개시하는 것은 불가능했다. 따라서 이것은 패전에도 불구하고가 아니라 오히려 패전을 예견하고 이에 따라 발생 가능한 '국체'의 위기에 대처하기 위하여 일부러 국사편수원의 설치를 단행하였다.[14]

즉 하세가와는 이러한 문부성의 정책결정은 패전 이후 예상되는 천황제 비판 혹은 천황제 폐지에 대한 선제적 대응이라고 평가한다.

새롭게 설치된 국사편수원 총재에는 사사키 유키타다(佐佐木行忠), 원장에는 야마다 요시오, 국사편수관에는 이전부터 문부성의 국사편수원이었던 사카모토(坂本), 모리스에(森末), 코지마(小島), 후쿠오(福男), 타야마(田山)의 5명이 그대로 유임되었다. 국사편수원의 조직과 직제는 총무부, 신대(神代)에서 코우코우(光孝)천황까지를 담당한 제1편수부, 우다(宇多)천황에서 하나조노(花園)천황까지를 담당한 제2편수부, 고다이고(後醍醐)천황부터 코메이(孝明)천황까지를 담당한 제3편수부, 메이지 천황을 담당한 제4편수부로 이루어졌다. 이처럼 국사편수원의 조직구성과 담당업무만 보더라도 이 기구는 천황을 중심으로 한 일본의 역사 편찬이라는 목적수행을 위하여 조직되었다는 사실을 알 수 있다.

이러한 가운데 GHQ는 1945년 10월 22일에 민간정보교육국(Civil

---

14) 長谷川亮一, 『「皇國史觀」という問題』, 294~295쪽.

Information and Educational Section, 흔히 CIE로 약칭함)이 중심이 되어 작성한 '일본교육제도에 대한 관리정책'의 발표를 시작으로 교육행정에 직접 개입하기 시작하였다. 그러자 국사편수원장인 야마다는 11월 5일자로 사임하였으며 후임은 미정인 채로 국사편수원의 기능은 정지되었다. 이후 GHQ는 10월 30일에 전쟁에 협력한 교직 관련자들에 대한 교직추방령을, 12월 15일에는 국가신도를 부정하고 그 기관에 대하여 정부의 지원과 감독을 폐지하는 신도지령을, 12월 31일에는 수신, 역사, 지리교육 정지에 관한 건을 발령하였다. 결국 1946년 1월 25일의 각의에서 결정된 관청행정정리에 따른 문부성 관제개정에 근거하여 국가편수원은 폐지되었다. 설립 5개월 만에 국사편수원은 폐지된 것이다.

2) 역사교육의 기본 방향제시

하세가와가 지적한 것처럼 일본정부는 패전으로 인해 일어날 수 있는 국체 비판에 대비하기 위하여 국사편수원을 설치하였다. 이어서 역사교육의 주무관청인 문부성은 1945년 9월 15일에 「신일본건설의 교육방침」을 공표하고 "금후의 교육은 더욱더 국체의 호지(護持)에 힘쓰면서 군국적 사상 및 시책을 불식하고 평화국가 건설을"[15]위해 노력할 것을 선언하였다. 이러한 선언을 구체적인 행동으로 나타낸 것이 9월경에 문부성이 작성한 「국사교과서 편찬에 대하여(國史の敎科書編纂について)」란 소책자이다. 카토 아키라(加藤章)는 이 소책자에서 강조된 역사교육의 목적은 새로운 일본 건설을 위해 "국사발전의 대세를 파악함과 동시에 …… 국민으로서의 자각과 실천을 배양하"고, 이를

---

15) 上田薫編, 『社會科敎育史資料』1, 東京法令出版, 1974, 15쪽 ; 加藤章, 「「社會科」の成立と「國史」の存續」, 『長崎大學敎育學部敎育學科硏究報告』 第25号, 1978, 53쪽에서 재인용.

바탕으로 "신화의 신중한 취급, 일본민족의 기원, 일본국가의 기원을 신비적이고 전승적인 형태로 취급하는 것이 아니라 합리적 과학적으로 규명할 것을 강조한"16) 것이라고 한다. 즉 이 소책자는 신화적이고 비합리적인 서술방식을 부정하면서도 국체와 관련된 아마테라스오오미카미(天照大神)에게서 시작되는 일본민족의 기원, 진무천황 이후 만세일계로 이어져온 일본국가의 기원 등을 보다 합리적이고 과학적으로 설명하는 것이 새로운 시대에 어울리는 국사교육의 기본임을 정한 것이다. 이러한 원칙은 전전에 황국사관 강화를 위해 만들어진 역사교재가 체제비판이나 변혁 이데올로기를 부정하고 국체를 국민통합이나 국민동원 이데올로기로 활용한 것과 맥을 같이 하고 있다.

이어서 문부성은 45년 9월에 제시한 「국사교육의 방침」을 시작으로 11월 17일에 「국사교육의 방침(안)」을 발표하고, 46년 2월에 『잠정초등과 국사』를 편찬하는 과정에서 「잠정역사교과서 편찬방침 대강」을 작성하였다. 「국사교육의 방침」은 국사교육의 3가지 요지를 다음과 같이 적시하고 있다. 이 방침은 GHQ와의 협의 과정을 거친 뒤에 발표되는 「국사수업지도요항에 대하여」에 계승되고 있다.

1. 독선적이고 편협한 사관을 불식하고 사실의 왜곡과 은폐를 피하고 공정한 입장에서 역사의 발전을 종합적이고 합리적으로 파악한다.
2. 종래와 같은 치란흥망, 정권이동을 중심으로 한 정치사에 편중되지 않고 세계사적인 입장에 입각하여 사회, 정치, 경제, 기술, 문화 전반에 걸쳐 국민생활의 구체적인 발전양상을 명확히 하여 그동안 우리나라의 특색 및 국민성을 파악한다.
3. 국제친선, 공존공영의 사실을 중시함과 동시에 외국문화의 섭취, 순화(醇化)의 흔적을 분명히 하여 각 국 각 민족 문화의 상호경애와 문화의 교류, 호혜의 사실을 열거하여 세계평화의 증진 및 인류문화의 진전에 기여한다.17)

---

16) 앞의 논문, 53쪽.

이처럼 문부성은 전전 역사교육의 기본적인 사항을 대부분 부정하였다. 그러나 천황제와 관련된 사항에 대해서는 전전의 태도와 크게 달라지지 않았다. 「국사교육의 방침」은 황실에 관한 문제에 대하여 다음과 같이 명시하고 있다.

우리 황실의 존립이 국사 전개에 중요한 관계가 있다는 사실 및 황실이 영예의 원천인 만큼 역사적 사실에 기초하여 신중한 태도로 이를 취급할 것[18]

문부성은 "우리나라 국가사회의 발전은 황실을 중심으로 한 일대 가족국가 형성의 과정인 사실(史實)을 명확하게 하는"[19] 것이라고 명시하여 전전의 국체개념을 그대로 계승하고 있다. 즉 문부성의 새로운 역사교육 방침은 전전 역사교육의 특징인 "군국주의나 극단적인 국가주의는 배제하고, 봉건주의를 비판하며, 평화주의와 국제친선을 강조하지만" 이러한 내용을 "천황중심 사관과는 별도의 틀에서 논하려는 입장"[20]이었다고 할 수 있다.

일본 정부가 이러한 움직임을 구상하고 있는 가운데 10월경에 카이고 토키오미(海後宗臣)가 GHQ에 의해 역사, 지리, 수신 과목에 대한 교육정지 지령이 나올 수도 있다는 정보를 입수하고 이 3분야의 교재를 통합하여 국민생활에 기초한 새로운 과목을 편성하는 방안을 구상한 사실은 잘 알려져 있다. 이러한 구상을 토대로 11월 1일 문부성 내에 공민교육쇄신위원회가 설치되었다. 한편 정부 측의 이러한 움직임

---

17) 文部省, 「國史敎育の方針」(1945.9), 梅野正信, 「社會科成立期における歷史敎育書の作成と 4 つの歷史敎育(Ⅱ)」, 『鹿兒島大學敎育學部硏究紀要』 第47卷, 1995, 3쪽에서 재인용.

18) 文部省, 「國史敎育の方針」(1945.9), 앞의 논문, 4쪽에서 재인용.

19) 文部省, 「國史敎育の方針(案)」(1945.11.17), 앞의 논문, 6쪽에서 재인용.

20) 앞의 논문, 5쪽.

에 대항하여 역사학연구회를 중심으로 한 지식인들은 11월 10일, 12월 1일에 '국사교육 재검토 좌담회'를 개최하여 국체비판과 새로운 역사교육을 요구하였다. 이러한 가운데 GHQ는 전전과 동일한 교육정책을 구상하고 있는 일본정부에 제동을 걸기 시작한다. 앞서 간략하게 언급한 것처럼 GHQ는 12월 31일 수신, 역사, 지리교육 정지에 관한 건을 발령하였다. 이 지령의 제1조는 다음과 같다.

> 일본정부는 군국주의 및 극단적인 국가주의적 관념을 각종의 교과서에 철저하게 삽입하여 학생들에게 가르치며 이러한 관념을 학생들의 머릿속에 주입하기 위하여 교육을 이용하였다.[21]

GHQ는 국체교육의 폐지와 천황제의 성격변경을 공식적으로 요구한 것이다. 이에 천황은 다음날 1946년 1월 1일에「신일본건설에 관한 조서」이른바 천황의 신격을 부정하는 인간선언을 발표하였다.[22] 이러한 흐름 속에서 위에서 본 국사편수원도 폐지된 것이다.

이후 46년 3월에 내일(來日)한 미국교육사절단은 일본의 교육현실을 시찰한 이후 4월에「제1차 미국교육사절단 보고」를 제출하였다. 이 보고서는 GHQ의 견해와 동일한 관점에서 전전 일본의 역사교육을 비판하고 있다. 그러면서 앞으로 제작할 역사와 지리 교과서는 "객관적 사실과 신화를 분리하고", "보다 객관적인 견해가 교과서나 참고서에 표기되도록 수정할 필요가 있다"고 지적하면서 나아가 이러한 내용을 담보한 교과서를 제작하기 위하여 "역사와 지리 교재의 편집책임은 문부성 내부에 한정되어서는 안 되"는 만큼 "일본의 유능한 학자 위원회를 설치"[23]할 것을 요구하였다. 이러한 권고에 따라 46년 5월 17일 GHQ

---

21) 上田薫編,『社會科敎育史資料』1, 東京法令出版, 1974, 11쪽.
22) 이와 관련한 상세한 내용은 千本秀樹,『天皇制の戰爭責任と戰後責任』, 靑木書店, 1990을 참고할 것.

의 민간정보교육국은 이에나가 사부로(家永三郎), 오카다 아키오(岡田章雄), 오오쿠보 토시아키(大久保利謙), 모리스에 요시아키(森末義彰)의 4명의 외부 학자와 문부성 소속의 역사학자로 구성된 일본사 교과서 편찬 기구를 구성하였다. 그 결과 46년 9월 10일 전후 첫 초등학교 역사교과서『나라의 발자취(くにのあゆみ)』가 출판되었다. 이어서 10월 19일에는 중학교용 역사교과서『일본의 역사』와 사범학교용『일본역사』가 출판되었다. 역사교육을 실시하기 위해 가장 중요한 교과서가 출판되자 GHQ는 46년 10월 12일 역사수업 재개를 허가하였다. 이 허가를 근거로 문부성은 19일「국사수업 재개에 부처(國史の授業再開に付て)」를 통달하면서「새로운 국사교과서에 대하여(新國史教科書について)」를, 11월 9일에는「국사수업지도요항에 대하여(國史授業指導要項について」를 발표하였다.

「국사수업 재개에 부처」에서는 무엇보다 명확하게 "연합국최고사령부가 허가한 교과서를 사용하는 것을 조건으로 한다"[24]는 내용을 적시하였다. 즉 새로운 수업에서 사용하는 교과서는「새로운 국사교과서에 대하여」에서 정한 편집 방침에 따라 편찬된 것이어야 한다는 사실을 명시하였다. 여기에 명시된 새로운 편집방침은 '신화와 전설을 생략하고 과학적으로, 그리고 이러한 과학적이고 객관적인 태도는 전체적으로 일관되어야 하며, 왕후와 귀족의 역사가 아니라 인민의 역사를 중심으로, 역사가 인민들과 연결되어 성립하고 있다는 사실을 항상 염두에 두면서, 일본이라는 좁은 시각에서 보는 것이 아니라 넓은 세계적인 시각에서 바라보며, 근대일본에 대해서는 전쟁과 정쟁의 역사가 아니라 세계의 움직임과 연동한 산업, 경제, 문화의 역사'[25]를 서술하는 것이

---

23) 兼重宗和,「占領下における日本史教育」,『德山大學論叢』第26号, 1986, 133쪽.
24) 文部省次官,「國史の授業再開に付て」(1946.10.19.), 앞의 논문, 137쪽에서 재인용.
25) 文部省,「新國史教科書について」(1946.10.19.), 앞의 논문, 135쪽에서 재인용.

다. 따라서 교사용으로 작성된 수업지도 지침서인 「국사수업지도요항에 대하여」 역시 수업의 주안점을 다음의 4가지에 두고 있다.

1. 군국주의, 극단적인 국가주의, 국가신도의 선전 및 배외적 사상을 조장하는 교재를 배제할 것.
2. 공정한 입장에서 어디까지나 진리를 추구하는 과학적 태도를 가지고 역사의 발전을 종합적이고 합리적으로 파악하여 올바른 전통의 이해에 기여할 것.
3. 단순히 치란흥방(治亂興亡)의 혼적을 따라 정권쟁탈의 역사에 치우치지 않고 국민생활의 구체적인 전개 양상을 사회, 경제, 문화의 각 방면에서 보다 분명하게 할 것.
4. 독단적이고 편협한 사관에 빠지지 말며 세계사적인 입장에 서서 국제친선, 공존공영, 문화의 교류 호혜(互惠)의 역사적 사실을 들고 세계평화의 증진 및 인류문화의 진전에 기여할 것.26)

여기에 명시된 수업의 주안점은 문부성이 「국사교육의 방침」에서 정한 것과 거의 동일한 것이다. 문부성과 GHQ의 논의를 거쳐 완성된 새로운 역사교육의 기본 방향을 한마디로 요약한다면, 전전의 국체개념을 중시한 국가주의, 침략주의 역사관을 부정하고 객관적이고 과학적인 방법에 입각한 다수 국민의 역사, 세계의 여러 나라와 호혜 평등의 원칙 아래서 상호 교류하는 민주 시민을 양성하는 역사교육이라고 할 수 있다.

---

26) 文部省, 「國史授業指導要項について」(1946.11.9.), 앞의 논문, 138~139쪽에서 재인용.

3. 새로운 역사교과서 『나라의 발자취(くにのあゆみ)』

1) 『나라의 발자취』의 시각과 내용

위와 같은 과정을 거쳐 전후 최초로 초등학교 교육용으로 만들어진 역사교과서가 1946년 9월 10일(실제로 완성된 것은 10월 중순이다)에 출간된 『나라의 발자취』이다. 『나라의 발자취』를 분석한 카쿠다 마사시(角田將士)는 전전의 마지막 국정 역사교과서인 『초등과국사(初等科國史)』가 "황국신민으로서의 자각을 배양하고 황국의 역사적 사명을 감득시켜 그 수행을 위해 진력하는 각오를 육성하는 것"을 역사교육의 목적으로 설정하고 있었다면 『나라의 발자취』는 역사교육의 주안점을 "신국가 건설(=민주주의 체제의 확립 및 유지)에 대한 자각과 실천을 배양하는"27) 것에 두었다고 설명한다. 이러한 교육목적을 달성하기 위해서는 역사교과서의 특정한 서술내용이 전전과는 달라질 수밖에 없다. 카쿠다는 그러한 변화 형태를 전전 역사교과서 내용의 유지, 삭제, 수정, 추가의 4가지 유형으로 구분하였다.28)

유지란 전후의 새로운 역사교육 방침에 합치하는 인물이나 내용에 대해서는 전전과 동일하게 역사교과서에 등장시켜 유지한 것을 말한다. 예를 들면, 전전의 『초등과국사』에 '진무천황은 신국일본의 기초를

---

27) 角田將士, 「戰後初期歷史教科書『くにのあゆみ』における歷史認識形成の論理」, 『社會科教育論』 第47号, 2010, 13쪽.

28) 4가지 유형에 입각하여 『초등과국사』와 『나라의 발자취』를 비교 서술하는 내용은 위의 카쿠다 마사시 논문에 의함. 『나라의 발자취』의 목차는 상권이 1. 일본의 여명, 2. 밝아오는 일본, 3. 헤이안경(平安京)의 시대, 4. 무가정치, 5. 카마쿠라(鎌倉)에서 무로마치(室町)로, 6. 아츠지(安土)와 모모야마(桃山), 하권이 7. 에도(江戶)막부, 8. 에도(江戶)와 오사카(大阪), 9. 막부(幕府)의 멸망, 10. 메이지유신, 11. 세계와 일본, 12. 다이쇼(大正)에서 쇼와(昭和)로이다.

다진 천황이다'고 서술되어 있었는데 이를 『나라의 발자취』에서는 '일본 최초의 천황'이라고만 서술하여 전후의 새로운 역사교육 방침에 위배되지 않는 형태로 바꾸어 교과서에 계속 등장시켜 인물 그 자체를 교과내용 속에서 유지하였다. 포츠담 선언의 유일한 조건이 천황제의 유지였으며 미국 역시 효율적으로 일본을 통치하기 위해서는 천황제를 남겨두고 활용하려는 정책을 추진하고 있었던 만큼 전후의 새로운 역사 교과서 역시 초대 천황을 역사 내용 속에 유지시키고자 했다고 할 수 있다. 삭제란 전후의 새로운 역사교육 내용에 부합하지 않는 인물이나 내용을 완전하게 교과서에서 삭제하는 것이다. 예를 들면, 굴뚝에서 연기가 올라오지 않는 것을 보고 민중들의 삶이 곤궁해진 것을 알아차린 진토쿠(仁德)천황이 3년간 조세를 면제하였다는 내용은 완전히 삭제되었다. 천황은 존재하지만 더 이상 천황의 은덕으로 국가가 운영된다는 이데올로기는 거부되었다. 수정이란 부적절한 서술내용을 삭제하고, 객관적 근거에 입각하여 합리적인 내용을 추가하며, 과다하게 한쪽으로 치우친 해석을 공정하게 수정하는 것이다. 예를 들면, 쇼토쿠(聖德)태자에 관한 내용 가운데 국위선양의 예로 서술된 견당사나 국사편찬에 관한 내용을 삭제하고 공정한 정치를 구현하기 위하여 12관제나 17조의 법률을 제정하였다는 내용을 추가하였다. 이렇게 하여 쇼토쿠태자를 전후의 새로운 민주적 정치구현에 참고가 되는 인물로 묘사하고 있다. 추가는 전전의 역사서에는 전혀 언급되지 않는 내용을 새롭게 추가한 것이다. 예를 들면, 악정에 저항하는 민중들이 일으킨 각종의 저항들로 흔히 '잇키(一揆)'라고 불린 역사적 사실들을 새로 추가하였다. 이러한 추가내용은 국민국가의 정치, 경제, 문화의 주체는 국민이며 이들에 의해 국가가 운영된다는 사실을 선언한 것이라 할 수 있다.

전전의 역사교과서와 비교하여 위와 같은 변화가 있었음에도 불구하고 애매하고 불명확한 서술이 여러 곳에 산재하고 있다. 특히 이러한 경향은 패전, 천황제의 유지, 새로운 헌법제정, 곧이어 예상되는 동경 재판, 전후처리, 인접국과의 관계 등과 직접적으로 관계가 깊은 만주사 변 이후의 전쟁에 관한 기술에서 두드러진다. 예를 들면, 만주사변의 직접적인 원인이라고 할 수 있는 관동군의 만주철도 폭파사건에 대하 여『나라의 발자취』는 '남만주 철도가 갑자기(不意に) 폭파되었습니 다'라고만 기술하여 폭파의 실행주체가 누구인지, 관동군이 철도를 폭 파한 배경이 무엇인지를 애매하게 처리하였다. 중일전쟁의 시작에 대 해서도 '갑자기 중일 양군 사이에 전투가 시작되었습니다'로만 기술하 여 당시 지속적으로 높아지고 있던 중국내 항일운동의 흐름과 만주사 변 이후 중국과 일본의 관계악화는 전혀 언급하지 않았다. 또한 만주사 변이 왜 중일전쟁을 거쳐 태평양전쟁으로 확대되었는지에 대해서도『나 라의 발자취』는 애매하게 서술하고 있다.『나라의 발자취』는 중일전쟁 이후 일본이 독일, 이태리와 삼국동맹을 맺게된 당시의 국제정세나 과 정에 대한 설명 없이 '삼국동맹으로 인하여 미·영을 시작으로 여러 나 라들과의 관계가 악화되었으며 여기에 더하여 수상이 코노에 후미마로 (近衛文麿)에서 호전론자인 도죠 히데키(東條英機)로 바뀌어 미국과의 교섭이 원만하게 진척되지 못해서 전쟁으로 이어졌다'고 기술하였다. 이러한 기술 형태는 전쟁책임에 관한 내용으로 이어진다. 즉『나라의 발자취』는 '우리나라는 패배하였습니다. 국민은 긴 전쟁에서 매우 고 생하였습니다. 군부가 국민을 억압하여 무리한 전쟁을 한 것이 이러한 불행을 가져온 것입니다'로 서술하여 군부가 민의를 억제하고 전쟁을 일으켰다고 적시하여 전쟁책임을 전적으로 군부에 떠넘기고 있다.[29]

앞에서도 본 것처럼 전후 역사교육의 기본 방침은 '국민으로서의 자 각과 실천을 배양하는 것'이었다. 이러한 교육목표를 구현하기 위하여

---

29) 大久保佑香里,「1946~55年におけるアジア太平洋戦争の認識と記述」,『三田 學會雜誌』108卷1号, 2015, 155~157쪽.

만든 교과서가 『나라의 발자취』였다. 『나라의 발자취』가 아무리 초등학생을 대상으로 하여 제작되었다고 하더라도 그 서술형태는 역사적 사실의 전후관계 혹은 인과관계에 대한 명확한 기술을 회피하거나 단순한 사실을 나열하는데 그치고 있다. 이러한 서술로 인하여 천황이 전쟁에 얼마나 깊이 관여했었는지, 일본의 전쟁책임은 어떻게 되는지에 관한 부분은 사상(捨象)되어버린다. 『나라의 발자취』 편집 책임자인 마루야마 쿠니오(丸山國雄)는 "국체는 우리나라 역사의 소산이다. ……국가에 일관되고 있는 정신의 진수를 서술함과 동시에 국민생활의 실상을 해명하는 곳에 그 역사적 사명이 있"다는 방침에 입각하여 "황실 중심주의가 천하통일의 기조가 되었다는 것은 주목할 만한 것"으로 "노부나가(信長)·히데요시(秀吉)의 위업도 이러한 풍조와 서로 관련지어서 특별히 서술해야만 한다"30)고 구상하였다.

앞에서 살펴본 것처럼 문부성과 GHQ의 논의를 거쳐 완성된 역사교육의 기본방향에는 천황제와 관련된 언급은 보이지 않는다. 그러나 이러한 기본방향에 입각하여 제작된 『나라의 발자취』에는 전후 문부성이 구상하고 있던 천황제와 관련된 내용이 포함되었다. 전후 새로운 역사교과서의 내용은 전후라는 "국가체제에 어울리는 새로운 국가서사를 창출"31)하는 국가 지향적 역사였다. 이를 위해 전후의 역사교과서가 취한 역사학습 방법은 전전과 동일하게 과거에서부터 현재에 이르는 역사에 의한 교화(敎化)를 그대로 사용하고 있다. 이러한 교육방법은 "현재사회를 고대에서 면면히 이어진 역사적 연속성 위에서 구성된 정당성을 갖는 것으로"32) 인식시킨다. 이러한 교육법은 '현재의 사회' 즉

---

30) 丸山國雄, 『新國史の敎育-くにのあゆみについて-』, 惇信堂, 1947년 9월, 74~234쪽, 梅野正信, 「社會科成立期における歷史敎育書の作成と 4 つの歷史敎育(Ⅲ)」, 『鹿兒島大學敎育學部硏究紀要』 第49卷, 1997, 7~8쪽에서 재인용.
31) 角田將士, 「戰後初期歷史敎科書『くにのあゆみ』における歷史認識形成の論理」, 19쪽.

전후 일본이라는 국가를 국민통합의 구심체로 받아들이는 역사교육이
라고 할 수 있다.

2) 『나라의 발자취』에 대한 비판

우메노 마사노부(梅野正信)는 패전 직후 새로운 학제와 교육방침을
염두에 두고 전개된 새로운 역사교과서 편찬과정에서 보이는 특징을 4
개로 정리하였다.[33] 그는 패전 직후 문부성 중심의 잠정적인 초등학교
국사교과서의 편찬과정에 나타난 특징을 '국가지향'형 역사교육, 45년
6월 이후『나라의 발자취』를 작성하는 과정에서 논의된 특징을 '사실
지향'형 역사교육, 45년 9월 이후 즉『나라의 발자취』가 발간된 이후
진보적 학자들에 의해 제기된 비판의 특징을 '변혁지향'형 역사교육,
민속학적 입장에서 제기된 비판의 특징을 '생활지향'형 역사교육이라
고 정리하였다. 즉 전후의 변화된 국내외적 환경 속에서 새로운 국가건
설과 국민통합을 이루어야하는 과제를 짊어진 문부성은 '국가지향'의
역사교과서를 작성하려고 하였으며, GHQ에 의해 외부 전문가로 초빙
되어 새로운 역사교과서 작성에 적극적으로 참가한 이에나가 사부로
등의 학자들은 전전의 역사교과서가 국체와 황실 중심으로 서술된 것
을 바로잡기 위하여 신화적인 내용을 삭제하고 가능한 한 가치중립적
인 형태로 사실위주의 역사교과서를 작성하려고 하였다.『나라의 발자
취』의 역사관이 과학적, 객관적, 민중 중시, 세계와의 관련성, 사회문화
적 요소를 중시하였다고 하더라도 고대사 분야에서는 신화적인 존재인
진무천황을 일본의 초대천황이라고 서술하는 등 여전히 황실중심주의

---

32) 앞의 논문, 19쪽.
33) 梅野正信, 「社會科成立期における歷史敎育書の作成と４つの歷史敎育(Ⅱ)」,
　　1~2쪽.

적인 내용이 존재했으며 전쟁책임을 군부에게 한정하거나 사건들 상호 간의 인과관계를 모호하게 처리하는 문제가 있었던 점은 앞에서도 살펴보았다. 이러한 내용에 대하여 진보적 학자들을 중심으로『나라의 발자취』에 대한 비판34)이 전개되었는데 이러한 주장은 변혁지향과 생활지향의 역사로 나타났다고 할 수 있다. 이러한 비판에 입각한 운동이 민과가 중심이 되어 전개한 국민적 역사학운동이다.

전후 역사학계에서 가장 왕성할 활동을 전개한 진보적 역사학자들의 황국사관 비판은 크게 2가지로 요약할 수 있는데 하나는 전전 역사교육에서 황국사관이 담당하고 있던 이데올로기를 비판하는 것이며 다른 하나는 전후의 변혁 혹은 혁명을 달성하기 위한 역사교육 실현이라고 할 수 있다. 이러한 활동의 시작은 와타나베 요시미치(渡辺義通), 이시모다 쇼, 하야시 모토이(林基)의 3사람이 45년 10월 22일에 GHQ의 노만(Egerton Herbert Norman)과 에머슨(John K. Emmerson)을 방문하여 히라이즈미, 츠치 젠노스케(辻善之助), 이타자와 타케오(板澤武雄), 니시다 나오지로(西田直二郎)는 전전에 황국사관 운영의 중심적 역할을 한 인물로 국가주의적 역사해석의 주도자라고 고발하면서 자신들은 천황을 신으로 서술한 역사와 이러한 천황이 지배하는 정치제도를 찬양하는 국가주의적 역사해석을 비판하는 새로운 역사서술 계획을 가지고 있음을 전달한 것이다.35) 이어서 이들 진보진영의 학자들은 1945년 11

---

34) 흔히『나라의 발자취』비판이라고 알려져 있다. 비판은 좌담회, 논평, 논문 등 다양한 형태로 전개되었다. 대표적인 것으로 井上淸,『くにのあゆみ批判』, 解放社, 1947 ; 海後宗臣,『歴史教育の歴史』, 東京大學出版會, 1969 ; 加藤章,『講座歴史教育』, 弘文社, 1982 ; 片上宗二,『日本社會科成立史研究』, 風間書房, 1993 ; 梅野正信,『社會科歴史教科書成立史研究』, 日本図書センター, 2004 등이 있다.
35) 梅野正信,「社會科成立期における歴史教育書の作成と4つの歴史教育(Ⅲ)」, 12쪽.

월 10일과 12월 1일 2회에 걸쳐서 '국사교육 재검토 좌담회'를 개최하
였다. 이들은 11월 10일 좌담회에서 '민족 전체의 즉 인민대중을 위한
역사교육이여야만 한다. 지금까지 역사교육이 얼마나 봉건적 국가주의
적 지배의 지주가 되었던가를 생각하면 이른바 역사적 상식의 철저한
파괴를 두려워해서는 안 된다'고 선언하였으며, 12월 1일 좌담회에서
'사회구성체론에 입각하여 시대구분을 근본적으로 개혁할 것'과 '교과
서의 첫 1항이 신화에서 시작하고 있는 것은 오류'인 점, 그리고 '세계
사적 시점에 선 인류학·고고학의 성과에서 출발하고 고대인의 생활도
생생하게 묘사할 것' 등을 요구하였다.[36]

먼저 황국사관이 담당하고 있던 이데올로기 비판과 관련된 내용을
살펴보자. 이노우에 키요시는 국가주의 역사학자들을 다음과 같이 비
판하였다.

전쟁 중에 히라이즈미 밑에서 도쿄대학교수 또는 조교수로서 '천양무궁 사관'을
주창하고 신국주의를 선전하며 '천양무궁의 생명관'이 일본민족의 사생관이라고
칭하여 일본의 청년학생이 군벌의 죽창주의·특공주의 전술-이것을 만약 전술이라
고 한다면-의 희생양이 되도록 선동하였다.[37]

---

36) 앞의 논문, 11쪽. 실증주의 사학이 가지는 한계에 대한 마르크스 역사학자들의
비판에 대하여 민간 학자로『나라의 발자취』 제작에 참가한 이에나가 사부로는
"비정치적인 실증주의 입장에서 교과서를 집필하면 이런 정도밖에 되지 않는 것
은 불가피하다"(家永三郎, 「戰後の歷史教育」, 『日本歷史』 別卷 1, 岩波書店,
1963, 320쪽, 加藤章, 「「社會科」の成立と「國史」の存續」, 57쪽에서 재인용)고
하면서, 구체적인 예로 천황의 칭호에 대해서 "진무(神武)라는 것은 헤이안 시대
에 부여된 시호(諡號)로 중국풍이며 오히려 고대 일본풍의 천황칭호를 나타내고
싶었기 때문이"며, 자신들을 비판하는 마르크스주의 역사가의 대표격이기도 한
하니 고로(羽仁五郎)의 업적에 대해 "하니씨의 연구는 대체적으로 하나의 이데
올로기가 너무 농후하게 표출되어 있어서 어떨까 생각한다"(家永三郎, 「『くに
のあゆみ』理解のために」, 『日本讀書新聞』 369号, 1946, 梅野正信, 「社會科
成立期における歷史教育書の作成と4つの歷史教育(Ⅲ)」, 6쪽에서 재인용)고
반론하였다.

이노우에는 황국사관 비판과 동일한 시각에서 『나라의 발자취』에 대한 비판을 어어간다. 그는 구체적인 서술 내용을 언급하면서 다음과 같이 지적하였다.

『나라의 발자취』는 진무천황이 언제 즉위했는지, 야마토(大和)조정이 언제 전국을 지배했는지, 고분이 언제쯤의 것인지, 이러한 것에 대하여 전혀 시대를 표기하지 않았다. 시대를 표기하면 기원절이나 2600년이란 거짓말이 바로 들통 나기 때문이다.

'호태왕(好太王)의 비' 등을 언급하여 이를 근거로 신공황후 삼한 정벌이란 학문적으로는 완전히 부정된 거짓에 입각하여 맹렬하게 군벌주의를 고취하고 있다.

에미시(蝦夷)를 식민지로 지배했다고 한 것은 이른바 '동화'로 이것은 전전 조선이나 타이완을 '동화'시켰다는 것과 동일한 의미이다.

무사가 '국민의 중심이 되어 세상을 이끌었다'고 하는 것은 파쇼적인 '지도자' 원리이다.

(청일전쟁 시기에-인용자) 일본자본주의는 이미 외국을 식민지로 탈취하려는 욕구를 가지고 있었다. 또한 전쟁으로 국내의 불안을 밖으로 돌리는 것은 메이지 정부 성립 직후부터 존재한 정한론의 실현이다.[38]

그리고 토마 세타(藤間生大)는 이노우에 기요시, 하니 고로 등과 함께한 좌담회에서 『나라의 발자취』에 나타난 일본 근대의 시작은 메이지 천황의 5개조 서문이며 그 마지막은 46년 1월에 쇼와천황이 발표한 인간선언으로 "천황으로 근대사가 시작되고 그리고 끝났습니다. 천황

---

37) 井上淸, 「時評」, 『歷史學研究』 一二二号, 1946, 34~40쪽. 梅野正信, 「社會科成立期における歷史教育書の作成と４つの歷史教育(Ⅲ)」, 12쪽에서 재인용.
38) 井上淸, 『くにのあゆみ批判』, 解放社, 1947, 梅野正信, 「社會科成立期における歷史教育書の作成と４つの歷史教育(Ⅲ)」, 14~15쪽에서 재인용.

중심주의의 대단한 표현이"39)라고 하면서 전후의 역사교과서에 천황주의가 계속 등장하는 사실을 비판하였다. 따라서『나라의 발자취』비판에는 이러한 천황주의를 변혁하기 위한 주장도 상당히 많이 등장한다. 이노우에는 46년 8월『세계(世界)』에 발표한「역사교육에 대하여(歷史教育について)」에서 "역사적 필연성을 가장 잘 예견하고 그 학문적 전망에 서서 혁명을 무서워할 것이 아니라 그것을 고무하는 것이 되어야만 한다. …… 혁명의 불 속에서 태어나고 그 역사해석, 역사적 전망의 정당함 때문에 혁명의 시련을 견디고 최근 백년간의 세계사적 발전 그 자체에 의해 입증되고 있는 혁명적 프롤레타리아의 역사이론에 기초한"40) 역사교육이야말로 전후 일본이 지향해야할 본질이라고 주장하였다. 동일하게 역사교육자 후지타니 토시오(藤谷俊雄) 역시 "역사교육의 기초가 되어야만 하는 역사관은 프롤레타리아 계급의 입장에 선 역사관이지 않으면 안 된다"41)고 강조하였다. 후지타니는 "우리가 말하는 정치사란 일하는 인민이 생활을 일구고 떨쳐 일어나자 지배자가 그것을 억압해서 대립하는 그러한 과정을 말하는 것이다. …… 자본주의 사회는 그 대립물인 무산계급이 떨쳐 일어날 때 비로소 그 본질이 폭로"42) 된다고 주장하였다. 이러한 주장에는 황국사관 비판을 통한 전후 변혁 구상이 잘 나타나 있다.

---

39) 座談會,「くにほあゆみの檢討」,『朝日評論』2-3, 1947, 50~63쪽, 앞의 논문, 16쪽에서 재인용.

40) 井上淸,「歷史教育について」,『世界』, 1946년 8월, 71~74쪽, 앞의 논문, 13쪽에서 재인용.

41) 藤谷俊雄,「歷史教育と歷史觀」,『日本史硏究』5, 1947, 5쪽, 앞의 논문, 13쪽에서 재인용.

42) 藤谷俊雄,「歷史敎科書への提案」,『あかるい敎育』9号, 民主主義敎育協會, 1948, 17~18쪽, 앞의 논문, 13쪽에서 재인용.

4. 전후 역사학과 이시모다 쇼

1) 이시모다의 전후 인식과 민족의 발견

이 장에서는 전후 역사학을 대표하는 학자 가운데 한 명인 이시모다 쇼를 통해 진보주의 역사학계의 변혁구상과 황국사관 비판이 어떻게 국민통합의 기제로 가능하게 되었는지에 대하여 살펴보고자 한다.

이시모다 쇼는 1912년 홋카이도에서 태어난 이른바 전전 세대이다. 그는 도쿄제국대학 서양철학과에 입학하였다가 국사학과로 전과한 뒤 1937년에 졸업하였다. 그는 학생시절에 일본노동조합전국협의회(全協)에서 활동하다가 검거된 이후 현장 활동이 어려워지자 역사연구에 전념하였다. 이후 아사히신문 기자를 거쳐 1947년에 호세(法政)대학 법학부에 자리를 잡아 학자로서 활동하였다. 그의 처녀작이자 대표작인『중세적 세계의 형성(中世的世界の形成)』은 1944년에 탈고한 전전의 연구 성과이나 전후 1946년 3월이 되어서야 발표할 수 있었다. 이시모다는 패전 이후 본격적인 활동을 하는 가운데 주로 일본공산당의 주류파와 깊은 관계를 맺고 있었으며 민주주의 과학자협회 역사부회를 중심으로 전개한 국민적 역사학 운동을 정력적으로 추진하였다.

이시모다는 유물사관에 입각한 일본 중세사 전공자로 전후 역사학에 많은 영향을 미쳤다. 전후에 역사학을 전공한 많은 사람들이 그의 저서를 읽고 역사에 뜻을 두게 되었다고 회고할 정도였다. 그는 전후에 일본공산당과 깊은 관계를 가지고 있었으며, 1950년대에는 일본공산당의 주류파(소감파, 중국파)를 지지하였다. 따라서 그의 역사이론은 일본공산당의 전략 전술론과 밀접한 관계를 가지고 있다. '역사에 있어서 민족의 문제'를 공동 주제로 한 51년 5월의 역사학연구회를 계기로 그는 민과 역사부회를 중심으로 역사학자를 규합하여 국민적 역사학 운동을

전개하였으며, 그 구체적인 실천운동으로 전국에 노동자 역사 학습 서
클을 조직하였다. 이러한 운동 과정에서 서술한 책이 『역사와 민족의
발견(歷史と民族の發見)』이다. 55년 6전협(제6회 전국협의회) 이후 일
본공산당의 노선전환과 민과의 쇠퇴로 국민적 역사학 운동은 소멸하였
으며 이시모다도 당시의 입장을 자기비판하였다.

오구마에 의하면, 이시모다는 1930년대 초반에 일본노동조합전국협
의회와 관련된 활동경력 때문에 검거되어 실천 활동이 불가능해진 이
후 역사연구에 전념하였다고 한다. 패전 직후 출판된 『중세적 세계의
형성』은 1944년 당시 31살이었던 이시모다가 민중들에게서 고립된 지
식인과 그로 인하여 민중들은 천황제란 주술에 묶인 채로 전쟁에 내몰
린 상황의 타파란 문제의식 하에서 저술되었다고 한다.[43] 따라서 전후
이시모다의 출발점은 "민중과의 고립을 벗어나 사회에 영향을 미칠 수
있는" "역사학"이었으며 "이러한 지향은 마침내 '민족'이란 단어로 표
현되었다".[44] 이처럼 일본공산당과 밀접한 관계를 가지면서 민족에서
시작한 이시모다의 전후 역사학을 이해하기 위해서는 먼저 패전 직후
일본에 대한 그의 시대인식을 살펴볼 필요가 있다.

이시모다는 전후사를 45년부터 49년까지, 50년부터 51년의 샌프란시
스코 강화조약 체결까지, 52년부터 60년 미일안보조약 개정까지라는 3
시기로 구분하고, 1단계인 '계몽 시기'의 주요 과제를 천황제 문제 즉
천황제의 존속과 폐지 주장의 대립이라고 파악한다.[45] 이러한 문제를

---

43) 小熊英二, 『「民主」と「愛國」』, 新曜社, 2002, 309~312쪽.

44) 같은 책, 313쪽.

45) 石母田正, 「「國民のための歷史學」おぼえがき」(1960.5)『戰後歷史學の思想』,
法政大學出版局, 1977, 244~246쪽. 오구마에 의하면, 이 논문은 이전에 자신이
중심이 되어 전개한 국민적 역사학 운동에 대한 자기비판적인 내용을 담고 있다
고 한다(앞의 책, 『「民主」と「愛國」』, 352쪽). 그러나 60년 9월에 발표한 「安保
鬪爭おぼえがき」『戰後歷史學の思想』에서 이시모다가 "안보투쟁에 보이는 민

인식하기 위해서는 "인민의 생활조건이나 노동양식이나 의식 등에 대하여 살펴볼 필요가 있었"으나, 자신은 "인민에게서 고립되어 있었으며" "인민을 단지 계몽의 객체로 보는 …… 계몽의 자기만족이 극복되지 않고 있었다"46)고 총괄한다. 이러한 한계를 극복하기 위하여 50년을 전후한 시기부터는 계몽의 형태를 띤 강연회나 강좌 등을 대신하여 연구자가 직접 민중들과 결합하여 활동하는 서클이 중요한 운동 형태가 되었으며, "지금까지의 민주혁명이란 과제 위에 민족해방의 과제가 새로운 이론적·정치적 과제로 등장하였다".47)

이러한 과제가 역사학계에서 구체화된 것이 '역사에 있어서 민족의 문제'를 공동 주제로 한 51년의 역사학연구회이다. 이어서 '민족의 문화'를 공동테마로 하여 개최된 52년 역사학연구회에서 이시모다는 "민족의 위기가 다양한 형태로 사람들의 마음속에 깊이 각인되어 있기 때문에" 민족의 과거 "유산을 현재 민족해방의 과제와 어떻게 연결시킬 것인가에 대하여 진지하게 토론"48)하였다. 또한 이시모다는 같은 해에 '국민을 위한 과학의 창조와 보급'이란 주제를 내걸고 민주주의 과학자협회가 주최한 대회의 주요 내용을 다음과 같이 정리한다.

족적 계기는 …… 군사기지 투쟁을 확대시키고, 신안보조약에 보이는 대미종속 조항, 일본 주권의 제약 문제를 정치 투쟁의 일정에 올려놓았다"(346쪽)고 한 것을 보면, 오구마가 말하는 자기비판은 이시모다가 공산당을 떠난 이후에 본격적으로 이루어졌다고 보는 것이 타당하다고 생각한다.

46) 같은 자료, 258~261쪽.

47) 같은 자료, 262쪽. 이시모다는 패전에서 약 1년이 지난 46년 8월에 『민주주의 과학(民主主義科學)』 제4호에 발표한 「전환의 1년」이란 글에서 당시 공산당의 점령하 평화혁명론에 따라 "전제주의와 봉건주의에서 시민적 사회를 해방하려고 하는 민주주의 혁명 …… 은 항상 국민혁명의 성격을 가진다"(「轉換の一年」 (1946.8)『戰後歷史學の思想』, 291쪽)고 주장하였다.

48) 石母田正, 「歷研大會前後」(1952.5)『戰後歷史學の思想』, 294쪽.

근본은 과학운동에 새로운 사상내용을 부여하는 것에 있다고 생각한다. 그것은 말할 것도 없이 민족해방·민주혁명의 사상이었다. 미제국주의에 대한 투쟁을 명확히 한 것은 국내의 민주화만으로는 해결되지 않는 문제에 봉착한 인민의 의문에 해답과 방향을 부여하여 곤란해진 투쟁에 사상적 에너지를 부여하였다. '국민을 위한 과학'이라고 할 경우 '국민'으로 할 것인지 '인민'으로 할 것인지를 논의하였는데 '국민'으로 하는 쪽이 '민족해방'의 계기를 표현할 수 있을 것이라고 하여 그렇게 정하였다.[49]

이러한 측면에서 이시모다는 52년을 "역사학과 국민을 연결하고 학문의 새로운 형태와 방식을 보여준 점에서 전후 사학사에서 하나의 전기를 이루는 해"[50]라고 평가하면서 다음과 같이 요약한다.

> 일본민족은 미국에 대한 예속을 묵과할 수 없는 자랑스러운 역사를 가지고 있음을 증명하고, 조국에 평화와 독립과 민주주의를 가져오기 위한 위대한 투쟁을 싸워나갈 수 있을 만큼의 혁명적 전통을 가지고, 그 혁명의 시대에 커다란 창조력을 발휘할 것을 일본인 자신의 역사 속에서 보여주려고 하였다.[51]

52년에 개최된 민과 대회에서는 '민족'이란 용어와 관련하여 주요한 결정이 이루어졌다. 지금까지 맑스주의 역사학자들이 그들의 역사철학에 의거하여 사용하고 있던 '인민' 혹은 '민중'이란 개념이 '국민'으로 대체된 사실이다. 이 변경은 샌프란시스코 강화조약에 의해 일본이 미국의 군사적 식민지로 전락하고 있는 상황에서 '민족해방'을 달성하기 위한 투쟁에 일본 국민을 적극적으로 결합시키기 위하여 이루어졌다. 학문의 엄밀성 보다는 정치적 목표가 우선시 된 결정일 뿐만 아니라 일본 내의 계급 모순이라는 내재적 요인이 전혀 고려되지 않은 결정이

---

49) 앞의 자료, 「「國民のための歷史學」おぼえがき」, 282쪽.
50) 石母田正, 「新しい年をむかえて」(1953.1)『戰後歷史學の思想』, 298쪽.
51) 같은 자료, 298쪽.

라고 할 수 있다. 그리고 여기에는 또 하나 중요한 인식이 내재되어 있
다. 즉, 통상적으로 역사학에서는 GHQ가 직접 일본을 지배하고 있던
시기인 45년에서 51년까지를 일본의 주권이 제한된 식민지적 상황으
로, 51년에 샌프란시스코 강화조약 체결로 마침내 일본은 주권을 회복
하고 국제 정치무대에 다시금 등장한 자주적 시대로 서술하는 것이 일
반적이다. 그러나 당시의 이시모다는 이와는 다른 평가를 내리고 있다.
즉 이시모다는 48년 일본공산당 제9회 중앙총회의 민주민족전선 전술
채택 이전 시점까지는 '해방군'인 미군의 군국주의 타파 정책에 힘입어
평화혁명이 가능하다고 판단했기 때문에 전혀 식민지적 상황이라고 인
식하지 않고 있다는 점이다.

　이시모다는 샌프란시스코 강화조약으로 인하여 미국에 대한 종속이
강화되고, 인민의 권리가 박탈당한 결과 52년 5월 1일에 피의 메이데
이 사건이 일어났다고 인식한다. 그는 이 사건의 배경을 다음과 같이
요약한다.

> (메이데이에 모인―인용자) 40만 집단의 공통의지는 …… '조국에 평화와 독립
> 을' 이란 것이었습니다. ……메이데이 전체를 관철하는 것은 평화제도에 의해 점
> 령제도가 철폐되기는커녕 오히려 강화되고, 평화가 아니라 재군비와 전쟁의 위기
> 가 절박해져……메이데이 사건에는 일본을 외국의 제국주의에 종속시키기 위한
> 단독강화조약이 근원에 있다는 것을 표명하지 않을 수 없습니다.[52]

　이 사건 이후 일본의 국민의식에 커다란 변화가 발생하여 "노예화된
민족의 현실에 대한 반발과 저항으로써, 재차 민족과 조국에 애정을 느
끼기 시작하고, 그 의미를 발견하기 시작하여 그 역사에 대하여 배우고

---

[52] 石母田正, 「抵抗の伝統と發展」(1950.5~7)『續·歷史と民族の發見』, 東京大學
出版會, 1953, 11~12쪽. 한편 고야마 히로타케는 이 사건의 우발적인 가능성도
고려하고 있다(고야마 히로타케 저·최종길 옮김, 『전후 일본의 공산당사』, 어문
학사, 2013, 198~199쪽).

싶다"53)는 자연스러운 감정이 일어났다고 이시모다는 주장한다. 이처럼 샌프란시스코 강화조약 이후 일본은 피압박 민족으로 근본적인 변화를 겪었으며 그 결과 민족해방을 명확하게 의식한 운동이 발전하게 되는 상관관계를 이시모다는 다음과 같이 요약한다.

> 이 근본적인 변화에 의하여 …… 대중 혹은 인민은 …… **국민으로 변화**하고 있습니다. 현재 대중은 **국민으로서만** 바꾸어 말하면 국제 제국주의에 지배받고, 착취받고, 이에 대하여 투쟁하고 있는 자로서 비로소 구체적으로 이해할 수 있습니다. 대중을 위한 과학에서 **국민을 위한** 과학으로의 발전은 …… 대중의 **국민적 결집**을 만들어 내는 것 즉 대중이 **국민으로 질적으로 고양**되기 위한 투쟁을 돕는 것입니다. …… 민주해방과 민족해방이라는 분명한 목적의식을 가진 운동으로 발전하는 것 여기에 국민적 과학운동의 일차적 의미가 있습니다.(강조-인용자)54)

이러한 이시모다의 인식은 사실에 대한 객관적 분석에 기초해 있다기보다는 전략 전술론의 논리적 귀결 혹은 민중들은 언제나 지배세력에 대하여 혁명적 태도를 취한다는 마르크스주의적 당위론에 입각한 것이라 할 수 있다.

이시모다는 "패전에 의해 '해방'되"면서 "그 시대의 기쁨과 해방감으로 인해 저는 위기란 것을 잠시 동안 느끼지 못했다"55)고 반성하면서 "일본민족을 얽매고 있는 두 가지 쇠사슬, 단일강화조약과 미일안전보장조약을 철폐할 때까지 모든 힘을 다"56)해야 한다고 각성한다. 이러한 각성은 이시모다로 하여금 피지배민족에서 벗어나는 길은 "민족이 제국주의에서 해방되는 것이며 인민이 권력을 잡는 것"57)이라는 목표

---

53) 石母田正, 「民族解放と歷史學」(1952.7)『續·歷史と民族の發見』, 273쪽.

54) 앞의 자료, 「抵抗の伝統と發展」, 27쪽.

55) 石母田正, 「序 歷史と民族の發見」(1952.2)『歷史と民族の發見』, 東京大學出版會, 1952, 13쪽.

56) 石母田正, 「危機におけつ歷史學の課題」(1951.10)『歷史と民族の發見』, 5쪽.

를 세우게 하였다. 이러한 상황 속에서 이시모다는 "이 위기를 통해 배운 일본인에 대한 …… 과거 일본의 역사에 대한 애착도 급격하게 고양되어 역사를 발견하게 되었다".[58] 이러한 목적을 달성하기 위하여 이시모다는 자신의 "학문하는 목적을 명확하게 일본민족의 제국주의에서의 해방이라는 한 곳에 집중"시키고 "이 목적에 도움이 되는 역사학을 만들어 내려고 결심하였다".[59]

샌프란시스코 강화조약 및 미일안전보장 조약의 체결이란 상황 하에서 이시모다에 의하여 이루어진 패전 이후 일본민족과 역사에 대한 총괄은 점령하 평화혁명론에서 48년을 전후한 국제정세의 변화와 국내 민중운동의 고양을 계기로 GHQ의 공산주의자 탄압에 따른 민주민족전선 전술로 전환한 일본공산당의 전략 전술론과 맥을 같이 하고 있다. 이러한 계기로 민족문제에 집착하게 된 이시모다는 "민족은 근대 자본주의의 소산"이라고 인정하면서도 "그러나 한편으로 민족형성의 제조건은 전근대사회에서 서서히 형성된다. 중세의 성립을 문제로 한 앞의 책(『중세적 세계의 형성』-인용자)에서 이러한 측면을 고려함으로써 민족문제에 대한 자신의 관심이 옛날 시대에서 활용할 수 있을 것이라 생각"[60]하여 일본공산당의 전술론을 자신의 학문세계에 적용하는 무리를 범하게 된다.

2) 해방을 위한 주체=민족과 역사

일본이 미국의 식민지로 전락하고 있는 상황에서 "민족해방의 문제는 모든 일본인의 제1차적인 문제가 되었"[61]다고 이시모다는 주장한

---

57) 같은 자료, 31쪽.
58) 앞의 자료, 「序 歷史と民族の發見」, 13쪽.
59) 앞의 자료, 「危機におけつ歷史學の課題」, 39쪽.
60) 앞의 자료, 「「國民のための歷史學」おぼえがき」, 270쪽.

다. 즉 이시모다에 의하면, "전후 수년간 우리들의 역사에 있어 근본적인 변화는 제국주의에 대한 일본민족의 예속 경향이 명확해졌다는 것, 일본민족의 생존과 진보는 민족의 독립을 달성하지 않고서는 있을 수 없는 정세가 되었다는 점"[62]이다. 이러한 시대인식은 당연한 논리적 귀결로써 민족해방의 과제를 달성하기 위한 주체를 민족으로 설정하고 있다. 그리고 여기서 말하는 민족이란 일본의 역사를 형성해온 인간집단을 지칭한다. 따라서 이시모다에게 민족의 문제를 추구하는 역사학은 중요한 의미를 지닌다.

우선 이사모다는 「역사학에 있어 민족의 문제」란 논문에서 민족문제를 3가지 발전단계로 구분한다. 1단계는 시민혁명을 통한 근대 민족국가 성립기로 대체로 1870년대까지이다. 2단계는 1차 세계대전까지의 시기로 이때는 민족문제가 식민지 문제와 결합하여 세계적인 문제로 전개된다. 3단계는 러시아의 10월 혁명에 의해 전개된 사회주의적 민족 형성이 현실화된 시기이다. 1단계에서 민족 이론의 주요 논점은 근대와 전근대를 분리하여 근대 자본주의 사회의 성립과정에서 민족이 형성되었다고 보는 것으로 이시모다는 민족운동이 부르주아 민주주의 혁명의 일환으로 행해졌다는 사실을 언급하고 있다. 여기서 말하는 민족은 바로 시민혁명=부르주아 민주주의 혁명의 담당자이자 근대국민국가 형성의 결과물인 국민을 지칭한다.

2단계 민족론은 스탈린이 정식화한 이론에서 출발한다. 이시모다는 스탈린의 민족이론이 갖는 특징을 '민족을 사회의 역사적 범주로 취급한 점'과 '역사의 특정 시기인 자본주의 시기의 산물'로 본 2가지로 요약하고 이를 통해 관념적이고 초역사적인 민족 개념을 부정하려고 한다.[63] 즉 이시모다는 "'황실'이 일본민족의 자연적, 초역사적인 질서의

---

61) 石母田正, 「歷史學における民族の問題」(1950.9)『歷史と民族の發見』, 101쪽.
62) 같은 자료, 101쪽.

일부였던 것처럼 설파"[64]한 지배집단의 민족논리를 부정하고 새로운 민족 주체를 발굴하려고 한다. 이러한 목적에서 그는 계급투쟁을 부정하고 대외침략주의 사상으로 활용된 민족주의의 한계를 극복하기 위한 주체를 노동자 계급에서 찾고 있다. 이시모다는 "노동자 계급만이 진정으로 **민족을 넘어선** 국제적 연대의 정신을 발휘할 수 있는"(강조-원문)[65] 존재임을 강조하고 노동 계급의 해방이 "조국과 민족의 진보에 일치하는 것"이며 노동자야말로 "조국의 전통의 올바른 계승자이며, …… 여러 계급 가운데 가장 민족적 사명을 자각하고 있는 점—이것이 노동자 계급의 본질적인 성격"[66]이라고 한다. 즉 이시모다가 보는 "노동자 계급은 역사가 민족에게 제기하는 가장 심각한 문제를 그것이 아무리 곤란하더라도 절대로 **회피하지 않는 점**, 주어진 운명(역사의 본질)과 정면에서 맞서고 모든 환상이나 표면적인 것으로 자신을 속이지 않는 점"(강조-원문)[67]을 특질로 한다. 그리고 그는 민족해방과 민주혁

---

63) 같은 자료, 103~106쪽. 이시모다는 스탈린이 정식화한 민족개념을 "민족이란 언어, 영토, 경제, 생활 및 문화의 공통성으로 표현되는 전통적 심리의 공통성에 의해 통일되고 역사적으로 구축된 영속성 있는 인간 공동체"(105쪽)라고 요약한다. 스탈린의 민족이론이 일본에 소개된 배경과 과정에 대해서는 앞의 책, 『「民主」と「愛國」』, 324~325쪽을 참조할 것.

64) 같은 자료, 106쪽. 오구마에 의하면, 여기서 말하는 민족은 민중의 동의어다. 즉 마르크스주의자들에게 있어 민족은 봉건적 잔재인 천황제와 대립하는 것으로 상정되어 있다. 이시모다는 츠다 소키치(津田左右吉)가 논하는 민족은 고대부터 존재하는 문화 공동체로 이는 전후 문화적 상징으로서의 천황제를 옹호하는 것이며, 민족이 근세적 창조물이라는 올바른 의미의 민족 개념이 결여되어 있다고 비판한다(앞의 책, 『「民主」と「愛國」』, 316쪽). 여기서 이시모다는 에도시대를 서구의 초기 자본주의 시대와 동일한 것으로 파악하고 있는데 여기에 대해서는 더 많은 검증이 필요하다. 이와 관련해서 미야지마 히로시, 『일본의 역사관을 비판한다』, 창비, 2013을 참조할 것.

65) 石母田正, 「あとがき」『續·歷史と民族の發見』, 414~415쪽.

66) 같은 자료, 417쪽.

67) 石母田正, 「歷史學の方法についての感想」(1950.9)『歷史と民族の發見』, 202쪽.

명 혹은 계급투쟁을 올바르게 통일적으로 파악하기 위한 방법에 대하여 다음과 같이 답한다.

> 전후의 현실은 노동자의 근본적인 적이 외국의 제국주의 지배에 있음을 알렸다. 민족의 해방 없이는 노동자 계급의 해방도 없다는 것은 공장의 현실적 모습만으로도 의심할 바 없는 사실이다. 이러한 관계 하에서 …… 계급투쟁의 존재형태도 바뀌지 않으면 안 된다는 것, …… 조국이 식민지화 되었다는 조건이 없다면 당연히 요구해야하는 여러 요구를 양보할 필요가 있으며, 이로 인하여 계급투쟁의 견지에서는 '적'인 자본가=공장주를 '자기편'으로 전화할 수 있다. …… 민족해방과 계급투쟁-혹은 그 목표이자 집약인 민주혁명-이란 단순하게 통일되어야만 하는 것이 아니라 계급투쟁은 민족해방의 임무에 **종속되고** 그것에 의해 방향이 결정되며 형태를 부여받아야만 한다.(강조-원문)[68]

이시모다는 일본에서 민족독립을 달성하기 위하여 노동자들은 민족자본가와 연대하여 우선 민주주의 혁명을 달성하여야 하는데 이 과정에서 계급투쟁은 민족해방 투쟁에 종속될 수밖에 없음을 역설하였다.

3단계의 민족론에서는 전통문화와 역사적 경험을 공유하는 영속적 인간 공동체가 강조된다. 이시모다는 1934년 8월에 개최된 소비에트 작가동맹 제1회 대회에서 행한 고리키(Maxim Gorki)의 보고 「소비에트 문학에 대하여」를 "사회주의적 민족의 성립이라는 인간 역사의 새로운 단계를 기초로 하여 과거의 오랜 역사 유산을 어떻게 재평가할 것인가란 문제를 제기한"[69] 역작으로 평가한다. 즉 이시모다는 이 보고에서 고리키가 중요하게 취급하고 있는 "근로 인민 대중의 창작성이며 민속적 전통문화(folklore)의 문제"[70]에 주의를 기울인다. 이시모다는 고리키를 통해 "키에프를 중심으로 한 러시아 국가 형성기에 만들

---

68) 앞의 자료, 「あとがき」, 427~429쪽.
69) 앞의 자료, 「歷史學における民族の問題」, 124쪽.
70) 같은 자료, 126쪽.

어진" 민화나 민담에는 러시아 민중들이 만들어낸 많은 용사와 영웅담
이 "역사를 통해 비축되"[71]어 있다고 본 것이다. 그리고 이시모다는 근
대주의자가 후진성의 근원지로 지목하고 극복해야할 대상으로 보는 전
통의 세계와 전근대의 역사 속에서 "문화와 문학에 있어 귀중한 것, 오
래되면서도 새로운 것을 발견"하고, "근대 이전의 인간 역사 속에서 새
로운 가능성과 유산을 발견하여 재평가"[72]하려고 한다. 이러한 재평가
작업은 식민지적 상황에서 해방되기 위한 주체로서 민속적 전통문화의
주역이었던 억압받고 소외당한 민중들의 저항의 역사와 민족에 대한
새로운 인식이며 발견이었다. 따라서 이시모다는 "민족형성의 토대가
되고 전제가 되는 전자본주의 사회의 성과와 민족형성과의 관계를 구
체적으로 즉, 개개 민족의 역사에 대하여 연구하는 것"이야말로 "역사
학의 커다란 과제"[73]라고 선언한다.

3단계적 민족이론에 대한 분석을 통해 이시모다의 민족담론이 갖는
특징을 다음과 같이 요약할 수 있다. 우선 이시모다는 민족이란 근대의
산물이란 점에 동의한다. 그리고 2단계의 이론을 통해 천황을 비롯한
상층 지배계급을 민족에서 배제한다. 즉, 이시모다가 본 민족이란 근대
국민국가 형성과정에서 이루어진 국민을 기본적인 단위로 하면서 상층
지배계급을 제외한 국민 일반을 민족으로 치환하고 있다. 나아가 이시
모다는 이들 국민 일반을 전근대사회로까지 거슬러 올라가서 "언어, 영
토, 경제, 생활 및 문화의 공통성으로 표현되는 전통적 심리의 공통성

---

71) 같은 자료, 127쪽.
72) 같은 자료, 129~130쪽.
73) 같은 자료, 111쪽. 프랑스의 공산주의자 아라곤(Louis Aragon)의 국민적 무훈시
『오로란의 노래(Aurélien)』를 일종의 후퇴라고 한 평론에 대하여 이시모다는 "민
족의 과거와 보다 깊게, 보다 새로운 연계를 회복하고 발견하는 것에 의해서만
인간 역사의 전진이 이루어진다는 것을 모르는 의견"(134쪽)이라고 평하면서 "과
거는 발견에 의해서만 자각되며 현재의 힘이 되는 것이다"(133쪽)고 주장한다.

에 의해 통일되고 역사적으로 구축된 영속성 있는 인간 공동체"74)를 공유하는 집단으로 만들어버린다. 이러한 논리구조 속에서 2단계에서 애써 부정하려고 했던 관념적이고 초역사적인 민족 개념이 부활하고 만다. 그리고 이 민족은 결국 근대국가의 국민 가운데 상층 지배집단만을 배제한 동일한 역사적 기억을 갖는 혈연적, 문화적 공동체 집단으로서의 국민이 되어버린다. 따라서 앞에서도 본 것처럼 52년의 민과 대회에서 인민이란 용어를 대신하여 국민이란 용어가 사용되었던 것이다.

이시모다의 이러한 민족이론은 "부르주아적 민족은 사회주의적 민족으로 이르는 과도적인 것에 지나지 않는다"75)는 명제를 정식화한 것이다. 이러한 정식은 일본공산당이 제시한 2단계 혁명론(부르주아 민주주의 혁명을 거쳐 사회주의 혁명으로 전화 발전)의 또 다른 형태에 지나지 않는다. 이시모다는 "일본에서는 제국주의 예속에서 민족이 독립하는 것이 당면한 단계이며 사회주의 혁명은 당면한 단계도 직접적인 과제도 아니라고 생각"76)한다. 즉 현 단계 일본의 과제는 민족=국민을 주체로 하여 부르주아 민주주의 혁명의 과제를 완성하고 미국의 식민지적 상황에서 독립하는 것이다. 그럼에도 불구하고 일본이 사회주의적 민족의 성과에서 배워야 하는 이유는 "부르주아 민주주의 혁명의 일부로써의 민족해방투쟁에서 발생한 성과로는" 천황제를 능가하는 제국주의 미국에게 "승리할 수 없기"77) 때문이다. 따라서 이시모다는 고리키의 민속적 전통문화와 스탈린이 정식화한 역사적 기억을 공유하는

---

74) 같은 자료, 105쪽. 오구마 역시 "'민족의 명예'나 '국민적 자긍심'이 '민족'은 근대적 산물이라는 견해와 어떻게 일치하는지는 불명확하다. 역사상의 혁명과 자치를 찬미하는 것은 혈연적인 민족관으로 되돌아가 버릴 수도 있는 위험성을 가지고 있다"(앞의 책, 『「民主」と「愛國」』, 324쪽)고 비판적으로 읽고 있다.

75) 같은 자료, 121쪽.

76) 같은 자료, 137쪽.

77) 같은 자료, 137쪽.

영속성 있는 인간 공동체를 기초로 하여 민족을 정의하고 있다. 그러나 이러한 민족개념은 대외적 갈등이 고조될 때 내부적 갈등을 부정하고 통합을 강조하는 내셔널리즘의 논리와 유사하며, 일국 내에서 지배/피지배 관계의 계급대립을 전혀 고려하지 못한 문제점을 가지고 있다.

식민지적 상황 속에서 이시모다는 국민들이 민족의 운명을 스스로 결정할 수 있는 자유를 획득하려는 인식을 가지기 시작했다고 판단한다. 즉 샌프란시스코 강화회의와 메이데이 사건 이후 강화된 "독립에 대한 희망과 요구"란 국민의식은 "광범위한 국민들을 사로잡았으며" "노예화된 민족의 현실에 대한 반발이나 저항으로써 새롭게 민족과 조국에 애정을 느끼기 시작하고 그 의미를 발견하기 시작하여 그 역사에 대하여 배우고 싶다는"78) 자연스러운 감정을 발생시켰다고 이시모다는 판단하였다. 이시모다는 "민족과 역사의 발견이 …… 민족의 자긍심과 전통을 어떻게 하면 한사람이라도 더 많은 일본인이 자각할 수 있을지, 일본인이 가지고 있는 지반을 어떻게 하면 확실한 자각으로 이어지게 할 수 있을지라는 실천과 병행될 때 비로소 학문적인 창조를 달성할 수 있다고 생각"하면서 "이 일을 적극적으로 추진하지 않고서는 …… 민족의 독립을 달성할 수 없다"79)고 판단한다.

3) 국가사(=국민사)의 모색

이시모다가 보기에 현재 일본에서 실천적 고민으로써의 "국가의 문제는" "일본인민의 해방의 문제로써 보다 절실한 현실적인 형태로 제기되고"80)있었다. 즉 "일본의 현상에 대한 인식 특히 일본이 실질적으

---

78) 앞의 자료, 「民族解放と歷史學」, 273쪽.
79) 앞의 자료, 「序 歷史と民族の發見」, 17쪽.
80) 石母田正, 「國家史のための前提について」(1968.7)『戰後歷史學の思想』, 175쪽.

로 미제국주의에 '종속'되어있는 …… '종속국가'의 이 새로운 일본적 형태는 당연히 국가론의 새로운 전개와 정밀화를 요구하고 있다"[81]고 이시모다는 주장한다. 이러한 정밀화 작업은 일본의 전근대 국가사에 대한 비판적 재론으로 이어진다.

이시모다는 일본의 고대나 중세의 국가를 논할 때 "국가 이론과 역사적 사실의 긴장관계가 부족"했기 때문에 "근대 이전의 '민족' 형성의 문제와 국가와의 관계에 대해서도 이론적으로 깊이 있는 논의가 이루어지지 못했다"[82]고 지적한다. 즉 국가론은 국가와 국민의 역사에 대한 이론적 개관='국가사(國家史)'를 필수적인 요소로 취급하지만, 유럽 이외의 여러 대륙의 국가사는 국가론의 일부로 이론적으로 검토되지 못했다고 이시모다는 판단한다. 따라서 이시모다가 보기에 역사 연구자들은 "국가론의 일부분으로써 국가사를 연구하고 있다는 자각"[83]을 가져야만 했다. 역사학자 이시모다에게 있어 역사학은 그가 발견한 민족과 역사를 구체적으로 실현할 수 있는 방법이자 해방의 주체인 '국민'들과 소통할 수 있는 방법이었다.

이시모다가 보기에 정치학에서 논하는 국가론은 "정치권력이 어떻게 하여 사회에서 외견상 초월적인 '공권력'이 되었는지"를 논하는 것이며, 이것은 "국가권력의 '정당성'이나 '권위'나 '공동이해'의 문제와 연관되어 있다".[84] 그러나 이시모다는 역사학에서 논하는 국가론은 정치학에서 논하는 "일반적인 국가론을 전개하는 것이 아니라" "개개 민족의 특수 구체적인 국가의 역사이며 그 민족적 다양성"[85]을 논하는 것이라고 설명한다. 이러한 역사학을 실천하기 위하여 이시모다는 먼저

---

81) 같은 자료, 175쪽.
82) 같은 자료, 167~168쪽.
83) 같은 자료, 168쪽.
84) 같은 자료, 169~170쪽.
85) 石母田正, 「歷史觀について」(1963.1)『戰後歷史學の思想』, 210.쪽

일본에서 주류적인 위치를 점하고 있는 실증주의 역사학을 비판한다.
그는 "실증주의는 역사 속에 숨어있는 연관이나 내면적 질서에 따라서
역사를 쌓아올리려고 하는 것이 아니라 반대로 역사를 재료로 해체하
여 안이한 사회나 인간에 대한 지식을 연결시키는"[86] 형식적 추상적
역사로 여기에는 현실세계에 대한 실천적 고민이 없다고 비판한다. 즉
실증주의는 "학문과 예술을 정치에서 인위적으로 분리시키"고 "단순히
피가 통하지 않는 형식적인 이념으로 전화"시켜버린 결과 역사학이 추
구해야할 양자 "사이에 숨어있는 내면적인 구조연관"[87]을 놓쳐버렸다
고 이시모다는 비판한다. 이처럼 이시모다가 보기에 "실천적 성격을 고
유한 내용으로 하는"[88] 역사학 본래의 기능을 잃어버린 역사학이 바로
실증주의 사학이었다.

　이러한 실증주의 역사학의 한계를 극복하기 위해 이시모다는 해방의
중심이 될 민족국가 형성을 위한 국가사=국민사를 모색한다. 이시모다
는 고토쿠 추스이(幸德秋水)의 아시아 제민족의 독립 특히 조선의 독
립에 관한 논의를 통해 민족국가의 중요성을 강조한다. 고토쿠가 식민
지 상황에서 해방되려고 하는 아시아 여러 민족에게서 "사회혁명과 결
합하지 않는 민족독립운동은 사상적으로도 편협하고 배타적인 민족주
의에 빠져버릴 수 있다는 것"을 지적한 점에 대하여 이시모다는 정당
하다고 평가하면서도, "민족해방과 독립이 당면한 결정적인 제1차적인
과제라는"[89] 점을 과소평가했다고 지적한다. 이시모다는 고토쿠가 민
족해방과 독립투쟁을 과소평가하게 된 것은 "민족문제에 대한 올바른
방침을 확립하지 못한 그의 무정부주의"[90] 때문이라고 하면서 국가를

---

86) 石母田正, 「政治史の課題」(1947.7)『歷史と民族の發見』, 236쪽.
87) 같은 자료, 238~239쪽.
88) 같은 자료, 239쪽.
89) 石母田正, 「幸德秋水と中國」(1952.11)『續·歷史と民族の發見』, 324쪽.
90) 같은 자료, 328쪽.

부정하는 아나키즘을 비판한다. 물론 마르크스주의자들 역시 궁극적으로 국가 소멸론을 주장하고는 있지만 이것은 어디까지나 사회주의 혁명을 거쳐서 일국 내에서 계급차별이 철폐된 단계에서나 가능한 것이었다. 이시모다는 식민지 상황에서 해방되고 부르주아 민주주의 혁명을 달성하기 위해서는 국가가 필수불가결하다는 인식을 가지고 있었다. 따라서 이시모다는 "피억압 민족은 외국의 제국주의적 지배자에게서 권력을 탈취하고 자신의 독립 주권을 확립하는 것 즉 '민족국가'를 형성하지 않고서는 단순한 민족 해방은 없을 뿐만 아니라 국내의 진보와 혁명도 없다"[91])고 선언한다. 해방의 중심이 될 민족국가를 형성하는 것이야말로 이시모다가 지향한 국가사=국민사의 역사학이었다.

이시모다의 판단에 의하면, 실증주의 사학으로 인하여 일본에서 역사를 정치에서 분리시키는 학문적 경향이 시작된 결과 개개의 인간이 "하나의 정치적=계급적 주체로서 의식하는 것을 곤란하게"[92]) 하는 현상이 일어났다. 따라서 이를 비판적으로 극복하고 식민지적 상황에서 독립하기 위하여 정치적으로 각성한 주체 형성이 무엇보다 우선적이고 실천적인 과제가 되었다. 이러한 과제는 국민적 역사학 운동으로 구체화 되었다.

4) 국민적 역사학 운동과 역사서술

국민적 역사학 운동은 민과가 중심이 되어 52년부터 55년까지 실행한 민과 역사부회의 활동을 주로 지칭한다. 이 활동은 국민적 과학의 창조와 보급이라는 슬로건 아래 이전까지의 강연 중심의 계몽적 활동을 비판하면서 민중들의 자발적 학습 서클을 조직하여 여기에 전문 역

---

91) 같은 자료, 329쪽.
92) 앞의 자료, 「政治史の課題」, 247쪽.

사학자들이 결합하는 형태를 취하였다. 민과는 이러한 활동을 통해 "비정치적이며 민중의 일상성의 내면 깊숙한 곳에 존재하는" 민족성의 계기를 발굴하여 이를 통해 "정치적인 자각을 갖는"[93] 주체로서의 민족을 도출하려고 하였다. 당시 이 활동의 이론적 중심이었던 이시모다는 52년 1월에 민과 본부에 제출한 의견서에서 "샌프란시스코 강화조약 하의 일본이 미국에 억압받고 있으며, 이 상황에서 민족을 해방하기 위하여 과학 및 과학운동이 기여해야하는데 그것은 '국민적 과학의 창조에 의해서만 달성된다'"[94]고 주장하였다.

이시모다의 이러한 사상적 고민과 실천을 형태화한 것이 47년 12월에 발표한 「마을의 역사, 공장의 역사」이다. 이후 동일한 문제의식에서 작성된 여러 논고를 모아서 『역사와 민족의 발견』이 편찬되었다. 여기서 그는 아시아의 여러 민족에 대하여 관심을 보인다. 물론 이러한 관심은 과거 식민지적 상황에서 독립을 위해 끊임없이 노력한 조선과 반식민지적 상황에서 마침내 사회주의 국가 건설에 성공한 중국의 경험에서 당면한 일본의 민족적 독립을 위한 교훈을 찾기 위함이다. 이러한 문제의식은 패전 이후 "완전한 노예와 거지 근성으로 전화"[95]한 일본의 민족의식에 대한 위기의식에서 출발한다. 그는 조선의 독립운동과정을 분석한 결과 얻은 교훈을 ①스스로의 힘을 신뢰하자, ②독립과 해방은 민족자신의 일이며, ③노동자가 해방운동의 중심이고, ④민중들의 정치의식의 발전이란 4가지로 요약한다.[96] 즉 이시모다가 보기에 조선이 결국 일본의 식민지 상태에서 독립할 수 있었던 것은 "커다란 민중운동"의 "배후에는 반드시 긴 민중의 전통이 중첩되어 있"으며 압

---

93) 村井淳志, 「國民的歷史學運動と歷史教育」『教育科學研究』(4), 首都大學東京, 1985.7, 25쪽.
94) 같은 자료, 25쪽에서 재인용.
95) 石母田正, 「堅氷をわるもの」(1948.3)『歷史と民族の發見』, 259쪽.
96) 같은 자료, 263~264쪽.

제에도 꺾이지 않고 "민족의 혼을 길러온 전통이 분명히 존재"[97]했기 때문이었다. 이시모다가 보기에 민족혼을 일깨워 독립을 위해 투쟁할 수 있게 한 것은 "조선민족의 역사를 조선의 소년들이 노인들에게서 들은 전통적인 정신에 기초하여 편찬"한 즉 전통과 역사를 통해 만들어진 "민족이 독립하기 위한" "독립의 역사"[98]였다. 이러한 이시모다의 인식은 일본의 역사에 존재하는 이러한 민중들의 전통을 어떻게 민족의 혼으로 재확립할 수 있을까 하는 고민으로 이어졌다. 이시모다는 전후의 변화한 상황 속에서도 변하지 않는 국정 교과서 교육제도를 비판하면서 다음과 같은 대안을 제시한다.

> 역사란 것을 옛날과 동일하게 교사 자신의 것이 될 수 없도록 하는 경향이 있다. …… 교사의 역사에 대한 발랄한 자유로운 창의와 흥미가 솟아나는 것이 곤란하다고 생각한다. 이러한 전통적인 권위적 관념을 파괴하고 역사를 자신의 것으로 소화하여 자발성과 창의성을 교사들 속에서 널리 양성하기 위해서는 교과서를 교사 자신이 만들 것, 역사를 주어진 것이 아니라 스스로 기술하는 것이 무엇보다 빠른 길입니다.……이러한 실천만이 오래된 비굴한 전통을 파괴하는 힘입니다.[99]

이시모다는 새로운 역사의 주체 즉 역사 서술의 주체, 추진의 주체, 행동의 주체를 만들어 내기 위한 구체적인 방법을 제시하고 실천한다. 이시모다는 민과 역사부회를 중심으로 전국의 교사들과 협력하여 전국적으로 사용할 수 있는 역사 부교재 작성(향토사 편찬)을 위하여 농촌 조사에 착수하였다. 그리고 그는 전후 한동안 활동하던 노동학교에서 알게된 노동자들과 노동자 역사 학습 서클을 만들어 이케가이(池貝) 철공소와 관련된 노동자의 역사를 학습하고 서술하였다. 이런 과정에

---

97) 같은 자료, 269쪽.
98) 같은 자료, 273쪽.
99) 石母田正, 「村の歷史·工場の歷史」(1947.12)『歷史と民族の發見』, 279~280쪽.

서 그는 민중 자신이 스스로의 역사에 대하여 생각하고 서술하는 작업을 도와주며, 이를 통해 "대중이 강한 역사의식을 가지고 있다"는 사실을 확신하며 이를 "올바르고 풍부한 것으로 성장"[100]하도록 힘을 보태고자 했다.

이러한 역사학습을 통해 "민족과 조국에 대한 애정과 지식을 만들어 내는" 작업이 주요하다고 인식한 이시모다는 이를 통해 배양된 "역사적인 사고력이 현재의 시점에서 갖는 특수한 의미"[101]를 생각한다. 즉 이시모다는 근대 역사학의 근본은 "근대 여러 민족의 생생한 현실적 과제 속에서 발생했"기 때문에 "역사의 지반인 민족·향토 등에서 이탈해서는 존재할 수 없는" "역사학의 특질"을 함유하고 있는데 이것은 구체적으로 "조국의 장래를 어떻게 할 것인지 이를 위해 필요한 국민을 어떻게 하여 만들어 낼 것인지를 직접적인 과제로 하고 있"[102]다고 인식한다. 결국 이시모다가 실천한 국민적 역사학 운동은 그의 다음 문장에 요약되어 있다고 할 수 있다.

> 민족의 역사와 그에 대한 학문은 일본의 현실과 그 변혁을 위해 잃어버려서는 안되는 중요한 민족의 재산이다. 우리들은 이것을 옹호하지 않으면 안 된다. 일본의 인민이 올바른 민족의식과 애국심을 기르기 위하여 바르게 생각하고 행동하는 능력을 배양하기 위하여 다양한 학문적 사고 가운데 가장 복잡하고 노고가 많은 역사적인 사고법을 민중들 속에서 양성하고 이를 통하여 민족 그 자체를 지키는 힘을 키워가지 않으면 안 되는 것이다.[103]

이시모다는 이와 같은 목적을 가진 역사학 운동을 자신의 역사 서술

---

100) 같은 자료, 294쪽.
101) 石母田正, 「歷史敎育の課題について」(1949.5) 『歷史と民族の發見』, 299~300쪽.
102) 같은 자료, 304~305쪽.
103) 같은 자료, 306~307쪽.

속에서 구체적으로 표현하고 있다. 그는 상층 귀족에 비하여 정치적 경제적 지위가 상당히 불안정 했던 중류 귀족 출신의 무라사키 시키부(紫式部)가 저술한 『겐지모나가타리(源氏物語)』를 중류귀족의 모순과 동요를 예술적으로 표현한 작품이라고 평가한다. 즉 "단순히 중류귀족의 생활, 관념, 여성의 운명에 대한 평이한 묘사로는 표현할 수 없으며 동시에 이 계급이 대립하고 예속되어 있는 상류 궁정 귀족에 대한 예찬이며, 추종이며, 시대의 지배적 분위기에 대한 타협이기도" 한 이 작품은 "아마도 무라사키가 이 시대 여성들의 예속적인 지위를 포함하여 귀족사회에 대하여 이 시대의 중류 귀족 여성에게 허용될 수 있는 가장 격심한 저항을"[104] 기술하고 있다고 이시모다는 평가한다. 이시모다가 보기에『겐지모노가타리』는 궁정 귀족에게 억압박고 있던 중류 귀족의 저항 문학이었던 것이다.

나아가 이시모다는 중국 소설『우창집(雨窓集)』을 통해 민족 구성의 중심인 민중을 발견한다.『우창집』가운데 이시모다가 흥미를 가진 것은 중국 송나라의 도시 생활을 있는 그대로 충실하게 반영한「시체를 잘 못 다루다(死骸を取違うる事)」란 소설이다. 이 소설에서 이시모다가 주목한 부분은 항저우(杭州)의 부유한 상인이 첩을 대리고 와 동거할 것을 요구하자 부인이 첩을 집안으로 데리고 올 수 없으며, 집안의 전 재산은 부인 본인과 딸이 모두 관리하겠다는 조건을 내걸고 이것을 받아들이면 첩과 밖에서 사는 것을 인정하겠다고 하는 부분이다. 즉 이시모다는 당시 중국에서 일상적으로 인정되고 있던 처첩동거란 전통적 윤리에 반기를 들고 "처첩동거가 여성으로서의 자신과 집안의 순결을 더럽히는 것이며, 이것은 도덕상 허용할 수 없다"[105]고 하는 의식에 주목한다. 이시모다가 보기에 부인의 이러한 주장은 매일 조화(造花)를

---

104) 石母田正,「紫式部」(1951.6)『歷史と民族の發見』, 315쪽.
105) 石母田正,「商人の妻」(1949.8)『歷史と民族の發見』, 326쪽.

만들어 팔아온 본인과 딸의 "근면과 노동과 책임에 의해 적어도 가산의 일부를 쌓아올릴 수 있었"[106]던 사실에 근거한다. 그리고 부인이 주장하는 순결은 "민중들 속에서만 발생하는 것"으로 "생활 자체가 만들어낸 윤리이며, 전통적 윤리에 반하는 것"으로 중국사회의 중심적 윤리가 되지는 못했지만 전통윤리에 대한 "저항으로써 민중들 속에 축적되고 보존되"[107]었다고 이시모다는 평가한다. 즉, 이시모다는 "만약 중국의 민중이 지배계급의 퇴폐적인 윤리에 굴복하였다면, 여기에 민중의 저항이란 것이 존재하지 않았다면, 중국 민족은 몰락할 수밖에 없었을 것"[108]이라고 판단한다. 이러한 인식 위에서 이시모다는 『우창집』을 "민중의 문학이며, 그런 만큼 민족적이며" "민족의 생명이 있는 귀중한 정신적 재산"[109]이라고 평가한다.

5) 『중세적 세계의 형성』과 황국사관 부정

앞에서 본 것처럼 전후 역사학계에서 중심적인 역할을 한 진보적 지식인들의 『나라의 발자취』 비판은 황국사관 비판과 전후 변혁에 복무할 수 있는 주체형성이 가능한 역사학 확립을 주된 내용으로 하여 구성되었다. 이러한 역할을 담당한 대표적인 역사학자 중 한명이 이시모다 쇼이다. 먼저 그의 대표작인 『중세적 세계의 형성』을 개괄하자. 오구마 에이지는 이 작품을 다음과 같이 평가한다.[110] 『중세적 세계의 형성』은 이가국(伊賀國)에 있던 쿠로다장원(黑田莊)을 무대로 고대의 종

---

106) 같은 자료, 330쪽.
107) 같은 자료, 338쪽.
108) 같은 자료, 339쪽.
109) 같은 자료, 337쪽, 341쪽.
110) 小熊英二, 『<民主>と<愛國>』, 309~310쪽.

언과 중세의 시작이라는 역사의 필연을 묘사한 작품이다. 무대가 된 쿠로다장원은 고대의 상징인 동대사(東大寺)의 직할령이며 중세의 주역인 쿠로다 악당(惡党)을 시작으로 하는 재지(在地)무사단이 동대사에 저항한 역사가 남아있는 곳이다. 물론 이것은 고대의 상징인 동대사의 지배가 흔들리는 모습을 연구함으로써 천황제국가가 붕괴하는 '역사의 필연'을 묘사하려고 한 것이다. 그러나 필연이라고 전제된 고대에서 중세로의 전환은 그리 낙관적이지만은 않았다. 구체제에 도전한 무사단은 모두 동대사에 패하였으며 동대사가 내부의 부패로 약화된 시기에 동대사와 싸운 쿠로다 악당 역시 결국은 진압당하여 패하였다. 그렇다면 역사의 진보를 체현하고 있던 새로운 신흥세력인 쿠로다 악당은 왜 패할 수밖에 없었던가. 이시모다는 그 원인을 악당들의 고립에서 찾는다. 동대사 지배의 말단을 담당한 신인(神人)은 유력자에 대해서는 추종겁나(追踪怯懦), 백성에 대해서는 맹악(猛惡)한 인간으로 중세사회에서 가장 부패한 집단이었다. 악당들은 이러한 신인들을 살상하지만 그러나 그 대부분은 무목적적인 테러나 복수에 지나지 않았다. 또한 악당들은 지역의 장민(庄民)들도 약탈하였다. 이른바 악당은 민중들에게서 고립되어 전혀 지지받지 못하는 폭력집단에 지나지 않았다. 이시모다에 의하면 이러한 악당의 윤리적 피폐는 그들이 장민에게서 고립되어 있던 현실에서 발생한 것이다. 왜냐하면, 악당이 촌락민 전체의 생활을 대표하는 건전한 지방무사이고 이러한 입장에서 사찰에 대적했다면, 그것은 소규모라 하더라도 지방의 주민들과 협력한 민중반란(土一揆)적 형태를 취할 것이며 따라서 도덕적 피폐는 발생하지 않았을 것이기 때문이다. 여기에 더하여 장민들의 의식도 역사의 진보에 역행하였다. 당시에 이미 고대적인 장원지배는 해체과정에 있었으며 쿠로다장원과 인접한 지역에서도 중세적인 무가지배가 시작되었다. 그러나 장민들은 외부에서 무사단이 개입하는 것을 두려워하여 동대사에 지배를 강화해

달라고 청원하였다. 이시모다는 이러한 외부 세력에 대한 공포감이야말로 다년간 외부세계와 격리된 동대사의 지배에 익숙해진 쿠로다 장민들의 근본적인 약점이었으며 그들이 결코 스스로의 힘만으로 동대사를 부정할 수 없다는 것을 보여주고 있다고 평가하였다. 더욱이 동대사는 무력뿐만 아니라 종교를 활용하여 장민의 마을을 지배하고 있었다. 악당들조차도 사노(寺奴)의 후손이란 의식에서 벗어나지 못했으며 무력으로 진압되면 의외로 바로 충실한 장민으로 회귀해버리는 나약함도 내포하고 있었다. 이렇게 하여 쿠로다장원은 스스로의 힘으로 중세로 나아가지 못했다. 15세기가 되어서도 쿠로다장원은 동대사의 영지였다. 이시모다는 고대세계는 외부의 정복이 없는 한 존속할 수밖에 없었다고 하여 우리들은 이제 차질(蹉跌)과 패배의 역사를 끝내지 않으면 안된다고 하였다. 이것이 이시모다가 『중세적 세계의 형성』에서 주장한 개략적 내용이다.

　전쟁이 심화되면서 다수의 마르크스주의자에게 전쟁에 협력할 것을 요구한 국가의 전향정책은 집요하게 전개되었으나 이시모다는 이 시기의 다른 마르크스주의자와는 달리 전쟁에 협력하지는 않았다. 그러나 그 역시 전쟁정책에 적극적으로 저항하지 못한 자신에 대한 반성과 더불어 이른바 전중세대 즉 1945년에 20대에 해당하는 세대에게 부채의식을 가지고 있었다. 이들 전중세대는 국가의 사상탄압으로 사회주의와 자유주의가 전혀 기능하지 못할 때 오로지 황국사상만을 주입받은 세대였다. 따라서 이들은 전쟁정책에 협력한 패배감은 고사하고 전쟁 그 자체에 대해 의심조차 가지지 않는 이들이 대부분이었다고 회자된다. 따라서 전후 이시모다를 위시한 진보적 역사학자들의 출발점은 서로가 고립되어 전쟁을 정당화한 논리인 황국사관을 비판하지 못한 일본인들을 주술에서 벗어나게 하는 것이었다. 그리하여 이들 새로운 일본인들이 주체가 되어 전후 민주주의를 담당하는 사회를 만드는 것이었다.

마르크스주의 역사학의 방법을 채용한 이시모다는 사회구성체의 이행문제를 주제로 삼아 고대적 세계=천황이 지배하는 세계가 어떻게 몰락하는지를 묘사하면서 새로운 역사의 주체를 발견하려고 하였다. 즉 이시모다는 황국사관 비판을 통한 변혁주체 형성을 지향하였다. 따라서 그가 밝힌 연구의 목적은 "장원의 발전사를 분석하는 것이 아니라 오히려 그 역사적 현상을 서술하"여 "일본역사의 큰 흐름의 전체상을 파악"111)하는 것이었다. 이시모다는 일본역사 속에서 중세로의 이행이 가진 의미를 고대시대 동아시아 각국에서 이미 고착화 되어 있던 "전제정치(despotism)라는" "고대적 국가를 타파한 것"112)이라고 한다. 이시모다는 "고대적인 부패한 국가기구를 거의 완전하게 극복"하는 것 즉 메이지 유신 이후에 재건된 일본적 고대세계 즉 천황이 중심이 된 전제국가 체제의 타파야말로 전후 새로운 국가건설을 위한 국민적 에너지의 원천이라고 선언한 것이다.

이러한 중요한 역사적 변화를 추동한 주체는 누구일까. 고대 로마의 도시 생활자가 중세를 만들어가는 주체가 되지 못한 것처럼 일본의 고대 도시 생활자인 귀족이나 천황가 역시 일본의 중세를 개척하는 주체가 되지 못했다. 이시모다가 주장하는 일본의 중세적 세계를 형성한 주체는 일본 농촌사회의 내부에서 형성되었는데 그것은 바로 농촌의 지주계급에 속하는 무사들이었다.113) 그리고 이들 변혁의 주체인 무사들은 장민들과 괴리되면서 고대적 지배질서를 대표하는 동대사에게 패하였다고 이시모다는 인식한 것이다.114) 따라서 그는 결론에서 "쿠로다

---

111) 石母田正, 「初版序」(1944년 10월), 『中世的世界の形成』 제16판, 東京大學出版會, 1984.
112) 앞의 책, 366쪽.
113) 앞의 책, 367~373쪽.
114) 이러한 이시모다의 의견에 대해 다케우치 리죠(竹內理三)는 '쿠로다 장민들이

악당은 결코 동대사에게 패배한 것이 아니다. …… 쿠로다 악당은 수호(守護)의 무력에 패배한 것이 아니다. …… 지방 무사들이 악당임을 포기하고 장민들이 스스로 사가(寺家)가 마음대로 처분할 수 있는 토민(土民)이라는 생각을 포기하지 않는 이상 고대는 계속해서 반복된다"[115]고 맺는다. 즉 이시모다는 스스로 변혁의 주체임을 자각하지 않으면 변혁에 성공할 수 없다고 주장한 것이다.

이러한 서술에는 전후라는 새로운 정치 환경 속에서 연합군의 지배라는 "외부의 정복에 의해 일본의 지배체제가 일시적으로 개혁되었다고 하더라도 혁신세력이 민중들에게서 고립되어 있다면 천황제는 계속해서 부활한다"[116]는 이시모다의 현실인식이 존재한다. 이시모다는 민중에게서 고립되지 않기 위해 민과의 역사부회를 중심으로 국민적 역사운동을 전개하였으며 그 과정에서 변혁의 토대로 '역사와 민족을 발견'하였다. 이러한 발견은 당시 일본공산당에 결집되어 있던 진보적 지식인들이 GHQ의 지배하에 있는 일본의 주요모순 즉 변혁을 위한 1차적 과제를 민족해방으로 규정한 것과 깊이 관련된다. 당시 일본공산당이 제출한 '민족해방 민주혁명론'은 미국의 지배 하에서 해방되기 위한 민족해방의 과제가 전전의 비민주적 요소를 개혁하기 위한 민주적 과제보다 우선한다는 전략 전술론이었으며 이것은 냉전체제하에서 미국과 대립하고 있던 소련의 정치적 입장을 반영한 것이었다. 따라서 당시

동대사에 감사하며 연공을 운상하겠다고 청원한 것을 과연 장민들의 패배라고 볼 수 있을까. 이들이 부담해야하는 연공은 겨우 50석이며 이것은 다른 곳과 비교할 때 매우 적다. 그리고 장민들이 청소권(請所權)을 획득한 것은 일보 전진을 의미하는 것은 아닌가'라는 문제제기를 하였다. 이에 대하여 이시모다는 "인민들의 투쟁은 결국 패한 것처럼 보여도 나름대로의 성과가 있으며 패배의 방식도 서로 다르다는 관점이 결여되어 있었다"는 자기 비판적 인식을 표명하였다(앞의 책, 「はしがき」, 1957년 9월).

115) 앞의 책, 294쪽.
116) 小熊英二, 『<民主>と<愛國>』, 313쪽.

일본의 진보적 지식인들은 민족해방의 과제를 달성하기 위한 주체를 민족으로 설정하였으며, 개개의 인간을 민족으로 묶는 공통분모를 역사라고 정의하였다. 이시모다는 상층 지배계급을 제외하고 근대국민국가의 형성과정에서 이루어진 국민 일반을 동일한 역사적 기억을 갖는 혈연적, 문화적 공동체 집단인 민족으로 치환해버렸다. 문부성과 이시모다가 지향한 역사교육의 목적이 서로 달랐다고 하더라도 이시모다의 이러한 역사인식은 내셔널리즘에 기초하여 전후 일본의 새로운 국민 만들기를 시도한 문부성의 역사교육 방침과 겹치는 측면을 가진다. 이러한 역사교육을 받은 전후 세대는 결국 변혁의 주체가 되기보다는 체제 내부로 흡수되어 버린다.

5. 결론

황국사관에 대한 선행연구들은 대체적으로 황국사관의 문제를 전쟁이 심화되어 가는 시기에 불거진 것으로 본다. 따라서 전후에 이루어진 황국사관 비판 역시 많은 부분 전쟁책임 문제와 연결된 형태로 논한다. 그러나 이러한 역사인식은 동아시아 각국과 관련된 일본의 역사적인 책임을 1931년 이후의 전쟁책임으로 왜소화 시킨다. 과연 황국사관의 여러 가지 문제는 1931년부터 시작된 전쟁과의 관련성에 한정된 것일까. 메이지 유신 이후에 제정된 제국헌법, 군인칙유, 교육칙어 등과는 전혀 관계없는 것일까. 이러한 시각에서 황국사관의 문제가 전후 일본의 새로운 국민 만들기와 어떻게 연속되고 있는지를 중심으로 고찰하였다.

1946년 3월에 내일한 미국교육사절단은 일본의 교육현실을 시찰한 이후 4월에 '제1차 미국교육사절단 보고'를 제출하였다. 보고서가 제기

한 새로운 역사교과서의 편집방침은 전전의 국체개념을 중시한 국가주
의, 침략주의 역사관을 부정하고 객관적이고 과학적인 방법에 입각한
다수 국민의 역사, 세계 여러 나라와 호혜 평등의 원칙 아래서 상호 교
류하는 민주 시민을 양성하는 역사교육이었다.

이러한 기준에 의해 작성된 교과서가 『나라의 발자취』이다. 그러나
이 교과서는 고대사 분야에서 신화적인 존재인 진무천황을 일본의 초
대천황이라고 서술하는 등 여전히 황실중심주의적인 내용이 존재했으
며 전쟁책임을 군부에게 한정하거나 사건들 상호간의 인과관계를 모호
하게 처리하는 문제를 포함하고 있었다. 이러한 내용에 대하여 진보적
인 역사학자들을 중심으로 『나라의 발자취』에 대한 비판을 전개하였는
데 주된 내용을 2가지로 요약할 수 있다. 하나는 전전 역사교육에서 황
국사관이 담당하고 있던 이데올로기를 비판하는 것이며 다른 하나는
전후의 변혁 혹은 혁명을 달성하기 위한 역사교육의 실현이라고 할 수
있다. 즉 전후 진보적 역사학계의 중심적인 과제는 황국사관 비판과 전
후 변혁에 복무할 수 있는 주체형성이 가능한 역사학이었다.

이시모다는 『중세적 세계의 형성』을 통해 메이지 유신 이후 형성된
일본적 고대세계 즉 천황이 중심이 된 전제국가 체제의 타파야말로 전
후 새로운 국가건설을 위한 국민적 에너지의 원천이라고 선언하였다.
그러나 일본의 고대세계를 타파하고 중세시대를 연 이들 변혁의 주체
인 무사(≒지식인)들은 장민(≒민중)들과 괴리되면서 고대적 지배질서
를 대표하는 동대사에게 패하였다고 이시모다는 인식한다. 이러한 인
식에는 전후라는 새로운 정치 환경 속에서 연합군의 지배라는 외부의
정복에 의해 일본의 지배체제가 일시적으로 개혁되었다고 하더라도 혁
신세력이 민중들에게서 고립되어 있다면 천황제는 계속해서 부활한다
는 이시모다의 현실인식이 존재한다.

따라서 그는 민중에게서 고립되지 않기 위해 민과의 역사부회를 중

심으로 국민적 역사운동을 전개하였으며 그 과정에서 변혁의 토대로
'역사와 민족을 발견'하였다. 이러한 발견은 '민족해방 민주혁명'이라
는 전후 일본공산당의 혁명전술에 기초한 것이다. 그리고 이시모다는
민족해방의 과제를 달성하기 위한 주체를 역사를 공유하는 민족으로
정의하였다. 즉 이시모다는 상층 지배계급을 제외하고 근대국민국가의
형성과정에서 이루어진 국민 일반을 동일한 역사적 기억을 갖는 혈연
적, 문화적 공동체 집단인 민족으로 치환해버렸다.

　황국사관 비판과 전후 변혁을 위한 주체형성을 지향한 이시모다의
전후 역사학은 내셔널리즘에 기초하여 전후 일본의 새로운 국민 만들
기를 시도한 문부성의 역사교육 방침과 겹치는 측면을 가진다. 이러한
역사교육을 받은 세대는 결국 변혁의 주체가 되기보다는 체제 내부로
흡수되어 버린다.

| 참고문헌 |

○ 자료

文部省, 「國史教育の方針」, 1945년 9월.

文部省, 「國史教育の方針(案)」, 1945년 11월 17일.

文部省, 「國史授業指導要項について」, 1946년 11월 9일.

文部省次官, 「國史の授業再開に付て」, 1946년 10월 19일.

文部省, 「新國史教科書について」, 1946년 10월 19일.

上田薰編, 『社會科教育史資料』 1, 東京法令出版, 1974.

○ 연구논저

고야마 히로타케 저·최종길 옮김, 『전후 일본의 공산당사』, 어문학사, 2013.

미야지마 히로시, 『일본의 역사관을 비판한다』, 창비, 2013

박진우, 「전후일본의 역사인식과 '황국사관'」 『황국사관의 통시대적 연구』, 동북
          아역사재단, 2009.

최종길, 「전학련과 진보적 지식인의 한반도 인식」, 『일본역사연구』 35집, 2012.

최종길, 「이시모다 쇼(石母田正)의 민족 담론」, 『일본학』 37집, 2013.

石母田正, 『歷史と民族の發見』, 東京大學出版會, 1952.

石母田正, 『續·歷史と民族の發見』, 東京大學出版會, 1953.

石母田正, 『戰後歷史學の思想』, 法政大學出版局, 1977.

石母田正, 『中世的世界の形成』 제16판, 東京大學出版會, 1984.

井上清, 『くにのあゆみ批判』, 解放社, 1947.

梅野正信, 「社會科成立期における歷史教育書の作成と 4つの歷史教育(II)」, 『鹿兒
          島大學教育學部研究紀要』 第47卷, 1995.

梅野正信, 「社會科成立期における歷史教育書の作成と 4つの歷史教育(III)」, 『鹿兒

島大學教育學部研究紀要』第49卷, 1997.

梅野正信, 『社會科歷史敎科書成立史研究』, 日本図書センター, 2004.

大久保佑香里, 「1946~55年におけるアジア太平洋戰爭の認識と記述」, 『三田學會雜誌』108卷1号, 2015.

小熊英二, 『<民主>と<愛國>』, 新曜社, 2002.

海後宗臣, 『歷史敎育の歷史』, 東京大學出版會, 1969.

角田將士, 「戰後初期歷史敎科書『くにのあゆみ』における歷史認識形成の論理」『社會科敎育論』第47号, 2010.

片上宗二, 『日本社會科成立史研究』, 風間書房, 1993.

加藤章, 「「社會科」の成立と「國史」の存續」, 『長崎大學敎育學部敎育學科研究報告』第25号, 1978.

加藤章, 『講座歷史敎育』, 弘文社, 1982.

兼重宗和, 「占領下における日本史敎育」, 『德山大學論叢』第26号, 1986.

昆野伸幸, 『近代日本の國体論ー<皇國史觀>再考』, ぺりかん社, 2008.

千本秀樹, 『天皇制の戰爭責任と戰後責任』, 靑木書店, 1990.

長谷川亮一, 『「皇國史觀」という問題』, 白澤社, 2008.

永原慶二, 『皇國史觀』, 岩波書店, 1983.

丸山國雄, 『新國史の敎育ーくにのあゆみについてー』, 惇信堂, 1947.

村井淳志, 「國民的歷史學運動と歷史敎育」『敎育科學研究』(4), 首都大學東京, 1985.7.

저자 소개

유지아

1994년 중앙대학교 문과대학 사학과 졸업
2001년 일본 릿교대학 문학연구과 사학과 석사학위 취득
2006년 일본 릿교대학 문학연구과 사학과 박사학위 취득
현재 경희대학교 일본현대사연구원 연구교수
전공 일본현대사
주요 저서: 『쟁점한국사-현대편』(공저, 창비, 2017)

김인식

중앙대학교 일반대학원 사학과 문학박사.
현재 중앙대학교 다빈치 교양대학 부교수,
주요 저서: 『안재홍의 신국가건설운동 1944~1948』(선인, 2005) ; 『광복전후 국가
건설론』(독립기념관 한국독립운동사연구소, 2008) ; 『대한민국정부수립』(대한민
국역사박물관, 2014)

김재웅

경희대학교 한국현대사연구원 연구교수
고려대학교 박사
주요 논저: 「'여성'·'어린이'·'섹스'를 통해 본 해방 후 북한의 가족문화」(『한국근
현대사연구』 71, 2014) ; 「미국의 대북 첩보활동과 소련의 38선 봉쇄-남북 분단
체제 형성을 촉진한 1946년 미소 갈등」(『역사비평』 113, 2015) ; 「북한의 38선
월경 통제와 월남 월북의 양상」(『한국민족운동사연구』 87, 2016)

박소영
동국대학교 북한학과 외래강사
주요 논저 :「해방과 분단 직후 일상의 변동과 새로운 범죄의 탄생: 황해도, 해주
시 사례를 중심으로」(『북한학연구』, 2017) ;「사회주의 도시 '개성'의 연속과 변
화 연구」(『역사와 현실』, 2015) ;『개성각쟁이의 사회주의적응사』(선인, 2012)

조건
고려대 한국사연구소 연구교수
동국대학교 박사
일제강점기 한반도에 주둔했던 일본군에 관한 연구
주요 논저:『제국 일본의 하늘과 방공, 동원 1』(공저, 선인, 2012),「일제강점 말
기 '조선 주둔 일본군' 상주사단의 한인 병력동원 양상과 특징」,「제2차 교육과정
기 민족주체성 교육의 시행과 국사교과서 근현대사 서술내용 분석」 등

박이진
오사카대학교 문화표현론 비교문학 전공
현재 성균관대학교 동아시아학술원 재직 중
주요 저·역서:『아시아의 망령 : 귀환자 아베고보와 전후일본』(저서) ;『자이니치
의 정신사』(역서) 등 연구 논저 다수

최종길
1993년 영남대학교 문과대학 사학과 졸업
1996년 영남대학교 대학원 사학과 석사과정 수료
2005년 일본 츠쿠바(筑波)대학 역사인류학 연구과 졸업(학술학 박사)
현재 동아대학교 산학협력단 선임연구원
전공 일본 근현대사
주요 저서:『근대 일본의 중정국가 구상』(경인문화사, 2009)

해방 후 남북한의 국가건설과 전후처리

초판 인쇄 | 2018년 2월 20일
초판 발행 | 2018년 2월 27일

편   자 | 경희대학교 한국현대사연구원

발 행 인 | 한정희
발 행 처 | 경인문화사
총괄이사 | 김환기
편   집 | 김지선 박수진 한명진 유지혜 장동주
마 케 팅 | 김선규 하재일 유인순
등록번호 | 제406-1973-000003호(1973. 11. 8)
주   소 | 경기도 파주시 회동길 445-1 경인빌딩 B동 4층
전   화 | 031-955-9300 팩 스 | 031-955-9310
홈페이지 | http://www.kyunginp.co.kr/
이 메 일 | kyungin@kyunginp.co.kr

ISBN 978-89-499-4744-0 93910
값 20,000원